素心匠艺

Su Xin Jiang Yi

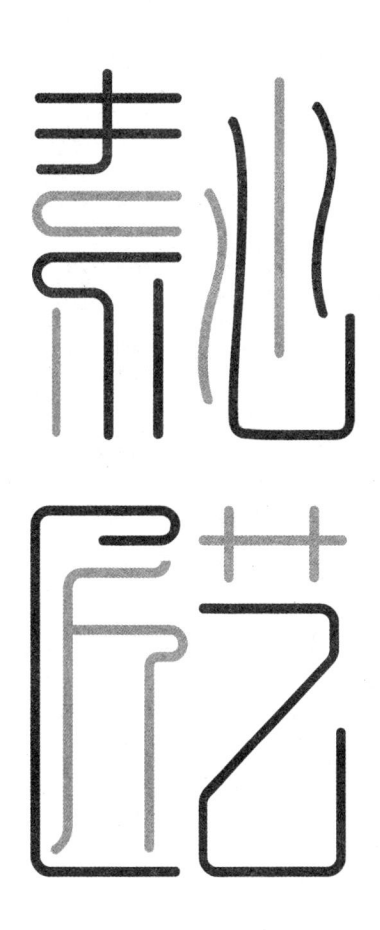

赵国弟 主编

上海市浦东新区
进才实验小学教育集团
教师文集

文汇出版社

本书编委会

主　　编：赵国弟
编　　委：江海虹　朱君可
　　　　　　姚　慧　沈　飞
　　　　　　刘　毅

目录 CONTENTS

快乐教育：促进每个孩子健康快乐成长、全面发展............赵国弟 1
以戏剧德育活动为载体，培养小学生行为好习惯............罗丽惠 6
家校共育，静待花开............周 婷 12
转化后进生先从转化"后进家长"入手............周晓琳 15
举全班之合力，让行偏生多一分自信和笑容............朱丽华 18
巧破"依赖综合征"............吴雪丹 22
依托学习任务单 以评价促习惯养成............尤 瑾 26
家班共育促进学生财商培养............葛秋萍 31
我们在一起，和小樊一起成长
——德育课程育人案例分析............吴佩华 36
我的成长故事：谢谢你的"错误"坚持............卫嘉骅 41
童诗在哪儿逗留............王如容 45
小学高年级基于古诗词审美特质的古诗词教学策略初探............胡言午 53
有效使用课后练习提升学生口头表达能力............王秀玲 61
小学低年级写字教学中引导学生评价的实践研究............王 雁 66
小学高年级语文笔记记录方法指导............黄丽敏 71

浅谈小学低年级语文课堂中的"游戏教学"..................叶　昕 76
妙招助力，让学生"言"出精彩..................杨丽华 82
图表在二年级语文课堂中运用及分析..................贺家嗣 87
创新视角下小学语文课堂自主学习能力的培养..................薛　林 94
利用渐进式评价单提高小学生语文朗读水平的实践研究......费诗宇 99
提升小学语文课堂教学提问有效性初探..................姚　慧 108
在多媒体辅助下，以识字为基础，抓关键词句品读课文
　　——《葡萄沟》教学案例..................王　旭 114
浅析小学数学教学中的课堂评价..................沈佳慧 118
小学数学教学中生活化练习设计的实践研究
　　——以沪教版小学三年级第二学期数学教学为例..............顾婧婧 123
运用"小先生制"培养小学生数学自主学习能力..................刘逸婷 129
巧用微视频提高小学几何教学有效性..................朱丹青 134
做一名"全学科"的数学老师
　　——英国小学全学科教学模式的启示..................黄　佳 139
生活中的数学知识
　　——《方程的认识》教学案例..................聂晓玲 146
小学数学拓展活动案例《营养午餐》..................王　卫 151
浅谈小学英语教学中的绘本应用..................殷玉婷 156
拼图阅读教学在小学英语教学中的初探..................倪丽梅 161
基于小学英语单元句型的教学策略..................陶跃汝 166
浅谈小学自然单元整体教学设计中的作业设计..................崔　萍 177
自然课中进行项目制学习的实践与研究..................朱佩清 185

目标导向下的小学自然课堂活动设计
　　——以《显微镜下的物体》一课为例……………………潘晶靓 193
"体验蜡染"单元活动探究……………………………………李　秀 199
幼小衔接期儿童美术教学的策略研究………………………龚丽英 205
让音乐复习课堂绽放新的光彩
　　——音乐小剧融入小学音乐单元复习课的策略探究………李　洁 214
如何让小学音乐课堂教学更加精彩和高效…………………朱凌嘉 222
浅谈提升小学体育趣味教学策略……………………………方雅婷 226
浅谈如何发展小学劳技学科的技术意识……………………王　舜 231
小学信息科技线上线下教学衔接实践思考与体会…………邰丰纶 239
信息科技课堂关键事件引发的小学教师专业判别力探究…刘智斌 245
教育信息环境下小学语文教学探索…………………………徐石颖 251
创新视角下师生间互动………………………………………顾敏艺 257

快乐教育：促进每个孩子健康快乐成长、全面发展

上海市浦东新区进才实验小学　赵国弟

《国家中长期教育改革和发展规划纲要（2010—2020）》中明确指出：教育要"注重品行培养，激发学习兴趣，培育健康体魄，养成良好习惯。通过减轻课业负担，保证学生生动活泼学习、健康快乐成长"。这是教育不断追求的方向。快乐一定是孩子的天性，是无论老少都想得到的情感，是幸福的象征，对身心发展、智慧开发、知识学习都有正效应。

快乐教育最早是由19世纪英国教育学家赫伯特·斯宾塞提倡的，一师附小的倪谷音老师带领她的团队对愉快教育进行了长期的实践研究，并形成了愉快教育的理论。进才实验小学办学10年，全面推进素质教育，积极倡导快乐教育。不断探索教育教学改革，学校教育教学质量显著提高，学校声誉快速提升，成为高质量的素质教育实验小学。

快乐教育，不是放任自流，自由自在，松松垮垮，不是只是享受，不需努力，不是"害人的教育"，也不是"国外提前分层的教育"。

词典上解释：快乐主要是指心情，是感到幸福和满意。我们进才实验小学倡导的快乐教育包含以下几点：① 营造快乐的学习氛围。② 创造快乐的学习过程。③ 激发快乐的学习兴趣。④ 构建快乐学习的丰富课程。⑤ 形成快乐学习的课堂教学民主的浓郁氛围。学生养成自主学习，主动探究，善于合作的良好学习习惯。教师教学民主，对学生既严格，又尊重宽容，家长也参与共建。⑥ 锻造乐观豁达，积极向上的心理素养。⑦ 达成"艰苦奋斗，辛苦学习，努力付出也可以成为快乐"的共识。⑧ 学习创造快乐的能力。这就是学生不仅会享受快乐，更能用自己的努力，不断的付出，使自己获得学习的成功，或帮助别人成功，给自己、给别人创造快乐。快乐教育有助于学生的高效学习、身心健康快乐成长，有助于教师幸福工作。

进才实验小学办学10年，明确了继续秉承"为每个学生的卓越发展服务"的办学理念，提出了"以学生发展为本，教育好每一位学生，让每一位学生都在自信、负责、文明、快乐、成功中得到主动发展"的教育理念，倡导"全心全意为学生服务、全心全意为家长服务、全心全意为社会服务"的教育服务宗旨。确立了学校的发展目标："要办一所让孩子爱心感恩最多、实践体验最多、学习快乐最多、习惯养成良好，孩子健康快乐成长、全面发展的、没有特色的，学生喜爱、家长放心、社会满意的，上海、浦东乃至全国知名的高质量的素质教育实验小学。"确立了"乐、健、和、实"的校训。进才实验小学办学中出现最多的就是"快乐"。

斯宾塞指出："教育的目的其实就是让孩子过得幸福快乐，那么在这个教育的过程中，也应该让孩子感到快乐。"

因此，在进才实验小学10年的成长历程中，我们不断在以下几方面努力思考与实践。

一、让学生为本成为一种共识，营造符合童心，充满童趣、儿童喜欢，快乐为重的教育氛围。

校长的办学思想必须通过各种途径不断传播，必须主动将自己的观念解释给教师、家长听，并征询教师和家长的意见和建议，使之成为全校师生和家长的共识与共同愿景。

环境的营造必须符合学生的年龄特点，小学应该是充满童趣的，教室的布置、校园文化的建设、教育设施的改造，都应该以儿童为本，给孩子创造快乐的学习氛围。

有健康才有快乐。早在2006年，我在任浦东新区育童小学校长时，率先实施8:15上学，每天第一节课上阳光体育活动课。调到进才实验小学后，我依然如此，还实行冬令制，从每年的11月到来年的4月，上学时间推迟到8:30，周一到周四每天第一节课依然上阳光体育活动课，学生"每天锻炼一小时"、每天10小时的睡眠得到充分的保障，健康第一的理念得到有效落实。

二、让主动与自主成为一种学习主流，形成主动参与、自主学习、合作探究、相互分享的快乐学习文化。

主动学习有利于发挥学生学习的主观能动性，激发学生的学习潜能。自主学习有利于培养学生的学习能力。所以，近几年来，我提出以学生为本，"将学习、将课堂还给学生，让学生成为学习的主人、课堂的主人，让学生真正学会学习"。

同时，我认为每个学生都是不一样的,他的智力、他的学习力、他的文化基础、他的兴趣爱好、他的性格,每一个都是非常独特的。划一的、被动的学习,无法激发孩子的学习兴趣,也不能满足孩子的发展需求,孩子的学习快乐就无从谈起。因此,我们要激发学生学习的兴趣,给学生创造自主学习的学习机会,让学生都能结合自己的实际,主动在自己最近发展区自主学习发展。正如斯宾塞所说:"孩子,你成长的过程就是不断解决问题的过程,当你依靠自己的力量解决了这些难题,你也能从中体会到成长的乐趣。"

所以,我们积极探索主动参与、自主学习、合作探究、相互分享的快乐学习文化。并将此付诸课堂实践,对教育教学进行一系列的改革。

我们实践学习任务单式的教学模式,让每个学生学会自主学习。实施了"课前两分钟微课",给每个学生创造锻炼展示的机会。践行了"好读书、善表达、写好字"的大语文观,提升每一个学生的素养。落实了"作业超市",满足不同层次学生的发展。实行自主管理,提升学生能力。

三、让信任与辅助成为一种教学自觉,形成严格要求,尊重差异,平等相待,教学相长的民主教学文化。

教师是实施"快乐教育"的核心力量。教师和学生之间建立一种平等和相互信任的关系,教师是学生自主学习的参与者、促进者、陪伴者,从而形成具有进才特色的民主教学文化。正如《基础教育课程改革纲要(试行)》要求的:"教学应在师生平等对话中进行,平等是民主最重要的组成部分,也是教学民主不可或缺的主要部分。"

提升民主教学意识,教师就要信任学生,我们的角色就是要成为学生学习的支持者。我们常说:教是为了不教,学是为了会学。因此,一是,要激励学生自主学习,鼓励学生探究和分享,并及时肯定学生自主探究取得的点滴成果;二是,教师要善于做学生学习的陪伴者,成为共同学习的参与者,使学生享受自主学习的快乐;三是,要尊重学生客观的差异,包括智商、兴趣点和学习能力的客观差异,通过个性化的引导,使处于不同最近发展区的学生,都能够在原有的基础上获得成长与发展;四是,要耐心等待学习困难学生的进步,变批评为启发和鼓励,通过分层指导,推进学生的整体进步。

要让学生快乐学习,必须加强教师队伍建设,提升快乐教育能力。学校抓实"五级""五课"校本研修,促进每位教师发展,建立"三格"培养机制,打造骨干教师团队。还通过青年教师教学展示活动、骨干教师教学展示周、"乐进杯"教学评比、沪滇皖教学交流、长三角教育联动、教师论坛、青年教师带教导师、课程开发、出版书籍等众多的平台,给各层次的骨干教师锻炼展示的机会。激发了各层面教师的进取性,助推了教师的专业成长,扩大了骨干教师队伍,更形成了人人求上进,个个有追求的正能量的团队氛围。

快乐的教师,才能培养出快乐的学生,因此,我们通过各种举措促进教师专业发展的同时,实施人本管理,营造快乐施教氛围。为此,我校在加强制度管理的同时,实施了"有事请假记账制、教师生日祝贺制、慰问教师家访制、评定职称帮助制、学校资源共享制"等举措,营造了和谐向上的正能量生态环境,让教师有归属感、安全感、认同感、成就感、幸福感,让教师快乐施教。

四、让全面与多元成为一种课程原则,形成自主选择,多次尝试,满足自我,发展个性的校本课程文化。

"快乐教育,快乐学习"都离不开课程的沃土,全面、多元的课程给予学生更丰富多彩的学习体验;课程的全面而多元,给学生有了自主选择,多次尝试,满足自我,发展个性的需求。为此,我们不仅通过教育改革、通过微课程的实施,全面高效落实国家课程,而且,通过自主开发、引进购买等,实施了100多门校本课程。特别是艺术、体育、科技等,我们充分利用社会资源开设数十门课程,为学生的快乐学习健康成长,全面发展提供了更多的学习机会。

五、让自主与多元成为一种评价机制,形成共同参与,尊重客观,定性为主,不断激励的评价文化。

我校的评价机制更是多种途径、多种形式,强调评价的过程性、综合性和多元性,激发学生学习的兴趣,激活学生的成就感。每学年的"十大星光少年"评选,从自荐到班级评选,再到年级评选,最后全校评选,每个环节皆由师生共同参与完成评价。班级十大自主管理员的自荐与参选,以及平时的自主管理,让学生体会到民主与平等,正面激励着他们,结果不再是唯一的标准,过程却是那么真实与快乐。

在学科教学中,我校推进等第制评价的同时,还根据不同学段学生的身心发展加以细化。低年级采用"金星、银星、铜星"进行评价,高年级则采用"优秀、良好、合格、须努力"进行评价。并利用好《学生成长手册》,加强对学生学习的过程性评价,以等第与评语相结合的方式对学生进行综合性评价。

综上所述,快乐教育的实施是一项全面而系统的工作,从教育思想的提升,到学校文化的塑造；从管理理念的转变，到儿童化学习环境的营造；从学生主动自主学习方式的培养，到教师教育理念教育方式的改进；从丰富的课程建设，到多元评价的建立，都必须围绕这个主题去展开，才会收到更好的效果。

快乐教育，让进才实验小学的每一个孩子拥有幸福快乐的童年。快乐教育，让进才实验小学的每一个老师幸福快乐地工作。快乐教育让进才实验小学和谐向上，充满活力。

以戏剧德育活动为载体，培养小学生行为好习惯

上海市浦东新区华林小学　罗丽惠

《中小学德育工作指南》明确指出，抓好德育工作要从中小学生成长规律出发，以促进学生形成良好行为习惯为重点，以落实中小学生守则为抓手。那么，如何创新小学生的养成教育工作，用更走心的教育方式帮助学生建立起良好的行为认知，养成好习惯呢？戏剧，应该是行之有效的载体之一。将戏剧融入班级德育活动中去，紧密结合班级的"5A好习惯养成计划"，用更感性、更具故事性的方式对学生进行教育，起到的效果应该远大于晓之以理的说服教育。这里提及的"戏剧"只是一种戏剧元素的融入，更注重的是学生在戏剧表演、戏剧游戏等活动中的体验和感悟，并不断地在各种戏剧活动中强化积极的行为表现。

一、戏剧艺术的教育价值

（一）戏剧，寓教于乐的教育方式

儿童戏剧作为少儿文艺的一种形式，也是青少年学生所喜爱的一种活动形式。小学阶段的学生，模仿性强，活泼好动，爱玩游戏，戏剧活动的形式能让学生在一种轻松、愉悦、有趣的教育形式中辨析行为价值观，进而调整和完善自我的行为表现。中国儿童戏剧研究专家罗英老师说："不要忽视儿童剧在儿童成长中的作用，它能够促进素质教育，给孩子带来灵魂上的触动、心灵上的慰藉、情感上的激励。"可以说戏剧是一个能从学生实际出发，使教育的内容、方法和要求更符合小学生的年龄特点、心理特点和情感需求的教育形式，可以成为我们习惯养成教育实施的主要载体。

（二）戏剧，独辟蹊径的班级文化

教育戏剧研究专家李婴宁表示，教育戏剧可以锻炼学生的想象力、创造力、沟通

表达、团队合作、解决问题乃至肢体运用等多方面的能力,有利于学生了解别人、了解世界以及人格的全面发展。将"戏剧德育"融入班级文化建设中,正是在各种教育戏剧的理念引导下,尝试的一种全新的德育方式。我们知道,班级文化作为一种隐性的教育力量,表现出一个班级独特的精神风貌,是一个班级文化灵魂的所在,具有凝聚、约束、鼓舞、同化的作用。班级文化建设对于学生的和谐发展以及行为养成教育有着至关重要的作用。用戏剧引领班级的行为文化,对创设一个和谐的育人环境更有着推动作用。戏剧,就是用艺术的形式,帮助学生形成正确的道德认知,进而影响于学生的行为表现,最终直指学生的精神世界,形成行为表象背后的道德教育场。

二、戏剧德育活动实施的原则

本课题提及的"戏剧德育活动"面向的是小学生,因此戏剧素材的选择,表演的适应性,表演主体的定位等,都需满足小学生的心智和情志,同时强调这种特别的"教材"必须来源于学生的生活,这样才能让学生真正在戏剧艺术中获益、成长。

(一) 生活性原则

艺术来源于生活,又高于生活,戏剧也同样如此。实施中要善于从学生的日常生活中发现问题,整合问题,选取习惯养成教育的主题(内容),通过艺术化的手段,借助形象、生动的戏剧的表达方式让学生看到、认识到日常真实生活中需要关注的习惯养成注意点,并把通过教育后日趋养成的良好习惯应用于学生自己的日常生活之中。

(二) 主体性原则

学习生活是学生以自我为基点,通过理解和体验,从内心建立的一种秩序。依据这种秩序,个体才能与世界构成一种良性的关系。戏剧德育活动是强调在实践的过程中形成个人的体验与情感的关联。所以在整个习惯养成教育中,我们自始至终要以学生为主体,一方面注重通过戏剧这个教育载体的运用诱发学生积极向上的健康情感,另一方面注重通过表演、体验来引导学生用自己的积极情感、向上心态来驱动自己自觉反复"实践—体验"的无穷毅力。

(三) 普适性原则

对学生而言,戏剧德育活动是一种人人可参与,人人能胜任的教育活动。学生在老师的指导下,可以根据各自的兴趣爱好和特长,或参与剧本的编写、修改,或自告奋勇地扮演剧中角色……每个学生都能在戏剧活动中找到自己的位置,每个学生也都能享受戏剧活动的过程,并可以根据学生个体或班级情况扩充剧情,可以前延后续,甚至可以"一块石头两个人演"。整个戏剧活动是为每个学生的情感需求、心理需求、行为导向而服务的。

三、"戏剧德育活动"实施的途径

戏剧就像一朵神奇而充满魅力的七色花,时时处处都能给人以惊喜和畅想,它所带来的教育价值也是无穷的。作为班主任的我,主要从两大着手点实施戏剧德育,一是戏剧主题教育课,二是戏剧解放游戏。两个教育途径,带给学生不一样的体验,收获不同的德育效果。

(一)戏剧主题教育课

在班级文化建设中,我一直尝试着将戏剧活动融入班级管理,用即兴式、体验式的戏剧活动引导学生养成良好的行为习惯,形成正确的道德认知。我借助"戏剧"这一载体,以"5A好习惯养成计划"为核心,与学生一起摸索着一种快乐、即兴、有成效的原生态教育活动模式,我把它命名为"剧课堂"。

1. 在问题诊断中寻找教育点

众所周知,戏剧作品的题材来源于生活。"剧课堂"活动之前,我们需要的是贴近学生生活实际的素材,使教育拥有源头活水。苏霍姆林斯基说:"人的内心里有一种根深蒂固的需要——总想感到自己是发现者、研究者、探寻者。在儿童的精神世界中,这种需求特别强烈。但如果不向这种需求提供养料,即不积极接触事实和现象,缺乏认识的乐趣,这种需求就会逐渐消失,求知兴趣也与之一道熄灭。"通过各种活动引导学生发现自身或者班级中存在的问题,进而展开讨论,确定问题的热点,为"剧课堂"做好充分的素材准备。

比如一二年级时,我比较注重学生行为习惯的培养,便设计并启动了"5A好习惯养成计划"——作业习惯好、珍惜时间好、友善交往好、文明用餐好、讲究卫生好。这个计划的实施一直延续至今,通过五大方面引导学生对比自我,通过调查表、玩游戏、做采访等方式查找问题所在。

发现问题,并透过问题表象挖掘到教育的主题,是培养学生好习惯、好品德的前提。班主任要像一个灵敏的探测器,时时抓住道德的细节,处处抓住行为的盲点,使它们成为教育学生的鲜活事例,丰富"剧课堂"的源头,拓宽学生反思自我、明辨是非的空间。

2. 在戏剧表演中践行好习惯

如果说,前期的问题诊断是一种道德意识的"唤醒",那么,以学生为主体的"剧课堂"便是一种激烈的价值观碰撞。正如明代思想家李贽所言:"动人以言者,其感不深;动人以行者,其应必速。""剧课堂"就是用这样即兴的、随意的教育方式,反而帮助学生捕捉到了学习生活中不易觉察的种种问题,进而在身临其境地体验、互动、感知中得到正确的行为价值取向。

如,执教一年级时我发现学生普遍存在理书包的问题。有的学生总是由父母帮其整理书包;有的整理书包时总是把书本随意地摆放进书包中,导致经常在需要用时到处找寻;有的学生间经常发生错拿书本,或者忘拿书本到校的情况,这就说明学生理书包不仔细……为了解决这一问题,我设计了一堂戏剧德育课《养成整理书包好习惯》。在教学中,我设计了一个既聪明,又糊涂的故事人物"胡图图",他在整理书包的各个故事情境中问题百出,笑话不断。通过这样的即兴表演引发学生的思考,继而引导师生间的互动表演和交流,以此解决各种整理书包的问题。

3. 在矛盾冲突中辨析价值观

"剧课堂"活动是一个需要不断调整、修正的过程,同样也是一个在矛盾冲突中不断生成新问题,进而进一步解决问题的过程。它是一种戏剧作品的完善,也是一种德育活动的完善,更是一种在价值观辨析中的完善。

天天是我们班一个十分调皮的孩子,但他劳动特别积极,甚至主动包揽了每天的擦黑板任务。有一次,他忘了擦黑板,居然被全班同学指责,大家理所应当地认为擦黑板是他的事。为了使学生明白集体是大家的,团结有多么重要,如何友善待人,我便设计了一堂戏剧德育课《小蚂蚁力量大》,希望通过小蚂蚁的形象,使得每个学生在团结的故事情境中成长起来。上课的过程中,三个小组的学生各自认领角色,有跳啦啦操热场的,有负责给运动员加油打气的,也有拼尽全力拔河的蚂蚁运动员们。我在他们表演时化身为"记者",不时地用手机拍摄学生表演的镜头,为后续的分享感悟环节做好准备。每一个学生也是这堂课的观察员,他们从同伴的表情、动作等,解读什么是团结。当学生们感悟到了团结的力量后,再次引导学生将角色变回自己,在课堂上即兴排练演绎关于团结的校园故事,而我又成了"导演",指导他们简单地呈现戏剧作品,最终将友善团结的道德品质内化。

虽然学生的戏剧表演是稚嫩的、业余的,但重要的是他们将积极的人生价值观藏于心、践于行,成为身心合一的完整"道德体"。这样快乐而轻松的教育方式,不仅受到了学生的喜爱，而且以一股强有力的张力提升了学生的道德内驱力，具有积极性、主动性和教育性的特点。

（二）戏剧解放游戏

在戏剧德育课的研究中我和学生品尝了数不尽的乐趣，爱玩、爱表演，便成了我和学生共同的追求。于是，在行为文化意识的推动下，我再次发现了戏剧游戏的巨大魅力，它不仅能减缓学生学业的压力，放松心情，而且还能将很多德性的东西蕴含其中，可谓一举两得。玩，也能受到道德的启迪。

戏剧解放游戏适用于大部分教育场景，每个学生可以在教室里、操场上等空间找到自己喜欢的位置，在舒缓的音乐声中，他们便在老师设计的情景引导下放松自我的身体，进入角色的变换，可以是单独的个体，也可以是几个人为一组进行角色演绎，学生们在故事情景中自由地创作，进而连同肢体和身心一起放松下来。如《小水瓶历险记》这个游戏通过学生扮演小水滴，帮助情境中的小花、种子和海绵宝宝，在不停的闯关游戏环节中渗透友善待人、学会专注、团结合作等行为好习惯的养成。又如《小小餐巾纸》游戏取材于校园生活中出现的"不和谐音符"，通过指导学生扮演躺在教室地板上的纸巾、弃于垃圾桶外的纸巾、挤在桌肚里的纸巾等角色，在学生创设的游戏情境中感知班级卫生的重要性，进而对讲卫生、爱劳动这一行为习惯进行教育指导，玩得有意思，但能触及学生的内心。

玩好游戏之后，采访活动是必不可少的，主要是让学生们分享一下游戏过程中的感受。其实这种分享正是一种道德的分享，一种良好行为的指向，直接作用于学生的行为习惯养成。因此，学生们所玩的戏剧解放游戏，可以随时创编，也能设计于任何学科的开场热身环节，学生在玩中感悟，带着一种教育目的去玩，便能玩出思想的品质，道德的价值，好行为的内化。

四、"戏剧德育活动"的教育效果

戏剧德育活动，用艺术的形式改变了传统的教育方式，将主导行为的戏剧文化提升至了凝聚学生精神世界的班级文化。戏剧，带给学生道德的力量，凝结成学生知行合一的良好行为习惯。

（一）戏剧，学生行为导向的领导力

有了戏剧的介入，我们对学生行为习惯的养成，少了许多说教，少了许多空谈，

更多的是引导学生在自己参与的故事或游戏体验中去感受,去辨析,最终指向自己的行为表现,扬长避短,向着正确的、良好的行为标准迈进、践行。

(二) 戏剧,精神世界建筑的凝聚力

当我们看到学生在改变自己的行为时,其实就意味着他的精神世界正在发生着改变。我们知道,思想领导行为,行为形成习惯,因而戏剧如同一股强有力的向心力,凝聚起学生内心世界纵横交错的价值取向,并激发起学生的正能量,进而引领着学生将内化的品质外化为自己的行为表现。

(三) 戏剧,班级文化形成的核心力

一个班集体是由几十个学生个体组成,那么当每一个个体无论是外化的行为表现,还是内含的价值标准都在朝着积极的方向和目标发展时,班级文化便也朝着更健康、更向上、更团结的方向提升。我们的教育需要班级文化来浸润,因而学生个体影响着班级文化的形成,班级文化也影响着学生道德品质的发展。戏剧的融入,将彼此相互作用的推动力转换成了一种核心力,为班级优秀文化的形成不断给予丰富的精神内涵。

家校共育,静待花开

上海市浦东新区晨阳小学 周 婷

一、案例背景

今年是我进入晨阳小学的第三年,也是我担任班主任工作的第二年。我现在担任的是二(5)班的班主任。我们班有一个特殊的孩子,小名叫淘淘。一年级入学教育时他显得特别调皮,会自说自话走出去,不理会老师的问题,看着别人的眼神有点呆滞,所以入学的第一天我已经记住他了,心里明白这个孩子有点不一样。

果然,开学后,他很兴奋,常常控制不住自己,喜欢在走廊上奔跑,上课时会突然站起来,有时也会从位子上走出来。他不懂得怎样与小朋友相处,甚至认为打一下别人、推一下别人是一件很好玩的事。排队、做操时更是自由散漫。他还会做一些别的小朋友不会做的事:撕纸、翻垃圾桶。第一次做班主任就碰到这样的孩子,我有点无从下手。

我想,每个孩子的教育都离不开家校共育。苏联教育家霍姆林斯基曾把学校和家庭比作两个"教育者",认为这两者"不仅要一致行动,要向儿童提出同样要求,而且要志同道合,抱着一致的信念"。所以我及时与家长联系,向淘淘妈妈反映他在校情况。反映了几次后,他妈妈才告诉我他患有"感统失调症",就是时常无法控制自己,一直处于比较兴奋的状态,因此不能吃苹果和番茄,要让他记住一件事必须反复跟他讲好几遍,平时也不懂怎么与别人相处。会去医院复查,但是不吃药,只是采取一些感统训练。她当场就表示会好好教育淘淘的。幸好,他的家长是负责任的,也是很愿意配合老师共同教育的。我们一个星期总要联系两到三次,我向她反映淘淘在校表现情况或者是她向我反映淘淘在家的表现和一些愿望。针对他的各种问题,我们一起想了很多方法,"家校共育"是我们认为最适合的教育方式。

二、学校教育

由于淘淘的"特殊",相对于其他孩子来说,我总是会花更多的时间去关心和教育他。我一直在不断努力,去寻找一种适合他的教育方式。

(一)爱的教育,学交朋友

陶行知先生曾经说过:"爱是一种伟大的力量,没有爱就没有教育。"淘淘一直找不到与同学相处的正确方式,觉得平时的打打闹闹很好玩,但是被他"招惹"的小朋友就不乐意了,认为淘淘故意在打他们,所以矛盾频发。针对这个问题,我专门上了一节主题班会课,告诉小朋友们如何正确交友,朋友之间怎样相处,哪些行为是不对的,等等。慢慢地,淘淘意识到打一下或者推一下别的小朋友并不是正确的做法,只会让别的小朋友离他越来越远。现在也有了几个和他一起玩的小伙伴。

(二)爱的鼓励,树立信心

我在班级中设置了很多"个性小岗位",有"值日班长""两操管理员""卫生管理员""节能员""领读员",等等,我会挑选适合的孩子轮流来当。开学两个月后的某一天,我询问:"这周谁想当两操管理员?"这时我看到淘淘高高举起的手,嘴巴里还在叫着"我,我……"我的内心其实很挣扎。我不觉得他能做好这个小岗位的管理工作,因为平时做眼保健操和室内操时,他总是捣乱,又定不下心来。可是转念一想,还是给他个机会吧,说不定他能行呢。于是我让他监督小朋友做的同时,向其他小朋友学习,同时鼓励他,相信他能做好。担任了两个星期的两操管理员后,我发现他在做眼保健操时确实认真多了。原来他也可以做好。

(三)仔细观察,寻闪光点

古人云:"寸有所长,尺有所短。"每个人身上都有缺点和闪光点,对于教师来说,我们要做的就是善于发现学生身上的闪光点,而不只是发现他身上的缺点。淘淘有很多的缺点,但他同样有优点。比如他中午吃饭时,每次都能做到安静地用餐,并且每次都光盘,这就值得其他小朋友去学习。他还有一个优点就是不说谎,实事求是,是他做的他会马上承认,不是他做的他会及时否认,这是一种很好的品质。因此,针对这两点,我每次都会在全班小朋友面前表扬他,让他树立信心,做得更好。果然,每次表扬他后,我都能看到他脸上灿烂的笑容。

三、家庭教育

淘淘的爸爸妈妈除了经常与我保持联系外,在家里他们真的做到了很好的家庭教育,积极配合的态度促进了家校共育,使得淘淘的各方面都进步很快,不掉队。

(一)耐心辅导,巩固学习

针对淘淘上课时总是坐不住,无法专心听讲,有时还会自说自话地做自己的事的现象,我让他坐在第一排,方便老师提醒他。但是起效甚微,所以在课堂上他能够掌握到的本领很有限,这就需要在家里及时巩固每一天的学习内容,甚至是重新学习。所以淘淘的父母在家陪伴孩子学习的时间肯定要比其他家长多得多。好在,到目前为止,淘淘的各科水平总能保持在优良,说明父母的陪伴学习是很成功的。

(二)亲子时光,感统训练

淘淘的父母每天晚上会陪他一起做感统训练,他们会拍摄训练时的照片或者视频,有时候淘淘会要求妈妈发给我看,我会及时称赞和为他点赞。通过这些照片,我看到了一家人其乐融融的画面,也看到了淘淘的努力,相信他会越来越好。

(三)了解情况,批评教育

男孩子都是比较调皮捣蛋的,淘淘也不例外,更何况他是有点"特殊"的,所以在教室里经常会和同学发生摩擦。我在学校教育好之后总要和他妈妈通电话,把情况告知她,希望回家后能继续批评教育,因为要想让淘淘记住哪些该做,哪些不该做,是需要反复叮咛的。

四、展望

入学两年以来,淘淘一直在进步,但这种改变是很微小的,依然需要家校合力,共同教育。从淘淘身上,我明白了家校共育的重要性。著名的教育家苏霍姆林斯基说过:"没有家庭教育的学校和没有学校教育的家庭不可能完成造就全面发展的人这一极其细致艰苦的工程。"家校共育有助于教师了解学生的家庭教育环境,更好地促进学生的健康成长。家校共育能为学生创造良好的成长环境,有利于培养学生良好的行为习惯。家校共育还有助于家长了解学生在学校的表现,可以促进学校和家庭之间的信息交流。我相信通过家校合力,他会越来越好,我静待他的成长花开。

转化后进生先从转化"后进家长"入手

上海市浦东新区晨阳小学　周晓琳

上海的农村公办小学有不少外地务工子女，父母忙于工作，长期对孩子的行为、学习、生活疏于管理、关心和照顾，导致孩子行为、学习、生活习惯不规范，形成了不少后进生。后进生的转化工作就成了班主任工作的重要内容，是做好农村小学班主任工作的关键。后进生转化工作应先从转化"后进家长"入手，才能增强后进生转化工作的针对性、实效性。

李小君（化名）是离异家庭的孩子，父亲在浦东一家外贸企业打工，他经常和同学打架。有一天，他和同桌王林（化名）为了一点小事发生争执，就把王林的脸打肿了。

为了处理好这件事，我把双方家长找来共同协商解决。小君的家长态度很好，向王林的家长赔礼道歉。得到王林家长的谅解后，小君的爸爸向我解释道："我性格不好，出来打工也不容易，把希望全寄托在小君身上，所以对他很严格，只要不听话、做错事就打，他怎么还是改不了呢？"听到这里，我对小君爸爸说："小君打架的原因找到了，他不听话，你就打他，认为打疼了就不敢了，但解决不了根本问题。孩子犯了错，首先要理解小孩子做错事是难免的，作为家长，要帮他找出犯错的原因，帮助他认识错误、改正错误，而不能动不动就打他。"小君的父亲听后恍然大悟，说道："周老师您说得对！"又对小君说："老爸再不打你了，会和你讲道理。"说完，把小君搂在了怀里。这时，我抚摸着小君的头，对小君说："爸爸是疼爱你的，只是方式不太对，给他一次机会吧！"小君流下了眼泪，轻声说道："爸爸、老师我错了，我今后再不打同学了。"我点点头，笑着说："相信小君以后会成为一个小君子、小绅士，对同学彬彬有礼。"

从那以后，小君没再挨老爸打，他也再没打过别人，真的成为班上彬彬有礼的小君子、好学生、好孩子。

俗话说：养不教父之过。家长是孩子的第一任教师，家长的素养决定着孩子的素养，家长的习惯决定着孩子的习惯。但是，很多家长自己身上一些不好的习惯已经潜移默化地影响了孩子，但自己却"当局者迷"。这时，老师作为旁观者要有技巧地提醒家长，从家长入手进而转化孩子。相对来说，家长们都是比较明理的，绝大多数家长也会自觉地配合老师进行改变。

我班的刘玲（化名）同学，她母亲王女士在浦东经过自己多年的打拼，开了一个小公司，经济效益不错。唯一让她头疼的就是女儿爱打游戏、不爱学习，作业完不成，学习成绩不理想。她来上海打拼并带女儿来就读，就是看重上海的教育质量，为了孩子能在一个良好的教育环境中学习，将来有个好前程。因为孩子学习不好，刘玲母亲很着急，经常和我沟通，向我寻求能提高女儿学习成绩的方法。

我特地利用一个星期六，到刘玲家里进行家访。通过家访，我了解到王女士工作很忙，疏于对女儿的陪伴和管理，哪怕偶尔休息在家也是约朋友打麻将打发时间，因为公司压力太大，休息了就想放松一下。刘玲"爱打游戏、不爱学习、作业完不成、学习成绩不理想"不就是受妈妈的影响吗？那天，我和王女士进行了长时间的交谈沟通。我告诉她："小学生贪玩、自制力不够、自我管理能力有限，需要家长的陪伴、呵护、关心，更需要家长率先垂范，做出榜样。想让孩子做到的事自己先要做到，想让孩子不做的事自己坚决不做，改变孩子就得先改变自己！要想孩子不打游戏，自己先戒掉打麻将；要想孩子爱学习，自己首先爱读书，特别当孩子看书、复习、做作业时，你也陪伴孩子看看有关企业管理的书，同孩子一起学习，一起享受学习的快乐、亲子时光的幸福。孩子在妈妈的陪伴下会感恩母亲、会更加激发她勤奋向上的激情和劲头。刘玲同学很伶俐，只要有正确的陪伴和榜样的引导，肯定会有所改变，经过一段时间的努力，学习成绩也肯定会提高的。"

从此以后，王女士为了女儿刘玲的学习与健康成长，减少了应酬、戒掉了打麻将，挤时间陪伴孩子生活、学习。刘玲也很争气，经过近一个学期的努力，学习成绩提高很快，由学困生变为学习优秀生，还成为我的数学课代表，期末获得学习进步奖，数学取得班级第二名的好成绩。这是我转化后进生先转化"后进家长"的又一成果。这个案例进一步说明，孩子的成长受家长的影响最大，因此，转化后进生应先从转化"后进家长"入手。

任教八年，担任班主任五年来，我不断探索如何转化后进生的办法，在实践中总结出"转化后进生先转化后进家长"的经验，利用这种办法成功转化了二十多名后进生。尽管付出了很多艰辛，但更多的是享受了成功转化后进生后的喜悦。

作为一名班主任，就要让班级每个学生都不落下，让班级每个学生都健康快乐成长，所以后进生的转化工作就成了班主任工作的重要内容，是做好农村小学班主任工作的关键。后进生转化工作应先从转化"后进家长"入手，家校联动，充分发挥家长的作用，充分发挥每个家庭的正能量，用良好的家庭教育环境来影响学生。每个孩子都是一个独立的个体，具有不同的个性，只有进行有针对性的研究，才能增强后进生转化工作的实效性。我将继续对这一问题的探索和研究，为后进生转化提供更多成功案例。

举全班之合力,让行偏生多一分自信和笑容

上海市浦东新区花木中心小学　朱丽华

一、学生现象概述

小轩,男,11岁。该生个子不高,皮肤黝黑,爱用拳头解决问题,如果和同学之间发生矛盾,无论谁是谁非,到老师面前他先哭,性格比较张扬,如果老师和同学说的他不认可,就会歇斯底里发脾气;课后十分活跃,和几个男生一起在教室外的走廊里追逐、游戏;有时候也爱捉弄其他同学,与同学发生一些小摩擦;学习成绩十分糟糕,虽已经是四年级的学生,可是却认不得多少字,自己的名字也不能写得比较端正;上课时总是不认真听讲,整节课基本在做和上课无关的事情;回家作业根本不做,回家后就是到处疯玩,或者是看电视,无人照管。

二、原因简析

造成小轩这种现状的原因,大致可以分为三个方面:

(一)特殊的家庭关系,父母缺乏对孩子的教育和管理意识

据了解,小轩从进入一年级开始就和父母分居而住,身边只有不识字的爷爷和奶奶,还有一个比自己大两岁的姐姐。小轩一家拿着国家的低保,家庭经济条件不是特别宽裕。爷爷奶奶年岁已大,再加上根本不识字,无法对小轩进行有效的教育以及学习的指导;家庭经济条件的制约,也不可能参加课外的辅导班;姐姐虽然比他大,但是姐姐的学习也自顾不暇,根本无暇顾及弟弟。父母长期在外,一年之中和小轩相处的日子屈指可数。虽然和孩子居住地的距离车程不超过一个小时,而且交通便利,可是小轩和留守儿童没有差别,只有节假日或许可以和父母同住几天。一

且小轩有一些问题需要和家长沟通,打电话、微信,父母都会延时回复;有时能够及时沟通,可是等到的回复就是"你去找他爷爷奶奶""这个事情我不知道"。听到父母这样的回答,作为班主任真是哭笑不得,然而也着实无奈。到学校里给小轩处理各种问题的,都是爷爷和奶奶;来参加家长会的依然是爷爷和奶奶。四年来,作为父母,从来没有过问过孩子的学习,没有关心过孩子的视力问题。到现在为止,作为班主任,没有见到过孩子的父亲一次面;而且孩子到现在为止不知道父母的电话号码,只知道爷爷的。看着小轩这样的现状,老师虽然可怜他,可是也束手无策。

(二)由于严重学习脱节,学生缺乏学习的自信和沟通能力

从一年级开始,小轩就表现出了极大的厌学情绪:上课时,在座位上一刻不停,总是发出各种声音。在各科老师的教育下,声音倒是没有了,可是他上课不是走神就是睡觉,尤其在下午的课上,基本都有一节课在睡觉。当老师找他写作业的时候,他总是借故上厕所、喝水等事情,溜之大吉,能拖多久就拖多久。回家作业基本不做,为了逃避写作业,经常把回家作业的本子藏在学校里,有时扔掉甚至撕毁,老师就像是福尔摩斯,总是在给他找本子,补本子,口头的作业更是不了了之。久而久之学习成绩越来越差,根本跟不上老师的节奏。这样恶性循环,到现在他只会做简单的计算,认几个字。

因为不写作业,于是他玩的时间就更多了。有时同学们都在教室里写作业,没有人和他玩,他就开始想一些小小的恶作剧:同学在交作业的时候,他就故意把脚伸出来,想绊倒别人;后面的同学在写字,他就故意晃椅子;同学们在画画,他就把同学们的彩笔藏起来……他其实就是用这样的方式引起老师和同学对他的关注,这是他独有的找自己的存在感的唯一方式。虽然这种方式不可取,可是他也找不到学习上能够和同学交流、沟通的话题。

(三)班主任教育管理工作的疏漏和无奈,实行自我麻痹

对于小轩这个孩子,我经常是"哀其不幸,怒其不争",可是如何对他进行教育、引导,这又是困难重重。在学校里想利用有限的时间,教他多认识几个字,教他背一背古诗,可是他一下课,就一溜烟跑出教室玩去了。等同学们找到他,离下一节课上课又没几分钟了,往往是刚准备好书本,才读了一两句话,铃声就响了;铅笔刚刚拿出来,科任老师已经来到了教室,准备上课了。他自己为了逃避学习,也是想方设法逃离老师的视线。再加上父母对他的不闻不问,作为老师,更加没有信心了,也越来

越失去耐心和毅力了。我想要找家长沟通，进行家访，制定一个行之有效的办法来提高孩子的学习成绩，可是他父母总是推三阻四，爷爷奶奶更是大字不识一个，谈了几次也是白谈，答应找找亲戚帮忙，最后都是无果。在这样的现实面前，我开始自我麻痹，经常自己说服自己——只要自己尽到教育的责任，和家长沟通好，不要歧视和忽略这个孩子就好，尽自己的力就好。

三、解决方法和策略

由于家长、孩子、老师的疏忽和懈怠，小轩的学习成绩越来越糟糕。可是不能任其这样放飞下去，作为老师，还是应该做些什么。

（一）公平、公正地对待孩子，树立人格的自信

小轩这样的孩子，可以说是没有优点了，学习成绩自不用说，艺术特长那就更没法想象了。可是在学校这样一个大集体中生活，如果学校的任何活动都不让他参加，尤其是集体活动，那么他会更自卑，更没有自信的，我们不能一竿子就把他打死了，要让他充分融入集体中，积极参与到活动中，树立人格的自信。学校组织的各项集体活动，我都让他参加，舞蹈动作不会，我先教他记住动作；动作不到位的，让跳舞跳得好的同学负责继续给他纠正。朗诵比赛中，他朗读的内容记不住，就让他用认识的字来代替，做好记号，再去巩固背诵。总之个人才艺比赛他不能参加，可是集体活动，想尽一切办法让他参与进来。

在定表演服装的时候，家长们都在班级微信群里报衣服的尺寸，可是小轩的妈妈久久没有回复。有几个妈妈私信告诉我，她们来出钱。我告诉她们，谢谢她们的好意，但是这部分钱我们可以从班会中出。

每一次集体活动，小轩也很积极，也很认真，也很努力，尤其每一次能穿上不同的表演服，他的脸上的笑容是那么灿烂。

（二）关心孩子的身体健康，感受集体的温暖

孩子在成长的道路上，难免会发生这样那样的健康问题，虽然小轩学习成绩不理想，但是对他的身体健康，作为班主任，也应该重视，学生在学校的一切行为活动，班主任老师都要了如指掌。有一次吃完午饭，发现小轩一直趴在桌子上，失去了往日的活力，我连忙去看看他，发现他的脸通红。我立刻拿出班级里的额温枪给他测温，发现温度较高，于是又让卫生委员送他去医务室检查，果然发高烧了。我联系家

长,可是一时又联系不上,就让他到医务室休息,给他倒好热水,让卫生老师看护好他,继续联系家长。

小轩的视力不太好,散光很严重,一直戴着眼镜。可是有一天排队时,我发现他眼睛总是眯着,好像怕光一样,我随即测试了他的视力,发现一米之内他根本看不清。我把这件事情先微信告知他的妈妈,再给她打电话,告诉她不及时给孩子配眼镜可能造成的伤害,希望家长能够引起重视。

关注学生的一举一动,不能因为学习成绩不好,就对学生不闻不问。越是这样的学生,越需要我们班主任付出更多的耐心和细心,让他感受到集体的温暖。

(三) 举全班之合力,督促孩子学习,尽可能扩大识字量

想要让小轩学习成绩有多大的改观和提升,不是一朝一夕能做到的。可是,我们可以想些办法,让他多认识几个字,光靠老师是做不到的,那就动员全班同学一起来。听说都要当小老师,同学们的积极性也很高,小轩的脸上也露出了一丝微笑,让我看到了他想学习的曙光。

我实行"分配包办"原则,把课后词语表里的每一篇课文的词语"包产到户",先从班干部开始,词语较多的课文由班干部负责教他,词语较少的课文,由几个贪玩的男生负责,剩下的课文其他同学"自我认领"。为了不遗漏,不推卸责任,每一个同学在小轩的书本上签上大名,这样就"有据可查"了。三天一检查,谁去教了,谁没有教,教会了几个,教了几次,教过的词语中,还有不认识的,班主任兼语文老师的我来负责,再巩固。

这样周而复始,不仅小轩的识字量增加了,同学们的集体意识和奉献意识也增强了,班级的凝聚力也强了,不使一人掉队。

班集体是学生的另一个家,班主任就是这个家的家长。在这个集体中,不仅要传授知识,更是要教育学生团结、友爱、合作、上进。在帮助小轩的过程中,不仅小轩收获了自信和友谊,班级的每一位学生都体会到了给予的快乐。

巧破"依赖综合征"

上海市浦东新区华林小学 吴雪丹

苏联教育家苏霍姆林斯基说过:"没有家庭教育的学校教育和没有学校教育的家庭教育,都不可能完成培养人这一极其细微而复杂的任务。"家庭教育是大教育的组成部分之一,也是学校教育和社会教育的基础。只有在家校间架起沟通的桥梁,才能使家庭教育与学校教育成为共同体,相互配合,共同促进学生发展。班主任需要针对学生家庭的实际情况分析研究,采取更合适的方法开展有效的家校沟通,从而改善、优化家庭教育环境,保障孩子健康成长。

一、案例描述

接手小文的班级大半年了,小文家长却从未主动联系我了解过孩子的情况。在和小文接触的过程中,我发现,虽然他已经是四年级学生了,竟然还不会用筷子吃饭,甚至连鞋带也不会系;完成的回家作业常常写得龙飞凤舞,记诵的作业也总不完成。和小文沟通后,才明白事出有因。小文的爷爷奶奶照顾着小辈们的生活起居,小文父母回家后"机"不离手,对于小文的学习和生活自然就"无暇"顾及了,干脆把他交给了补习班老师。起初,我多次尝试和小文爸爸妈妈沟通有关孩子的问题,他们却总推托:"吴老师,我们家长说的话他根本听不进去,还嫌我们烦。你们老师都是专业的,肯定比我们在行,您帮我多教育教育他,我们一定配合。"

二、问题诊断

留心观察,细细"把脉",我发现小文家庭属于典型的"依赖型家庭"。身处这样的家庭,无论是家长还是孩子,对他人的依赖心理极其强烈,自我管理意识非常薄弱,从而造成孩子在生活上、学习上出现种种不适应和困难。究其原因,主要呈现以下特点。

（一）主体责任的缺失

小文家长虽然已经为人父母，不仅没有承担意识，而且缺少承担能力，更没有完成角色的转变，承担起"父母"该尽的责任。生活上，依赖年长的父母照顾孩子，甚至自己的生活也需要被照顾；学习上，依赖学校老师和补习班老师，对孩子的教育鲜有关心。苏联教育家马卡连柯曾说过："不要认为只有你们同儿童谈话、教育他、命令他的时候，才是进行教育。你们是在生活的每时每刻、甚至他们不在场的时候，也在教育着儿童。你们怎样穿戴，怎样同别人谈话，怎样谈论别人，怎样欢乐和发愁，怎样对待朋友和敌人，怎样笑，怎样读报，这一切对儿童都有着教育意义。"小文父母自己尚且是长不大的"孩子"，又如何能给孩子一个健康的家庭环境，如何给孩子树立良好的榜样，履行监护人的职责呢？

（二）有效陪伴的缺失

小文的父母很少在孩子身上花时间，哪怕身处同一空间，亲子间也缺乏亲密的沟通与互动，更不要说提供有效、高质量的陪伴了，必然无法了解孩子的学习状况、内心世界。久而久之，孩子会感到被忽略，没有价值感、安全感，缺乏被爱的感觉，逐渐与父母之间竖起一道无形壁垒，亲子间的关系越发冷淡，不愿意主动与父母沟通。

（三）劳动教育的缺失

一次家访，走进了小文家中，才真正了解到小文不会用筷子、不会系鞋带的原因。家中大大小小的事都是爷爷奶奶包办，心疼子女的同时更舍不得让孙辈小文动一根手指头。小文父母则是根本没有将劳动教育视为教育的重要部分，造成小文劳动能力差，劳动意识不强。在学校，小文就因不懂得劳动的方法和技巧闹过不少笑话。此外，他的自理能力也不强，书包、桌肚乱糟糟，常常丢三落四。

三、教育策略

（一）先扬后抑共承担

依赖型的家长往往缺少被肯定，班主任必须主动出击，赢得家长的信赖。平时，我就通过QQ群相册、展示活动等方式把记录小文近阶段表现的照片、视频、文字分享给家长，家长是十分乐意看到孩子这些成长记录的。在分享中我又适时加入建议，家长看到小文进步、优点的同时，感受到我对孩子的关注和用心，抵触心理逐渐消失，不再不由自主地排斥、回避和我沟通，同时也能和我一起共担教育责任，面对孩子学习、生活中出现的问题，扮演好"家长角色"，自身也逐步开启"断奶"模式。

（二）找准定位制计划

为了帮助这个"长不大"的家庭学会独立自主，真正起到陪伴小文成长的家庭教育指导作用，我为这个家庭量身定制"小手牵大手成长计划"，根据小文的心理需求、性格特点、实际情况设计了"沟通你我他""劳动我能行""家庭学习日"等活动。如在劳动成长计划中，我建议家长每周开展亲子家务劳动、劳动小比拼等活动，让孩子在活动中，和父母一起学习劳动的方法和技能，和父母一起解决劳动中遇到的困难，和父母一起体验劳动所带来的快乐……合适的计划，是指导家庭成长的"蓝图"。

（三）协同作战不包揽

其实，改变一个家庭的教育现状，如同一次"作战"，班主任就要当好这个"指导员"角色，把他们当成战壕中的战友，通过认真倾听、仔细辨析，提供帮助，但不跨界包揽教育责任，同时也需指导家长不包揽解决孩子成长中遇到的各种问题。我建议小文爸爸妈妈和小文每天至少进行半小时的亲子沟通，天马行空、天南海北，趣事、烦心事等都可以一一分享，以此打破亲子关系的僵局。同时，每周可以为对方做一件贴心事，爸爸妈妈可以为小文添置学习用品、购买书籍、给一个拥抱、共同完成一件手工作品……小文则可以为爸爸敲一次背、为妈妈梳一次头或是说一句贴心话。如此，家长承担起了教育孩子的责任，也营造了有利于孩子身心健康发展的温馨的家庭氛围；小文得到了高质量的陪伴，感受到了来自父母的关注和关爱，就能和父母重新建立起亲密的关系，依赖祖辈、依赖老师的心理也会逐渐淡化。

四、反思与展望

指导小文家庭摆脱"依赖魔咒"的半年时间里，我发现孩子的状态变得稳定了，作业问题出现了转机，劳动意识也增强了。从小文妈妈口中得知，孩子与爸爸妈妈开始亲近了，在学习上、生活上遇到的问题偶尔也愿意请教父母了。小文妈妈告诉我，她现在非常享受和孩子交流、陪伴的亲密时光，正在努力向其他家长、书本学习家庭教育的方法和理念，努力做一个孩子心中的好妈妈。这些喜人的变化也让我这个班主任明白了,教育重在一个"巧"字,心思要巧,方法要巧。

(一) 重拾信心重独立

当小文家长感受到孩子与他们的关系日益缓和时,当他们看到孩子在校内、家中的变化后,对孩子和为人父母的角色燃起了信心。他们在孩子的教育上收获了成就感,也逐渐认识到只有父母独立,孩子才能独立,才能成长。心理上的积极重建,有益于家庭教育朝向健康、独立、有效的方向发展。

(二) 水到渠成勇担当

当家庭环境发生变化,温馨、关爱成为主旋律后,即使在家庭教育中遇到了新问题,家长和小文也能自行沟通和商议,加上老师提供的一些建议,家长也不再依附于老师,自然而然地承担起家庭教育的重任。学会了放手,学会了担当,给家庭和孩子带来了无限惊喜。

作为一名年轻的班主任,我每天面对的当然不止上文所述的依赖型家庭,在和放弃型、严厉型、护短型等家庭沟通时,我虽然没法做到尽善尽美,但总想用我的智慧和心力,在不断的摸索和尝试中,研究各种沟通策略,去触动一些家庭,把更多科学的、符合孩子成长需求的教育方法传递给每一个家长,让孩子能够更加快乐、健康地成长,向更好的方向发展。

依托学习任务单　以评价促习惯养成

上海市浦东新区由由小学　尤　瑾

一、概述

一年级第一学期《吃饭的讲究》这一课，主要关注的是学生在家中的饮食生活。吃得安全、吃得健康、吃得文明，吃得有礼貌、有教养，这对于学生良好饮食生活习惯的养成有着重要的意义。《课程标准》对于新入学学生养成良好的生活卫生习惯有明确的要求。本课是道德与法治课程一年级上册第三单元《家中的安全与健康》中的第2课，本课根据《课程标准》"健康、安全地生活"的第二条"养成良好的饮食和个人卫生习惯"而编写。

本课设计了《食物宝宝本领大》和《我是小小配餐师，营养午餐我设计》两个学习任务，学生在具体交流和实践后，获得感性的认知。同时在通过开口表达，倾听他人的想法和建议，完善自身的过程中对理性的体验与感受得到了升华。从而总结不同食物的不同营养成分，以及根据食物营养和自身的健康实际，科学、合理地选择食物。《食物宝宝本领大》是在学生通过观看了食物以卡通形象出现夸一夸自己的本领，初步了解了食物的营养成分之后，要求学生把食物与营养成分正确配对。目的在于帮助学生有意识的整理归纳知识。组内进行互评，在群体学习探讨的过程中，学生的个人经验不断完善，同时也为之后的《我是小小配餐师》任务打下基础。《我是小小配餐师》是在学生了解了食物的分类和营养成分，并初步知道什么样的饮食习惯是科学合理之后，要求学生运用本节课已掌握的知识于实际生活中。

二、案例呈现

《我是小小配餐师》分为两个环节。在第一个环节，学生根据已掌握的"食物金字塔"知识以及午餐分配要求以小组为单位,以团队合作完成任务的形式,深化了学生对食物营养的理解,以及将知识运用到实际生活中的能力。在第二个环节,学生经过讨论、实践将知识与实际生活进行了整合,积累了大量的理论和经验。通过为自己设计的午餐向大家介绍,以及依据评价标准评选合格营养午餐。在整个交流过程中,学生能用语言准确地描述自己设计的营养午餐,并有依据地对他组进行评价,诠释自己的判断。

学习任务一:《食物宝宝本领大》

任务要求:

1. 帮助食物宝宝找回自己的本领。(将其所含的主要营养成分正确连线。)完成后,小组内互评。

2. 小组内讨论:你还知道哪些食物也含有丰富的营养成分?

《食物宝宝本领大》任务单评价表

食物宝宝本领大

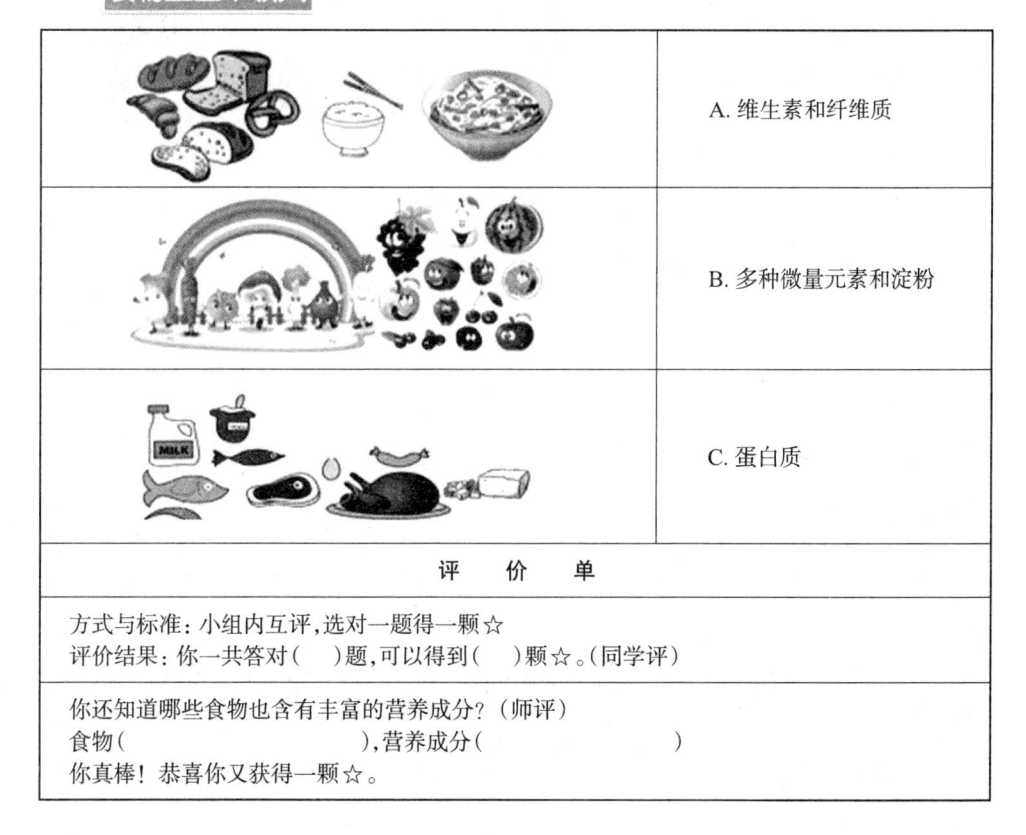

(主食图)	A. 维生素和纤维质
(蔬菜水果图)	B. 多种微量元素和淀粉
(肉蛋奶鱼图)	C. 蛋白质

评 价 单

方式与标准:小组内互评,选对一题得一颗☆
评价结果:你一共答对( )题,可以得到( )颗☆。(同学评)

你还知道哪些食物也含有丰富的营养成分?(师评)
食物( ),营养成分( )
你真棒!恭喜你又获得一颗☆。

此环节采取的是播放以学生喜爱的动画形式呈现"食物怎么夸自己"的视频,再用连一连的形式,对观看内容中的知识点进行归纳整理。以小组互评的方式评价知识的掌握程度,同时这也是观察学生课堂活动和听课习惯的重要环节。

学习任务二:《我是小小配餐师,营养午餐我设计》

任务要求:

1. 依据食物金字塔以小组合作的形式,设计一份营养午餐。
2. 小组选派代表为自己组设计的午餐进行简单的介绍。
3. 学生根据营养午餐的评价标准评选合格营养午餐。

学生学习活动评价表

评 价 表	组内自评	小组互评
小组分工明确、合作默契	☆☆☆	☆☆☆
午餐搭配营养、合理	☆☆☆	☆☆☆
文明、有序地完成任务	☆☆☆	☆☆☆
能正确、流利地介绍自己组的营养午餐	☆☆☆	☆☆☆

(备注:根据自己组和其他组在完成任务过程中的表现进行评价,合格为一颗星,良好为两颗星,优秀为三颗星。)

在《我是小小配餐师》的学习中,活动分为两个环节。第一环节:学生以小组团队合作的形式根据食物营养等各个因素进行讨论,确定营养午餐的配餐。第二环节:要求学生能够正确介绍自己组设计的营养午餐。同时能够依据评价标准评选合格营养午餐。

三、评价要点

《食物宝宝本领大》和《我是小小配餐师》的课堂学习习惯评价表均分为学生评价表和教师评价表。

学生评价表：学生评价结束后，学生需各自递交学生评价表。在学生评价表上记录对自己以及组员的星级评价，这些都将成为评价组员课堂学习习惯的重要依据，学生评价表附于任务单最后。

教师评价表：教师在课堂上对学生的课堂学习习惯进行观察并进行评价记录，同时参考学生评价表评价本课该生的课堂学习习惯情况。

学生姓名 （　　　）	评价标准			师评
	A	B	C	
听说习惯	能听懂教师要求，有条理地表达自己的想法。	能听懂教师的基本要求，基本表达自己的想法。	无法表达自己的想法。	
	声音响亮，口齿清晰。	声音较响亮，口齿较清晰。	声音轻，口齿不清晰。	
	课堂学习中倾听同学的回答，并及时补充。	课堂中倾听同学的回答，能较完整地复述组员的想法。	注意力不集中，无法复述组员的想法。	
小组合作	小组分工明确、合作默契。	小组分工较明确、合作较默契。	小组没有明确分工，合作没有默契度。	
	能文明、有序地进行小组活动。	能较文明、有序地进行小组活动。	不能文明、有序地进行小组活动。	

本课的重点就是让学生形成科学、合理的饮食观念与良好的饮食习惯。如何坚持健康、科学、文明的饮食习惯，需要和家长一起家校合作、监督，长期培养。因此教学活动中，除了学生自评、互评、教师评价外，还增加了课后的家长与学生之间的互评。

在课后增加这样一个评价表，就可以更好地约束孩子的饮食，帮助孩子培养良好的饮食习惯。

学生姓名（　　）	评价内容	学生评价	家长评价
用餐礼仪	饭前按照方法、步骤认真洗手。		
	晚餐前后，主动帮助父母做一些力所能及的事。		
健康饮食	晚餐搭配健康、科学。		
	没有挑食、偏食的现象。		

四、评价反思

（一）在本次案例中，我设计了两个体验式活动，重点培养了学生收集信息、综合运用、交流表达等方面的能力，同时采取了自评、互评、师评等多元评价模式，帮助学生养成良好的学习习惯，逐步掌握较强的生活自理能力。

（二）课堂上需要观察的学生比较多，教师要运用好评价表，对数据进行收集汇总，通过数据分析全面了解学生习惯养成方面所存在的问题，以便及时调整教学策略。

（三）一年级学生年纪较小，在开展评价活动时，更需要老师的细心指导。如何设计出符合学生年龄特点的评价表，是今后我需要研究的内容。通过评价发挥激励作用，通过评价诊断学习状况，并及时调整自己的教学方案。

家班共育促进学生财商培养

上海市浦东新区由由小学　葛秋萍

一、财商概念的引入

孩子是父母的心肝宝贝。父母会因为忙于工作,出于补偿心理,会在金钱上尽量满足孩子的需求,对于孩子提出的要求父母都全力满足。但是长期这般宠爱,孩子会觉得这样做都是理所当然的,甚至是得寸进尺。这也是为什么财商教育要趁早,实施财商教育的重要原因之一。

所谓财商是指一个人在财务方面的智力,是理财的智慧。财商FQ(Financial Quotient),英文直译为"金融商",业界称之为"财商",与智商、情商并列被称为现代人的基本素质。财商不是什么高深莫测的东西,它像其他知识一样,可以通过后天的专门训练和学习得以改变,可以联动地改变个人的理财态度。

二、案例发展的过程

"丁零!丁零!"手机的提示音一声接一声地响了起来。拿起一看,五(1)班家长群几个字醒目地跳入眼帘。怎么了?我赶紧打开微信:

"@小秦爸爸 你好,今天春游,你家孩子是不是借了我们40元钱?"

"@文文妈妈 没有吧!我们给他带了50元,应该够了呀!"

"@小秦爸爸 孩子说借给他40元,他要买一把玩具枪。请跟孩子核实一下。"

"@文文妈妈 好,我了解一下。"

原来是关于孩子乱花钱的事。几分钟后,消息铃又响了起来。

"@文文妈妈 问过孩子是借了,买了枪又怕带回家挨骂,转送给其他同学了。明天让他把钱还给你们。这孩子太不争气,成天乱花钱,怎么说也不听!"

一石激起千层浪，大家你一言我一语道出了苦水。

培妮妈妈说："我们和老人一起住，他们最见不得孩子受一点委屈。平时放学回来，总要买点吃的。五元都不行，动不动就要十多元。"

"我们是双职工，平时就给他点钱自己买着吃。可是他总去肯德基，一买就是一个桶。等到吃晚饭时，他一口也吃不下了。钱花了不算，还换来个啤酒肚。"凡凡妈妈也道出了自己的烦恼。

孩子们到底有多少零花钱？这些钱又是哪来的呢？又是怎么花的呢？我在班中做了一个小调查，统计时，发现一些数据很惊人。班上36个孩子，人人都有零花钱。主要来源是父母和老人，每月或是每周一给。此外还有隐形收入，部分孩子自己掌管压岁钱，多的好几千元，少的也有近千元。原来孩子们手边可支配的零花钱这么多。

调查结果在班级群中一公布，家长们也表示出乎意料。生活条件好了，无形中给孩子的自由空间也大了。可是，事实证明他们并不会合理消费，花了钱还对身心不利。大家都意识到孩子花钱大手大脚，再不想办法管是不行了。我在群里发出号召，办法总比困难多，请家长给孩子们献一计。很快，群里的妈妈爸爸们说出了各自的想法。我提议家长根据自己孩子的情况，制定一个家庭财商养成计划。

"什么是财商？又是一个新名词？"

"对每一个孩子来说，理财能力正在成为一种必不可少的生存技能。我们学校也有一些培养财商的活动，如参观银行博物馆、学雷锋献爱心拍卖活动、和父母一起上超市、货币汇率换算比赛等。"

"这些活动我们都参加过，原来这是在进行财商教育啊！"

"学校活动只是一个引子，各位家长也可以有自己独具特色的财商培养计划。"抛砖引玉之后，家长们接受了这个新的课题。

两个星期过去了，家长们的财商养成计划实施得怎么样了？有没有遇到障碍？孩子们是否配合呢？在完成了"一周收支清单"后，班级微信群又热闹了起来。

"老师，教孩子做收支清单太棒啦！我自己就是做账的，教会孩子记账，支出和收入一目了然。他自己也受触动，不敢乱花了。"

凡凡妈妈告诉我："我现在每周只给他30元钱买点心。他自己也知道要想每天有得吃，就不能乱花。那天，他跟我说，为了不超出5元，饼里只加了鸡蛋没加火腿肠。"我忍住笑问："是不是心疼孩子啦？""没有，没有。你看，他的肚子是不是小多啦？我高兴还来不及呢！"

"孩子劳动我投资。让孩子意识到劳动创造的财富最光荣。做与不做有差别，做好与做差有不同。他现在碗洗得可干净啦！"小汪的妈妈忍不住夸道。

"@全体人员 求助各位家长,你们家孩子肯交出压岁钱吗？我们家怎么说都不肯交出来。说这是他的钱,交出来就没有了。这么小的年纪就那么财迷。为了这事,我和他爸都吵过好几次了,怎么办呀？"

"带他去银行开个自己的账户,让他放心。存折就让他自己保管。"高手立马给支了一招。

"孩子还未成年,这么小就有自己的账户,感觉不安全。"

"要信任孩子。再说一切都在掌控中,没什么不放心的。"

见大家讨论得那么热烈,我也加入了其中,给家长一个温馨提示：财商培养因人而异,不可打压过度；适度的引导才是最终目标。我推送了《富爸爸穷爸爸》一书。作者罗伯特·清崎在书中首次提出"财商"一词,简称FQ。金钱是一种思想；智商、情商、财商,一个都不能少。西方理财观念从小抓起,然而在中国,如何与钱打交道的教育几乎是空白。看了介绍,爸爸妈妈们豁然开朗,认清了财商的重要性,我们的孩子不可以在财商上落后,还没起跑就输了可不行！

家庭财商养成计划初见成效。在"我理我财——零花钱怎么用"的主题班会上,家长主动参与进来谈了他们的体会。

宸宸的爸爸带来了一个小猪储蓄罐："我小时候,这只小猪就是我的全部希望。现在,同学们的小猪变成了支付宝、微信钱包。无论什么时候,都要知道如何正确地获得金钱,知道怎样合理地使用金钱。""现在我也有了一个自己的储蓄罐,"宸宸也展示了自己的储蓄罐,"比起手机钱包,我觉得储蓄罐更真实,它是看得到摸得着的。"

在银行工作的舒仪爸爸给大家介绍了最新的无人银行技术和银行机器人的使用方法。同学们睁大了探求新奇的眼睛,一眨不眨地听着。

然然妈妈意味深长地说道："同学们在享受美好生活的同时,也要知道这一切来之不易。"接着这个话题,同学们畅所欲言,说起自己爸爸妈妈上班的辛苦。令人意想不到的是,家长中有的常年做夜班、有的双休日不固定,还有个别的要做两份工作。原来父母是这样的辛苦啊！伴随着《感恩的心》那优美的旋律,同学们和家长一起打着手语,唱出心中的那份感激。此时此刻,孩子的心和父母贴得那么紧那么紧。

三、财商教育的意义

在教育的过程中,孩子、教师和家长三者都是"主角"。家班合力培养学生的财商品质,这是适应社会发展的必然要求。

(一) 形成生活化的教育理念

离开生活的教育都是没有灵魂的。"如果学校能教会学生认识钱,那么社会就有可能会变得更富有而且物价低廉。——《富爸爸穷爸爸》。"很多家长原先认为孩子那么小,谈到钱就是教坏孩子。其实,你不教,孩子也会接触到,可能还会产生很多错误的理解。理财能力正在成为一种必不可少的生存技能,财商培养更是一个永远不会淘汰的课题。家长们很愿意与老师一同来教育孩子,财商话题引发大家的参与热情。从家长那传来的反馈也见证了孩子们的变化,对于即将升入中学的他们,这其中的意义太大了。

(二) 打造常态化的教育模式

在财商培养的系列活动中,家长担当了校外辅导员的职责:从发现问题寻求援助,到以自己的工作经验传授孩子理财的方法,再到身体力行地讲述自己的理财故事,这一路的协助让老师的引导从课内延伸到了课堂以外。有银行职业背景的家长自告奋勇给孩子们普及相关知识,协同设计有趣的实践活动。这种家长和班主任合作教育的模式已经形成,并逐渐渗透到班级的其他活动之中。老师与家长之间的信任感不断提升,合作的劲头也就更高了。班级建设与管理获得了事半功倍的效果。

(三) 利用差异化的教育资源

教育家苏霍姆林斯基把老师和家长比作两个"教育者",认为这两者不仅要一致行动,向儿童提出同样的要求,而且要志同道合,抱着一致的信念。家长拥有不同的职业背景、成功的育儿经验、鲜明的个性特征,这些都是难能可贵的教育资源,要让他们意识到自己也是教育者。在培养学生的财商之路上,让家长担当指导,可以巧妙地填补空缺的专业知识。此外,家长资源不仅仅可以面向班级,还可以把成功的家庭教育方法分享给其他的家长,更大限度地做到资源共享,增进家长和家长之间的良性沟通。

依托家班共育的教育模式,班主任和家长成为了队友,共同思考应对的策略,配合设计一个个实践活动。彼此信任,团结合作,只为了一个共同的目标——让学生在"家班共育"的和谐氛围中学习成长,学会生活。

四、财商教育的建议

随着经济社会发展,我们每一个人都将是"经济公民"。作为一名教师,必须跟紧社会进步的需要,满足孩子们对理财能力学习的需求。

财商教育本质上还是家庭教育。财商教育只有结合家庭中的生活场景,解决他们当下的困惑,注重父母与孩子共同的习惯养成,才能更接地气。因此,学校要通过家长学校、亲子活动,向家长渗透财商教育的思想理念,渗透实施方法。

我们在一起,和小樊一起成长

——德育课程育人案例分析

上海市浦东新区海桐小学　吴佩华

一、案例概述

两年前我任一年级班主任。暑假里,我家访来到小樊家,我亲切地和孩子打招呼,孩子却用异样的眼光看着我,没有回应。当我和孩子父母谈话时,小樊不断地翻动我带的背包,大人说不可以,小樊停止了翻动。可是没过一分钟,小樊又开始翻动。我把包拿在自己手上,小樊就靠到我身上,伸手过来要翻包。家长露出很尴尬的表情,并连忙解释:这孩子对所有东西都好奇。我当时心里默默想:这个孩子怎么会这样呢?

开学了,通过一段时间的仔细观察,渐渐发现这个孩子有些问题,主要表现在:① 缺乏规则意识,不知道危险就在他身边。经常独自一人快速跑出去,让我十分担忧他的安全。② 上课坐不住,注意力比较分散,经常开小差,作业拖拉。③ 行为比较随便,在学校随便翻动同学的书包笔袋,看到同学和他不一样的学习用品,就伸手去拿。小樊在开学一个月里集中呈现的行为,让我沉思:怎样恰当地教育这个孩子呢?正当我一筹莫展的时候,校领导请来特教专家做讲座,带来了特殊儿童行为干预指导手册,我知道了积极行为支持在处理危险、高度破坏性、妨碍学习或导致社会融入困难的挑战性行为上是十分有效的。这次学习给我带来全新的理念,当我翻开办公桌上的《品德与社会》教科书时,眼前豁然开朗。

二、目标与思路

(一)充分利用德育教科书上的内容,建立和谐的班集体。

(二)跟踪关注小樊的行为变化,随时随地做好个别辅导。

(三) 指导家长科学育儿,家校合力转化小樊乱翻乱拿的坏习惯。

家长和老师在心里都明白这孩子比同龄伙伴要晚熟,默许小樊可以暂时降低要求,但在孩子面前都不流露出来,对小樊的直接引导是同学能做到,小樊通过努力也可以做到。借助良好班集体的氛围熏陶,通过积极行为支持的强化训练让小樊早日达到小学生基本要求。

三、过程与方法

(一) 充分利用德育课程进行良好的班集体培养

小樊是2016级的学生,用的是《品德与社会》。刚入学时,小樊的种种行为确实给同学带来干扰,引起大家的不满。我就用好一年级第一学期第二单元"我和小伙伴"中的三篇课文,分别是第5课《小伙伴,在一起》;第6课《你快乐,我快乐》;第7课《这样玩才开心》,让学生学完这个单元后联系自己身边的同学,讲一个伙伴使你快乐或你使伙伴快乐的故事,做"爱心传递"的游戏。在课上,我故意抛出反面话题:我说,在班级里如果遇到让你不快乐的伙伴,那该怎么办? 同学们不约而同把目光投向小樊。我知道,这时候老师的引导很重要。我先让觉得不快乐的学生说出具体的事情,大致都是小樊去拿同学的学习用品,同学不愿意给而发生的矛盾。有了前面三节课的铺垫,于是,我放慢了语速对学生说:"班级就像一个大家庭。家庭成员就像伸出的手指,有长有短,短的手指不喜欢,是不是就可以切掉呢?"小朋友纷纷摇头,有的说会疼的;有的说手就残缺了;有的说各有各的用处,不能切。我见时机成熟,就语重心长地对学生说:"小樊是大家的小弟弟,就像手上那根最短的手指,我们能不能嫌弃他呢?"有学生马上回答:"不能嫌弃。""那应该怎样做?"我追问。"大家一起帮助他。""给这位拥有美好心灵的同学鼓掌。""那如何帮助呢?"我再次追问,请大家讨论。在集体讨论后,我做了归纳,要求全班同学一起做到以下三点:

1. 全班同学在学校只能使用文具店里最普通的文具。造型奇特和多功能的文具只能在家里使用。

2. 如果小樊要来拿同学的文具,先给他,不要争执,然后告诉老师,由老师来处理。

3. 活动课上和小樊在一起玩,力所能及帮助小樊。

针对一年级小朋友丢三落四,找不到文具就会怀疑小樊拿的现象,结合教材上的单元练习,我就编了一句顺口溜"自己的东西管管好,别人的东西我不要"。下课了就让班干部带头一边念唱,一边整理自己的学习用品,带动身边同学养成用完文具物归原处的好习惯。每周开展评比"谁的星星多",促进学生整体成长。经过一个学期的努力,小樊对同学的文具不再感兴趣了,有时看到小樊也会学着同学的样,整理自己的学习用品,虽然次数不多,但已经有了良好的开端。

我始终把小樊的教育置于班集体中,以集体的力量去引导他。例如:以"友善"为主题开展活动,首先学生分享身边友善的小故事。你借我一支铅笔,我在你生病的时候表示关心……其次小樊表达了对同学们的歉意,表示自己会学好,希望大家能继续帮助他,和他做朋友。然后小樊家长表达对班级全体学生的感激。最后我作为班主任发言:用宽阔的胸怀去对待每一个人,做一个友好善良的人;在班级中弘扬与人为善的育人理念。

(二)制定班规,依法治班

二年级第一学期第一单元"规范和习惯",第一课就是一起订公约。我结合本班实际情况,大家你提一句,我说一条:上课认真听讲;不随便离开座位;按时完成作业;走廊里轻说慢走;热爱班级,团结同学,互帮互助;不翻他人书包,不拿别人物品,有借有还;己所不欲,勿施于人等。全班一起订公约,制定了班规,贴在墙上。奖惩分明,用星星榜的方式每月进行评比。班级正气抬头,学生从他律开始走向自律。小樊置身班集体中,也在班级公约上签了自己的大名,对自己的行为有了约束。

(三)小樊开展个别化干预指导

每天出操排队、放学路队我都牵着小樊的手,排在队伍后面,让他模仿前面的同学做法,告诉他要和同学一样,在队伍中排好队,不乱跑,这样就不会相撞而受伤。做到了就奖励他一颗星。同时,用我牵手的力量,约束孩子,通过积极行为支持的强化训练使小樊没机会乱跑,从而降低危险系数。每节课下课,午间休息,小樊和同学玩不到一起,我就带着他,牵着小樊的手,告诉他:吴老师在哪里,你就跟我到哪里。老师就是他的大朋友。在我的办公桌旁,专门给小樊放了一把椅子,让他看看书,画画图。在我备课、批改作业时可以安心办公。

在课堂教学中,小樊为了获得想要的东西而经常离开座位。于是,就采用延迟满足法。要求小樊上课时做到不离开座位,不发出怪声音,坐在座位上安静听课。下课后,老师就帮助他得到上课时想要的东西,还可以奖励他一颗糖。同时,请我班所有任课老师配合,对小樊保持一致的态度和措施。例如:上课做笔记时,同学用的笔尺,只要被小樊发现和他不一样的,他就会立即跑到这位同学面前去拿,拿不到就会抢。老师用的教具，他会跑到老师跟前看个究竟，拿着玩弄一下。针对小樊的这些问题行为，就告诉他，只要坚持在上课时和同学们一样在座位上坐好，安静听课，发言举手，下课时老师就会请同学把他想要的笔尺借给他用半天。老师的教具也会让他看个够，还可以用手摸一摸。如果做不到，放学后就要留下来。如果抢同学的学习用品，就要买新的来赔偿。

有一次，小樊跑进只有一扇门的器材室乱翻里面的东西，还把门反锁了。大家在外面教他在里面开锁，可是没成功。只好请师傅卸下了门玻璃，拆了门锁，把小樊"救"出来。事发时，我把小樊家长请了过来，一起商量就此事对孩子的教育点，一致认为让小樊从自己的压岁钱中取钱，由家长带着小樊去商店买新的门锁，然后请师傅来装上。这件事给了小樊很大的影响，从此，小樊乱翻东西的次数明显减少了。

（四）家校携手形成合力

特殊学生的家长因其孩子某一方面的缺陷而不那么惹人喜欢，所以常常很难沟通。随着年龄的增长，我慢慢理解了这部分家长的无奈与苦衷，我试着去做他们的朋友，而不是只会说教的老师。与他们沟通时我更多的是在倾听，然后提一个建议，一起商量具体的做法，彼此的分工。和家长交流小樊一天在校的表现，有进步的，需努力的，全都如实告知。对于小樊乱翻别人物品的行为，从法律的高度提请家长重视，又从孩子懵懂无知的角度给予理解，关键是不能听之任之，指导家长在家就要给孩子树立规矩：家里大人的物品没有征得同意不能乱拿，也不能乱翻。严格要求，持之以恒。帮助孩子改掉坏毛病。小樊在进步过程中容易出现反复，大家就互相鼓励，不气馁。精诚所至，金石为开。一个学期的努力，我得到了家长的认可和信任。

四、成效与展望

在这些明确的要求和严格执行下，小樊的进步很大。积极行为支持强化训练效果明显。在求学路上小樊就像一个学步的孩子，一年级时随便拿别人的东西，需要天天牵着手，老师一离开就不行了；二年级时班规引领，小樊在拿与不拿之中会思考了，知道了遵守班规有糖吃。如今，小樊在读三年级，我基本可以脱手了。他能和同学一样遵守班规，午餐发水果时会把大的给同学，小的留给自己。家长也欣喜地发现孩子在家也不乱翻大人东西，去亲戚家也不乱拿别人物品了。我经常在班上表扬他，使他学习越来越起劲。同学见到小樊进步极大，也促进了他们的成长。我抓住课堂教学和每一次与学生谈心的机会，帮助学生扬长避短，找到自信。调皮捣蛋的学生也变得"亲其师,信其道"了。

　　每一个孩子都是独一无二的。我们的社会需要各种人才,三百六十行,行行出状元。每一位学生如一条涓涓细流,汇成班集体这条河川,朝着我期待的方向奔腾不息。

我的成长故事：谢谢你的"错误"坚持

上海市浦东新区花木中心小学　卫嘉骅

对于教师这个职业来说，任教英语四年左右的我还只是个初生牛犊般的"菜鸟"，需要不断吸取更多成长经验，经受课堂上教学的各种磨炼，不断丰富强大自己！

在这四年的成长过程中，我深刻地体会到现在的教师不再只是单方面的"传道授业解惑"者了，而是可以从不同学生身上学到更多，感悟更多。每一天，每一节课，每一思考都在不断丰富着我的教学成长。最让我印象深刻的是曾经发生在英语课堂上的两个小"错误"的故事，至今我记忆犹新，感慨万千，收获颇丰。

记得这两个小故事发生在2018年9月的一天，当时我任教五年级。五年级英语课本第一课Module 1 Unit 1 Getting to know you里，第一课时任教的内容是序数词：first, second, third……由于之前学生只学过基数词，所以序数词是孩子们第一次接触的新内容。备课时，由于"第一""第二""第三"这三个序数词没有内在规律可循，所以我准备直接去教授这三个单词。从"第四"开始的序数词，其实是有一定规律可循的，都是添加"th"，只是有些单词需要做个小小的变化。就是因为这小小的变化，很多粗心大意的学生反而没有引起注意，会在书写序数词时出现小错误，所以我决定引导孩子们自己学习，讨论，然后再找出规律。

在课堂上，我首先出示了four的序数词fourth，five的序数词fifth，six的序数词sixth，并让学生根据我出示的内容找到序数词的规律。大多数孩子都露出了灿烂的微笑，纷纷破口而出："太简单了！""找到啦！有规律的！""序数词后面都要加th！"我也很开心孩子们很快找到了规律。正当我准备揭示规律，让孩子们讨论后续序数词时，我一晃眼注意到学生A出现了疑惑不解的表情。于是我欲言又止，放慢了节奏，微笑着询问学生A是否有疑惑。听到点名后，她战战兢兢地站了起来，小声而又充满疑惑说道:"老师,我发现你写错了,五是 five,去掉 e 加 th,那第五 fifth 应该写成 fivth 呀?"我一听,内心一震,并不是厌烦这孩子"错误"的问题拖慢了我的教学节奏,而是有点意外和惊喜。原来老师简简单单的出示单词,大多数学生只是循规蹈矩的跟读,但突然发现也会有学生在下面质疑和思考,哪怕这是个"错误"的意见。此时此刻,其余的孩子们并没有发出声音,还有的默默地打开书本做确认,于是我很欣慰的说道:"老师并没有写错。five 是需要做相应改变才能变为序数词 fifth 的,不是直接添加的。你明白了吗?"学生 A 点点头,但不免有些沮丧,神色郁郁地坐下去了。

  这是我第一次在课堂上听到对于单词的不同意见,所以我想借此机会鼓励鼓励这位 A 同学的质疑,于是我真心地,缓慢地,清晰地对全班同学说道:"同学们,虽然 A 同学提出了错误的意见,但是老师非常开心,为她而感到骄傲。虽然是被老师发现她的疑惑后点名说的,但是她有自己的独立思考,有自己的质疑,而不是一味地跟随统一的答案。的确老师也会出错,需要你们和老师一起学习和思考,所以我们要像 A 同学学习,做一个爱思考,爱质疑的学生。让我们一起用掌声来鼓励鼓励 A 同学,好吗?"在一片热烈的掌声中,我看到了 A 同学露出了既骄傲又开心的笑容,我喜欢她这样的骄傲。

  经历了一个"错误"的意见后,英语课堂还在继续。这次,我并没有准备直接出示序数词,而是让学生们组队,在自己的学习小组内讨论"第七到第十"的序数词正确的写法和读法,然后到黑板上进行展示。经历了刚才的小插曲后,我反倒希望稍后的汇报中能有人提出不同意见,甚至是"错误"的意见,突然发现原来课堂上正需要这样的"反面教材",而不是受直观思维的限制,这要远比我反复强调注意点有用得多。

  汇报展示开始了,每个小组派一人在黑板上写出了"第七到第十"的序数词,分别是"seventh, eighth, ninth, tenth"。看到黑板上如此正确的答案,这次反倒让我有些小失望,于是我环望四周,询问道:"没有不同意见吗?""没有!"台下异口同声地回答道。正当我有些许"失望"准备放弃时,在台下我看到了一只高高举起的手,原来还是 A 同学。这是多么令人高兴的举手啊,多么希望能在她的口中再次听到个"错误"的意见啊,哈哈,虽然有点不厚道。在我的邀请下,她上台庄严地,认真地,一笔一画地写下了"eightth",并说道:"老师,'八'应该是这么拼写的。eight 变成序数词加 th,应该是 eightth,这里漏了个 t!"下面的同学听后,又出现了一张张疑惑的表情,快速地打开课本找答案,有人还迫不及待地喊道:"不对不对,就是这么写的!""单词最后已经有个t了,我觉得加上去的字母组合中可以省略一个字母t!"台下又一次展开了激烈的讨论。这次讨论正是我所希望看到的,A学生也忙着跑到自己的位置上翻开书本寻求正确答案。此时,抓到机会的我赶紧说道:"正确答案是eighth,虽然A同学又错了,但是老师这次不仅要表扬她独立思考和敢于质疑的精神,还要表扬她敢于表达的勇气,能坚持自己的想法和意见,能主动举手提出意见,让大家一起讨论和质疑,现在大家是不是更加印象深刻了呀?是不是不会再出现小错误了呀?"大家纷纷看向了A同学,异口同声说道:"是!""那我们再次以热烈的掌声表扬A同学,也把掌声送给今天课堂上的两个'错误'小插曲吧!"A同学也露出了灿烂开心的笑容。这节特殊的英语课在热烈的掌声和欢声笑语中结束了。

课后,不禁让我有了许多收获和反思。我要感谢A同学撇去统一答案的独立质疑;我要感谢她敢于提出自己的意见和想法;我更要感谢她的两个"错误"坚持。正是她的"错误"坚持,让今天的英语课堂变得格外热闹;正是她的"错误"坚持,让班级的孩子们对正确答案印象深刻;正是她的"错误"坚持,让我的教学成长经验丰富了不少!

我为我前两年刚入职时的教学感到汗颜。同样的一节课,同样的教材,我只是简简单单地出示了单词,播放PPT进行教学,仅仅让孩子们跟读,机械性地死记硬背,并没有引导学生去观察,去发现,去质疑。虽然在试卷上呈现的答案是优秀的,但是,那样的英语课堂,那样的英语教学我觉得是远远不够的,缺乏了教师和学生之间的交流互动,缺乏了以学生为主体的课堂及教学,缺乏了学生的质疑精神,更加缺乏了英语带给孩子们的乐趣。

同时我为我这节课而感到骄傲和欣慰:骄傲自己可以根据突如其来的"错误"答案改变教学策略,而不是一味地照着备课模式及教学;欣慰的是在我的课堂上居然有愿意提出质疑,独立思考的学生。虽然备课时已注意到要引导、讨论、记忆,但是学生是主动的,是变化的,是不可定的,课堂应该因人而异,我觉得教师不仅仅要教授知识,更应该随着学生变化而调整课堂教学。课堂教学是允许出现"错误"的,老师应该欢迎,而不是为了教学进度而排斥。教学不能只是单纯的死记硬背,机械教授,这样孩子们也只是在接受,只是在听取,只是记忆,缺乏了自己的思考和质疑。哪怕学习成绩再优秀,这样的课堂也是不理想的。

其实对于很多老师来说,都是希望自己的每一位学生都能正确无误地回答老师所有的问题,都能完全吸收老师所教授的所有知识,都能完美作答一张优秀试卷。但是,现在的我完全改变了以前的想法。"不理想"的教育才是完美的。我认为机械式教育缺乏了学生个体的差异性和可变性，完全把学生当成了机器，失去了教与学的真正意义。每个学生是不同的个体，我们更应该因材施教。对于学生而言，知识探索的道路上更需要质疑精神，去发现未知与不同，只要发现了问题，敢于质疑，哪怕是错误的，也终究能找到解决问题的方法。学生只有学会质疑，才能真正掌握学习的能力，有了学习的能力，才能不断创新。发现疑问，提出疑问，最后解决疑问，这样不仅事半功倍地提高了教与学，更加培养了学生的学习能力。

　　我要再次感谢这两个"错误"的坚持。正是这两个"错误"的坚持让我对自己的教学有了深刻的反思，不仅孩子们在教学中成长了，作为新教师的我也在不断成长。这样"错误"的坚持，我会牢记于心，不断督促我更细心，更耐心，更专心于学生的教育教学，更注重培养孩子的质疑精神，让我的英语课堂充满知识、欢乐和自由！

童诗在哪儿逗留

上海市浦东新区塘桥第一小学　王如容

导　语

儿童诗是适合儿童诵读的诗歌形式,它以独特的视角,敏锐的慧眼从日常生活中捕捉美妙的事物、有趣的瞬间,熔铸进儿童奇妙的想象与思维,用明快的节奏和最精练的语言,直接表达孩子对自然、对生活的感受与情绪,创造出一种无与伦比的意境。在小学语文的教学中,教师应特别关注儿童诗的教学,潜心探索,把握好教与不教的尺度,让孩子们保持童真童趣,在诗歌中学习,在诗歌中浸润,在诗歌中成长;让教者与学者共同品尝儿童诗学习和创作的乐趣。

一、邂逅童诗,触碰诗意的脉搏

儿童诗是给孩子们的童年最好的馈赠,因为有童诗的陪伴,童年就充满诗意;儿童诗因为有儿童的品读,就越显灵动。孩子们步入小学,打开语文课本,一首首短小却充满童趣的诗歌跃然纸上。有趣的童诗,能把这些初入课堂的孩子带入一个美妙的世界。作为小学语文教师,我们要帮助他们在情感的带动下,体会童诗的妙趣,走进诗的境界,让他们感受童诗的美,品味童年的美。

(一) 童诗是一个歌者——感应童诗的节奏之美

童诗和着明快的节奏,一蹦一跳,像一个快乐的歌者出现在孩子们面前,给了他们一个热烈的拥抱,让他们跟着一起吟诵教材中的儿歌《上学歌》《对韵歌》《小小的船》……孩子们心中那一丝刚入课堂的惴惴不安,随着这欢乐的节拍烟消云散。"歌是谱曲的诗",择取优秀儿童歌曲的歌词,"词曲分离"后加以诵读指导,让孩子们真真切切地感受童诗跳动的韵味,当天使般清朗的声音响起,此时"歌者"也被迷醉了。

(二)童诗是一个画师——感悟童诗的意境之美

童诗握着有声之笔,一笔一画,像极了一位技艺精湛的画师,他用会画画的文字,给孩子们绘出鲜艳的色彩,绘出有趣的动作,绘出一幅幅形象生动的画面。"诗是有声的画","画师"笔下不仅仅是画面,更是美妙的意境。当孩子们读着书上《四季》《月儿弯弯》《夜色》等童诗,脑海中展现出这些意境的时候,"画师"也沉醉了。

(三)童诗是一个哲人——感触童诗的思维之美

童诗眨着睿智的眼睛,饱含深意地看向孩子们的时候,好似一个博学的智者,用哲人特有的笔触,诠释着一个个与众不同的思想:"蓝天是白云的家,树林是小鸟的家,小河是鱼儿的家,泥土是种子的家。"(选自统编教材一年级上册《家》)"一个人玩,很好!独自一个,静悄悄……两个人玩,很好!讲故事得有人听才行……"(选自统编教材一年级下册《怎么都快乐》)当孩子们欣喜地与"哲人"对话时,"哲人"也不禁欣然笑了。

(四)童诗是一个魔法师——感受童诗的想象之美

童诗举着魔法棒,神采奕奕地飞到孩子们的跟前,犹如一个神秘莫测的魔法师,轻点他们的额头。瞬间,脑中架起彩虹,青蛙开始写诗,荷叶成了摇篮,植物妈妈有了办法……在"魔法师"面前,"梦幻"是"现实"的替代品,"离奇"是"平常"的代理人……因而,"魔法师"拥有了无数亦步亦趋的小粉丝。

二、追寻童诗,激起诗意的初绽

童诗的美,是可以去发现,去触碰,去体验,去书写的,只要教师善于引导孩子去追寻,童诗是可以教的;儿童是天生的小诗人,他们是诗的精灵,内心蕴藏着一种与生俱来的诗意。教多了,这种天生的诗意就会逐渐退化,甚至消失,童诗又是不可教的。那么该教什么,如何教,如何把握好教与不教的尺度就显得尤为重要了。

(一)小嘴轻启,诵出诗意

要想写诗,必然先从读诗开始;要想教写诗,也必然从教读诗开始。

1. 读出节奏，涌现韵味

二年级下册第八课《彩色的梦》，这首儿童诗语言优美，节奏明朗，读起来朗朗上口。指导他们读好这首诗，是本课学习的关键。首先教师教学时要引导学生读好每一节尾句的韵脚，让学生在音韵中感受到语言和画面的同步跳跃，实现"语像同构"。如草坪绿了，野花红了，天空蓝了。其次引导学生读好重音，语气逐渐加强，以突出小朋友作画时的惬意和丰富的想象力；且此种变化不可言传，只可意会。教师可以范读、比较读，让学生去体会、琢磨此中的变化所体现的诗意。

儿童诗是从儿童的视角出发，以儿童特有的方式来表情达意的。教师引导学生朗读童诗时应该在学生理解内容的基础上要求其反复诵读，培养其节奏感，让学生体会诗歌的情感韵味。如"蓝——得——透——明！""又大——又红！"两句中的破折号，教师引导学生朗读时可适当停顿与延长，引导他们读出诗歌韵味的同时感受儿童诗的语言魅力。

2. 游戏伴读，玩出诗意

儿童诗富有新巧的构思、凝练的语言和优美的意境，但更有无穷的童真、童趣。游戏伴读，让孩子们感觉好玩，在玩中体会诗意。儿童诗不仅可以诉诸语言文字，而且也可以直接诉诸视觉形象。例如，一年级上册第九课方素珍的《明天要远足》这首诗饱含童真，凝练传神。短短三节诗把儿童独有的内心世界和情绪活动生动地传达出来，情趣盎然，极具感染力。诗中"翻过来，翻过去"伴随着孩子的一声叹息"唉——"反复出现，孩子们边读边做动作，不禁欢喜地笑出了声，同时也感受到将要去远足前的期盼心理。喜欢游戏是儿童的天性，一个有趣的游戏能拉近儿童和诗之间的距离。很多儿童诗的教学只需穿插各种切合的游戏，如：演一演，比一比，各种接龙、换词加词……哪怕不是游戏的游戏，孩子们照样可以玩得兴趣盎然，在这种兴趣中学习，无须教师多讲解，孩子们自有体会。

3. 品读关键，呼之欲出

对学生来说，童诗中每一个关键的语句都是一种诗境，都有一种温度，都有儿童特有的内涵。它不仅可以拉近学生与童诗的距离，而且还能通过想象和理解，赋予诗歌新的生命与内涵，为创作做好准备。值得注意的是，对关键语句的品析，重在让学生自己去品读感悟，而不是教师机械讲解、强行灌输。例如在教学一年级上册第五课李焕章的《影子》这首诗时，抓住"影子常常跟着我"和"影子常常陪着我"这两个特点加以品读之后，还可以读读诗人雪野的《影子》，同学们就能马上找到影子"好懒""好胖""好胆小"的特点。这些关键部分一下子就能点燃孩子们的创作欲望,有趣的《影子》呼之欲出：

    影子好害羞
    你去追
    他就跑
    和他说话
    他当听不到
      ——王兴安

    影子很瘦
    因为他从来不吃饭
    影子好黑
    因为他天天晒太阳
    影子好丑
    因为他没有好脸蛋
      ——靳晨熙

    影子真漂亮
    她穿上我的小裙子
    风儿轻轻一吹
    裙子飘呀飘
    就像一个小公主
      ——刘懿漫

    影子会变魔术
    一会儿那么长
    一会儿那么短
    总是让我猜不着
    后面会是什么样
      ——陈沛欣

童诗课堂讲究"水到渠成"。教师要发自内心尊重孩子的诗心诗语,切不可操之过急,要有等待昙花盛开的耐心,才会享有惊艳昙花一现的喜悦。

(二)侧耳听闻,探寻诗意

芬兰一位诗人写过这样一首诗:"当夜色降临,我站在台阶上倾听。星星蜂拥在花园里,而我站在黑暗中,听一颗星星落地作响!"读了这样的诗,我们仿佛也在倾听,倾听那星星落地的声响,倾听诗中的意境,倾听诗中的情怀。

1. 童诗,可以这样听——从教材出发

侧耳聆听优美的童诗,孩子们有了飞驰的想象,脑海中会映出独特的美感,此时,就需要教师及时引导,让孩子们尽情释放内心的诗意。一年级上册有一首童诗《说话》,这首诗虽然隐没在汉语拼音教学中,并不起眼,但是当孩子们听着教师的范读时,整个教室鸦雀无声,但闻"小溪流"和"小雨点"在呢喃,"小鸽子"与"小鸭子"在私语,"小花猫"跟"小青蛙"在对话。此时,孩子们有的扬着眉,有的侧着脸,有的托着腮,他们在倾听,每颗心灵都在倾听。此情此景,让教者肃然动容。继而,小手扬起,童诗继续:小燕子说话,叽叽,叽叽,布谷鸟说话,布谷,布谷;小闹钟说话,嘀嗒,嘀嗒,小木门说话,吱嘎,吱嘎……小朋友的脸上洋溢着诗情诗意。

2. 童诗,也可以那样听——回归自然

生活中不乏声响,不乏诗意。倘若老天突然变脸,下起大雨。教师能否放慢教学的脚步,给孩子静静聆听,细细品味的时间?如果能,那么此时的"雨声"就可以成为教学的素材,"听雨"就可以成为作诗的话题。倘若有个孩子在课堂上睡着了,还发出轻轻的呼噜声,教师能否让大家静静聆听这曼妙的声响?如果能,那么一首首"睡了"的小诗就会应运而生。倘若窗外传来篮球掷地的声音,教师能否带孩子们去操场听听这蹦跳的声响?如果能,那快乐蹦跳着的就不仅仅是篮球了……

小雨点

沙沙,沙沙
小雨点离开妈妈跳下来,
一行行一排排,
写下一本雨天的书。
滴答,滴答,
小雨点想妈妈了,

手拉手汇成一面大镜子,
对着天空妈妈笑。

谁和谁好
谁和谁好?
书和笔好,
笔把字写在书上,
书不吵也不闹。
谁和谁好?
篮球和篮球架好,
篮球砸在篮球架上,
篮球架还觉得挺骄傲。

睡了
书本紧紧夹着书签睡了,
纸张甜甜地做着彩色的梦睡着了,
舞鞋轻轻地踮着脚尖睡了,
衣服打扮得漂漂亮亮,也睡了。

童诗课堂是听闻的交互,是美的传递。教师要做到"润物细无声",孩子才能真情流露,童诗才能于此逗留。

(三)用眼寻觅,捕捉诗意

法国漫画大师让-雅克·桑贝被称为"庸常人生的探索者"。在桑贝的画笔下,平淡无味的日常生活总能呈现出深刻的矛盾和复杂的意味。所以有人说:"桑贝对世界最大的贡献,是提供了一双桑贝的眼睛。"那么教师对孩子的最大贡献,应该就是让他们明白自己有一双发现的眼睛,能用自己的眼睛来看懂这个多彩的世界。

1. 童诗是孩子用心看出来的

请别小看孩子,他们年龄虽小,却能用独到的眼睛去观察去捕捉这个世界的变化,加上他们独有的想象与思维方式,然后用童诗的形式呈献给这个世界。这是一个美妙的过程,教师有幸参与其中,也是一种幸福的体验。

当学完二年级上册第20课《雪孩子》这一课时,教师让孩子们就"冬天"这一话题展开了讨论:

"冬天是个懒洋洋的季节,他总是让很多动物跟着他一起睡懒觉。"

"冬天把棕熊们送入甜美的梦乡,把雪棉被盖到柔嫩的麦芽身上,把小雪人堆到孤独的孩子们身旁,他很勤劳!"

"冬天是个公正的法官,害虫们可怜兮兮地忏悔,雪花照样把它们掩埋。"

"冬天是个商人,他想把秋天卖掉,然后买一条漂亮的白棉被。"

……

面对孩子眼里的诗心诗语,教师无须做过多的指导,"此时无声胜有声",要做的就是给他们创造表达的机会,然后做好记录。当孩子看到这些记录,他们的触角就越伸越广,他们的诗兴也将渐浓。

2. 童诗也是教师潜心找出来的

教师不仅要让孩子有一双发现的眼睛,自己更要有一双寻觅诗意的慧眼。

(1)当教材中潜藏诗句的时候,教师就要做一个有心人,挖掘出一个个有趣的话题,让一颗颗童心走进童诗的妙境中。一年级下册第四课《四个太阳》中有这么一句句子:"金黄的落叶忙着邀请小伙伴,请他们尝尝水果的香甜。"这是一句多么有诗意的句子啊!于是孩子们有了这样的诗作:

《邀请》一:爸爸的爱邀请妈妈的心/妈妈快乐地来到爸爸家/妈妈的爱邀请我的心/我在妈妈的肚子里发了芽/我的爱邀请妹妹的心/妹妹就成了我们的小天使啦!

《邀请》二:台风不要邀请海啸来捣乱,春天不要邀请病菌来祸害,丰收不要邀请蝗虫来作怪,气球不要邀请小鸟来亲亲。

《邀请》三:我邀请了小河,鱼儿跟着来了;我邀请了树林,鸟儿跟着来了;我邀请了草原,牛羊跟着来了;我邀请了电脑,信息跟着来了;我邀请了伙伴,快乐跟着来了。

(2)当孩子们学习词语的时候,教师不妨让孩子用童诗来试试,或许会有意外的收获。

童诗可以解释词语。譬如,孩子们是这样解释"风平浪静"的:海上的浪是花匠,她一来,就绽放出浪花千万朵;海上的风是钢琴家,她一来,就弹奏出歌曲千万首。可是深夜里,风儿不闹了,浪儿不笑了,她们知道该陪大海妈妈睡觉了,那轻轻的潮水声,是她们甜甜的鼾声。童诗可以遣词造句。譬如,孩子们用"风和日丽"造句:风和日丽的日子,大家都出来了。小羊吃嫩草,小猫晒太阳,小狗练赛跑,小兔比跳高,小鸡们也来了,跟着母鸡妈妈来做操,草地上可真热闹!童诗可以区分词语。譬如,孩子们是这样区分"反应"和"反映"的:当我把手伸进爸爸的胳肢窝/他的反应有点大/咯咯咯笑个不停/这反映爸爸很怕痒。

当童心遇到童诗,合二为一,这一番相遇和寻觅,犹如春风化雨,诗意于此初绽。当我们行走在儿童诗的课堂中,聆听童心语录,将这难得的诗语记录在属于孩子的世界中,课堂就会绽放出别样光彩。

儿童诗以它独有的方式,丰富着稚嫩的语言,抒发着纯真的情感,它常在孩子们的头脑中逗留。童诗教学就是要让这份逗留长久些,美妙些,给予孩子们一段浸润幸福的童年。这是教师教学童诗的真谛,童诗教学也让教师感觉到了别样的幸福。

小学高年级基于古诗词审美特质的古诗词教学策略初探

上海市浦东新区塘桥第一小学　胡言午

【摘　要】古诗词是中华文化的璀璨结晶，其中蕴藏着丰富的审美资源，具有语言美、音韵美、意境美、情感美的审美特质。基于古诗词的这些审美特质，教师在古诗词教学中，可对诗歌语言、诵读指导、意境感受、情感体验进行策略性的探究。采取唱一唱、画一画、写一写、演一演的方式，促进课程的有效实施。

【关键词】古诗词　审美特质　教学策略

"诗，可以兴，可以观，可以群，可以怨。"古诗词源远流长，从数千年前的《诗经》至今，创造出世界韵语文学的奇观，它滋养了中华民族的精神与气派，并沉淀为中华文明的文化基因。在小学高年级的古诗词教学中，如何利用古诗词的审美资源和审美特质展开教学？本文将就此问题展开探讨。

一、古诗词的审美特质

《义务教育语文课程标准》中提出："语文课程应通过优秀文化的熏陶感染，提高学生的思想道德修养和审美情趣。"小学语文教材中入选的古诗词都是脍炙人口的名篇佳作，其中蕴含着丰富的审美特质。

（一）语言美

诗歌是语言的艺术。古诗词的语言是经过加工后的新颖精简、含蓄精练的语言艺术。古代诗人都十分重视语言的锻炼，所谓"百炼为字，千炼成句"（《诗人玉屑》引皮日休语）、"为求一字稳，耐得半宵寒"（清·顾文炜《苦吟》），诗人为斟字酌句，往往呕心沥血，以有限的文字表达无限的内涵。比如杜甫《旅夜书怀》诗"星垂平野阔,月涌大江流"中,"垂"和"涌"准确生动地表现出原野的广袤无垠,以及水月交辉、大江奔流的气势,给人以丰富的美感联想。又如宋祁《玉楼春》诗"红杏枝头春意闹",以听觉替代视觉感受,一个"闹"字写出了红杏的蓬勃繁茂,春意盎然。

(二) 音韵美

中国古典诗歌具有声韵之美,早在南北朝时期就有人总结出了一些艺术方法。随着格律诗的成熟,诗人们有意识地利用汉字的语音特点构成和谐优美的音韵,通过四声的交互调和,使得诗歌具有了抑扬回旋之美。好的诗歌,诵时如环佩互碰,听时如珠落玉盘,声调悦耳动听。王维的《鹿柴》(部编教材四年级《语文》上册)"空山不见人,但闻人语响。返景入深林,复照青苔上",第一句前半句的轻清与所表现的空山静幽的景象及后半句的重浊所表现的人声嘈杂的景象极为谐和,形成了独特的美感。

(三) 意境美

意象是指诗歌中蕴含诗人感情色彩的事物形象,意境则是指由若干个意象构成的、与所表现的思想情感融为一体而形成的艺术境界。意境是情与景的交融,是"内情"与"外物"相结合而形成的主客观相统一的美。中国古典诗歌常通过形象鲜明的画面展现、富有生气的动态演示、实景虚景的融合使读者产生一定的联想和想象,从而获得景如亲历、感同身受的艺术效果,激起读者的共鸣,达到"瞻言见貌"的效果。

"诗是无形画,画是有形诗"(张舜民《跋百之诗画》),像这样"诗中有画"的艺术效果,在古典诗歌中十分常见。画和诗虽然属于各自独立的艺术形式,但是它们都是感情的意象化,有共通之处。诗人常以画法入诗,沟通读者的听觉和视觉,使诗歌具有很强的艺术感染力。"泉眼无声惜细流,树阴照水爱晴柔。小荷才露尖尖角,早有蜻蜓立上头"是一幅初夏风物图;"竹喧归浣女,莲动下渔舟"是一幅山居秋暝图;"日暮苍山远,天寒白屋贫。柴门闻犬吠,风雪夜归人"是一幅寒山夜宿图;"千山鸟飞绝,万径人踪灭。孤舟蓑笠翁,独钓寒江雪"是一幅寒江独钓图;"孤帆远影碧空尽,唯见长江天际流"是一幅江边送别图……这些虚实相生、情景交融、形神统一的审美特质,构成了诗歌独一无二的意境美。

(四) 情感美

诗缘情,情感的表达是诗歌的本质属性。白居易曾说:"感人心者,莫先乎情。""死去元知万事空,但悲不见九州同"是拳拳赤子心,满满爱国情;"山一程,水一程,身向榆关那畔行,夜深千帐灯"于柔情之中显露慷慨报国之志;"剑外忽传收蓟北,初闻涕泪满衣裳。却看妻子愁何在,漫卷诗书喜欲狂"传递出收复失地后诗人的无法抑制的喜悦;"慈母手中线,游子身上衣。临行密密缝,意恐迟迟归"是愁肠百结的思乡之情;"莫愁前路无知己,天下谁人不识君"是别离之时的美好祝福。

  诗人立意高远,常借助景物表达情意,从而使诗歌具有了回味无穷的审美性质。白居易的《暮江吟》"一道残阳铺水中,半江瑟瑟半江红。可怜九月初三夜,露似真珠月似弓",诗人以敏锐的观察、细腻的笔触描绘了一幅夕阳照映下江水半碧半红,月儿似弓露水似珠的奇丽景象。读者在品味这幅暮江秋景图时,自然也会体会到作者对大自然的热爱和赞美之情。

二、基于古诗词审美特质的教学策略探索

  《义务教育语文课程标准》中对诗词教学的要求,中高年级的目标重点放在了体验情感的动态过程、对诗词的语言内容与蕴藏情感进行品悟与鉴赏上。教师在教学时,应提高对诗词文本的研究能力,根据古诗词的审美特质选择合适的教学策略。

(一)诗歌语言重在鉴赏

  "咬文嚼字"之于诗歌鉴赏有重要意义。在小学诗词教学中,也需"字斟句酌",方能体悟诗歌意境。同一个普通的"醉"字,一旦进入具体的诗境,它所带来的生命感发就各不相同。《村居》(部编《语文》二年级下册):"草长莺飞二月天,拂堤杨柳醉春烟。"这里的"醉",是杨柳沉醉,烟雾迷离,是诗人想象之中的物与物之间的"醉"。辛弃疾的《清平乐·村居》(部编版《语文》四年级下册)也用了一个"醉"字:"醉里吴音相媚好,白发谁家翁媪?"这里的"醉"却是人与人之间的温情。林升的《题临安邸》(部编《语文》五年级上册)里也有一个"醉"字:"暖风熏得游人醉,只把杭州作汴州。"这里是人与暖风之间的"醉",是人与物、情与景交融后的沉醉。对诗歌语言的鉴赏,使得我们对诗歌的审美内涵有了更深刻的理解。

(二)指导诵读讲求技巧

  部编小学语文教材注意到了诗歌音韵美的特质,十分重视诗歌的诵读,教学目标指向"有感情地朗读"乃至熟读成诵。在指导学生诵读时,一是应发挥诗歌"有声语言"的作用,利用诗歌平仄交互,读出节奏。二是要指导学生通过理解诗歌意

境，把握诗歌的感情色彩，读出诗歌的刚柔、缓急、长短、轻重、高低，提高学生对语言艺术的审美感知。一般来说，高音显得激情澎湃、使人振奋，低音显得较为凝重而深沉。重音显得坚定有力，轻音则抒情而柔和。下面是教学《四时田园杂兴（其二十五）》的片段：

师：谁能读出一幅初夏田园风光图？
生：（读，略）
师：你的声音真响亮，气势昂扬！但是想一想诗中"日长篱落无人过"的情景，这首诗的基调是怎么样的？
生1：柔和的、安静的。
生2：如果配乐应该配舒缓、柔和的音乐。
师：是啊，读的时候应该读出平和的、宁静的感觉，音调的起伏不要太大。
……
师：对，就是这样的感觉。再读！
生1：（读略）
生2：（读略）
师：读得真好！读出了初夏江南风光的美丽，村中的寂静。

通过指导学生对诗歌诵读轻重、高低的指导，读出诗歌的感情基调，加深对诗歌的理解。

（三）解读意境丰富想象

部编小学语文教材已经充分注意到了古诗"意境美"的审美特质，在教学目标的设定上重视让学生发挥想象，呈现诗歌的"画面感"。例如四年级上册第9课要求学生想象"一道残阳铺水中，半江瑟瑟半江红"的景象；四年级下册第1课《古诗三首》，要求学生读诗句"日长篱落无人过，惟有蜻蜓蛱蝶飞""儿童急走追黄蝶，飞入菜花无处寻""大儿锄豆溪东，中儿正织鸡笼。最喜小儿无赖，溪头卧剥莲蓬"，说说眼前浮现出怎样的情景。五年级下册第1单元《古诗三首》收取了《四时田园杂兴（其三十一）》《稚子弄冰》《村晚》三首，要求读诗句"童孙未解供耕织，也傍桑阴学种瓜""稚子金盆脱晓冰，彩丝穿取当银铮""牧童归去横牛背，短笛无腔信口吹"，说说眼前浮现出怎样的画面，体会其中的乐趣。

想象是感知力基础上的再造。德国文艺理论家莱辛曾说,在艺术中要想发现美,不是通过眼睛,而是想象。对画面的想象不能止步于简单的翻译。教师要引领学生对古诗意象展开联想和想象,进行创造性的想象,从而创生意境,提升审美想象力,获取更丰富的审美空间。下面是教学《宿新市徐公店》片段:

师:读完"儿童急走追黄蝶,飞入菜花无处寻"这句诗,你仿佛看到了怎样的情景?

生1:我仿佛看到一个小孩子奔跑着追赶黄蝴蝶,可是蝴蝶飞入菜花丛中就再也找不到了。

师2:你讲出了这句诗歌的主要意思。孩子是怎样追赶蝴蝶的呢?想象一下他的动作。

生2:孩子们时而跳跃,时而扑打,奔跑着、欢叫着。

师:你很有想象力。那油菜花什么样的?为什么蝴蝶飞入菜花就再也找不到了呢?

生2:那油菜花嫩黄鲜亮,簇拥成一片花海。黄色的蝴蝶飞入金黄的花海中,就像一粒水滴融入大海,再也找不到了。

师:你说得真好。孩子找不到蝴蝶,他的心情怎样呢?又会有什么样的神态、动作呢?

生3:孩子们望着那一片花海挠首驻足,怅然若失,脸上显出失望的神色。

师:是啊,读了这两句诗,我们眼前仿佛出现了这样的情景:孩子们时而跳跃、时而扑打,奔跑着、欢叫着追逐一只黄色的蝴蝶。蝴蝶忽高忽低,翩翩飞舞,忽然飞入一片金色的油菜花海中,转眼再也找不到了。孩子们站在鲜亮嫩黄的油菜花前,呆呆地望着蝴蝶消失的地方,怅然若失。

不难发现,引导学生对诗歌意象进行想象的过程,既是在个体情感体验的基础上对脑海中的形象进行创新改造的过程,也是进行语言加工、思维训练、提炼表达的综合性的语文学习过程。

(四)体验情感注重移情

王国维在《人间词话》中说过:"一切景语皆情语。"情感是诗歌的灵魂,是"诗意"的终极指向。诗人将情感托于景物之上,或就景叙情,或融情入景,或托物言志,或因形说理,读者通过观诗情、悟诗心丰富个人的审美体验和情感需求。

部编小学语文教材对于高年级诗歌学习在情感上的理解有明确要求。五年级上册,对《示儿》《题临安邸》《己亥杂诗》三首诗,要求读相关诗句,理解诗句表达了诗人怎样的情怀;理解《长相思》的意思,体会作者的思想感情。五年级下册收取古诗《从军行》《秋夜将晓出篱门迎凉有感》《闻官军收河南河北》,要求学生理解诗句的意思,体会表达了诗人怎样的感情。

引导学生领悟诗情,教师不应简单地串讲串问,而应充分调动学生思维,借助已有的生活经验和现实可观的事物,发挥"移情"的作用,引领学生走进诗歌的内在世界,在心灵上和诗人产生共鸣,在情感上得到熏陶。试看《闻官军收河南河北》的教学片段:

师:当你们遇到一件值得高兴的事,会有什么表现?

生1:我会蹦起来,哈哈大笑。

生2:我会手舞足蹈,拍手庆贺。

师:这都是很开心的表现。有见过高兴得哭起来的吗?

生3:我见过奥运会上运动员得了金牌,站在领奖台上高兴得哭了。

师:是啊,回想起奖牌的来之不易,运动员们感到既心酸又高兴,这就叫作"喜极而泣"。读读这首诗,诗人的心情怎么样呢?

生4:我从"涕泪满衣裳"知道了诗人听说失地收复的时候,非常喜悦。还从"白日放歌须纵酒,青春作伴好还乡"体会到了诗人此时又是唱歌又是放纵饮酒,简直达到了"狂喜"的地步。

师:你分析得很好。诗人忽闻胜利的消息,惊喜欲狂,凸显了急于返乡的欢快之情。

在教师的点拨下,学生能调动自己的生活体验进行思索、联想、想象,运用"移情"的方法进入作品营造的情境之中,从而加深对诗词情感意蕴的深刻理解,获得深刻的审美体验。

三、基于古诗词审美特质的课程有效实施

古诗词课程在立足教材的基础上,还可以在深度和广度上把拓展有效地融入教学之中,培养学生的探究意识和学习兴趣,提高学生的审美能力和语文素养。

(一) 唱一唱

《尚书》曰:"诗言志,歌永言,声依永,律和声。"诗从诞生之日起就是一门与音乐密切相关的语言艺术,后起而勃发的词在诞生之初本就是为曲调而作的歌词。在学习诗词的过程中,我们引入网络资源,举行"唱诗"活动,让学生在歌唱中感受诗词的音韵之美,更进一步加深对诗歌审美本质的体悟和理解。

(二) 画一画

诗人常以画法入诗。我们在学习古诗的过程中,也可以通过手中的画笔展示诗歌所呈现的意境。如读了杨万里的《小池》,画一画"小荷才露尖尖角"的趣味;读了柳宗元的《江雪》,画一画穿着蓑衣的渔翁"独钓寒江雪"的孤寂。通过一幅幅充满童真童趣的"古诗配画",学生也完成了对抽象内容进行形象加工的过程,是对诗词作品的回顾、理解和再创造。

(三) 写一写

开发古诗词中蕴含的丰富资源,引导学生进行练笔、习作。部编《语文》四年级下册《语文园地一》"词句段运用"板块,要求学生选一幅图画进行仿写。第一幅图不正是"风吹草低见牛羊"(《敕勒歌》)的场景吗?第二幅图则立刻让人联想到"时鸣春涧中"(王维《鸟鸣涧》)、"清泉石上流"(王维《山居秋暝》)的诗句。作为"画一画"活动的拓展延伸,让学生选择一幅诗歌图景进行小练笔,既和诗歌情感产生共鸣,又能提升写作能力。

又如五年级下册第七单元习作"_____即景","接天莲叶无穷碧,映日荷花别样红"不正是别开生面的"荷塘即景"?"大漠孤烟直,长河落日圆"则是一幅鲜活的"日落即景";"窗含西岭千秋雪,门泊东吴万里船",诗人所描绘的难道不是"窗外即景"?诗歌作为一种凝练的语言艺术,为我们提供了源源不断的灵感和练笔素材。

(四) 演一演

一些有故事情节的诗词,可以通过想象画面进行合理补充,让学生演一演。如贺知章的《回乡偶书》、杜甫的《闻官军收河南河北》、杨万里的《宿新市徐公店》,通过表演既能激发学生的学习热情,释放学生的灵性,又可以和上文提到"想象诗歌画面"的学习目标互相补充,帮助学生理解诗歌情境、意蕴。

总之,古诗词是中国传统文化的瑰宝。虽然诗词歌赋已属于古典文学,但与现代文学、文化之间有着千丝万缕的传承关系,其中蕴藏着丰富的审美资源有待教学工作者开发、探索。

参考文献

[1] 陈如江.中国古典诗法举要[M].北京:人民文学出版社,2016.
[2] 王国维.人间词话[M].北京:人民文学出版社,2018.
[3] 黄耀红.古诗词教学的文字立场、文学场域与文化取向[J].中国教育学刊,2020,(06):34-38.

有效使用课后练习提升学生口头表达能力

上海市浦东新区晨阳小学　王秀玲

《新课程标准》中明确要求：小学二年级学生要具备一定的观察、思考、交流的能力，会听、看、讲故事，能复述大意和自己感兴趣的情节。口头表达能力的重要性在小学二年级学生语文能力的提升中可见一斑。笔者实践发现，有效利用文本教材的课后练习，耐心指导学生进行口头表达实践活动，就是一条引导学生提升口语表达能力的简单有效的途径。

一、巧用课后练习，激发表达欲望

课程标准中明确指出：学生对语文材料的感知和理解往往是多元的，教师应尊重学生在学习过程中的独特体验。二年级学生的认知水平还处于初始阶段，有意注意力占主要地位，以形象思维为主。图片学习是一种具象的学习方式，对注意力稳定性不够的二年级学生来讲是一种十分合适的学习方式。教材的课后练习中就有很多鲜活、直观、富有儿童气息的图片，不仅易于学生观察理解，而且具有形象性、直观性的特点。

（一）观察图片，言之有序

要让学生会说，首先要引导学生观察。观察，是有目的、有计划的知觉活动，不仅是一个视觉的过程，还有助于促进学生的感知能力、思考能力的提升。例如二年级教材中《小蝌蚪找妈妈》的课后练习中要求学生能按顺序把图片连起来，再讲一讲小蝌蚪找妈妈的

故事。这样的练习是基于文本衍生出来的,可以说是一种初级复述的形式。因为有文本可依,所以学生说起来应该是比较容易的。

当然,我们在引导过程中是不能直接让学生看图说话的。笔者认为这个练习是一个可以分为三层次的阶梯训练:第一层是观察能力的训练,第二层是交流观察结果并进行语言梳理的训练,第三层才是有条理讲述故事的口语训练。我们应该循序渐进引导学生观察——思考——交流——概括,让学生初步掌握看图讲故事的步骤。

(二)编说故事,言之有物

指导学生表达的时候,要从词到句进行有序训练。例如《小蝌蚪找妈妈》这课的课后练习中,学生通过观察,已经发现图片中的细节变化,比较出每一张图片的不同之处。在学生能够借助图片讲清楚"尾巴变短、先长前腿、再长后腿、最后尾巴完全消失"的基础上,教师可以再提示学生用上"先、接着、再、最后"等表示顺序的词语,指导学生把蝌蚪变成青蛙的先后顺序讲清楚。理清顺序以后,还需要指导学生进行语言的加工,从而达到从句到段、篇的提升。二年级学生喜欢阅读童话故事,也喜欢编童话故事。在编故事的时候,可以要求学生依据课文内容展开,例如借鉴文本中优美、有趣的词句,更应该鼓励学生合理运用自己的语言进行表达,往往会有意想不到的收获。

学生从看到想,从想到说,从说到编,这样的语言实践学习过程才是富有趣味性的完整有效的口语表达学习过程。

(三)绘制配图,言之有理

二年级语文能力训练中有一个重点训练内容是概括段落大意。这对二年级学生来讲,难度很大,但只要在日常教学中有意识地渗透,学生就能从概括一句或几句话的意思,逐渐进步,最后能够达到概括段落大意的目的。但,这种训练往往需要花较长的时间,单纯的口头训练过于枯燥,我们可以用绘制配图的方法,动手加动口,吸引学生的注意力,激发学生表达的欲望。

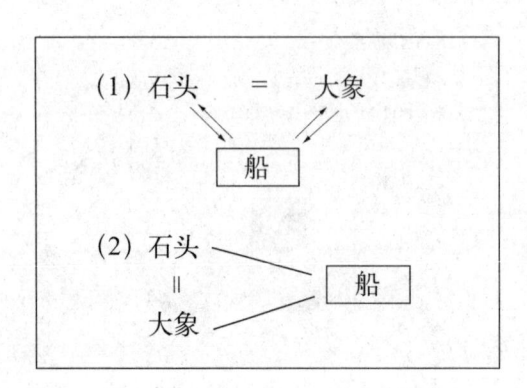

例如,在《曹冲称象》一课中,课后练习要求"能画出课文中提到的两种称

(1) 石头 = 大象 → 船

(2) 石头 = 大象 → 船

象的办法,说一说为什么曹冲的办法好"。这道课后练习的主旨是要求学生能简单概括出官员的称象方法和曹冲称象的步骤,这其实就是一个训练学生概括能力的好机会。首先是绘图,具体的语言文字是抽象的,直观的画面是形象生动的。要把抽象的书面语言转化成具体的形象思维,需要学生有一定的感悟能力和想象能力。所以要求学生通过绘图的方式直观展示出来是有难度的。建议教师可以先指导学生,利用图形、箭头等方式简化船和步骤。然后安排小组讨论,合作完成绘图,最后根据绘制的配图交流成果。指导、讨论、交流的过程,就是梳理两种称象方法的实施过程,在这个过程中,学生的口头表达能力得到了训练,概括能力的训练也有所渗透,小组合作能力也在潜移默化中培养出来了。依据学生已有的知识基础和实际接受能力,结合教材的内容,通过绘图这一方式设计拓展性强的训练,这样不仅能使学生有效吸收课文知识,还拓展了学生的知识视野和学习方法。

二、精练课后练习,锻炼表达能力

(一)依据提示促说,训练复述能力

在二年级学生的口头表达能力要求中,复述是一项综合性训练。它富有创造性,能把记忆、思考、表达三者有机地结合起来,使之融为一体。复述无疑是一个有效提升学生口语表达能力的训练。文本的课后练习给予了常见的复述能力训练方式:根据关键词、句式提示进行复述。

1. 关键词提示,简单复述内容

"关键词"原指单个媒体在制作使用索引时,所用到的词汇,这里是指我们语文日常教学中经常用到的一种指导学生进行复述、概括等口语表达能力训练的方法。这种关键词往往是文本线索,能贯穿整篇文本,在解读文本时可以依照关键词来解读文本含义,了解文本主旨。对二年级学生来讲,只要能够抓住关键词进行简单复述即可。例如《玲玲的画》一文中,玲玲改画的过程是明线,玲玲的心理变化是暗线,心理变化的过程与明线共同贯穿全文,也为抒发感情找到了一个很巧妙的切入点。所以课后练习中有这样一道练习题:能用"得意""伤心""满意"这三个心理活动的词语讲这个故事。这题对学生有一定难度,但如果在课堂中能够抓住三个心理活动的词语进行有效设计,那么学生进行复述训练就变得简单了。在指导学生复述的时候,教师可以巧妙地利用玲玲心理变化为切入点,帮助学生理清复述的思路。首先从文本中的关键句子入手,再从关键句子中提炼出关键词语。交流中,教师可以一边帮助学生梳理出关键词,例如玲玲在完成画时的心理是"得意";画弄脏时心

理是"伤心";在爸爸提醒下,修改了画以后心理是"满意",首先把关键词板书在黑板上,接着再请学生根据关键词来讲讲玲玲画画的过程。在这样的指导下,学生不仅能够抓住文本的主线,而且找到了主要人物心理变化的原因,再复述这个故事,就变得容易多了。

从关键句中抓关键词进行简单复述,不仅训练了学生的思考能力,而且在口语表达中提升了学生提炼主要内容的能力。

有时候,我们在指导学生复述的时候,要做加法,需要补充一些复述的内容。例如在《难忘的泼水节》一文,课后练习中要求用"象脚鼓""凤凰花""银碗""柏树枝"说一说周总理是怎样和傣族人民一起过泼水节的。在这道练习的训练中,教师首先要引导学生明确复述的对象是周总理,复述范围集中在文本的第四、五自然段,并不是全文复述。然后找到练习中给予的这些关键词,在寻找的过程中还需要渗透相关的动词,例如:接过一只象脚鼓,踩着凤凰花铺成的"地毯",端着盛满清水的银碗,一手拿着柏树枝蘸了水,向人们泼洒,为人们祝福。然后再通过同桌或者四人小组交流的形式让学生能够进行语言实践,通过实践精练自己的语言,再表达出来,以达到简单复述的目的。

2. 句式提示,详细复述片段

小学二年级学生年龄小,语言积累量少,但经过一年级的学习,他们已经有了一定的模仿能力。我们的语文教材文本都是经过精挑细选的,蕴含着佳句美段,语言生动,用词准确,逻辑清晰,对于提升二年级学生口语表达能力可谓是最佳"模仿"的范本。如何去筛选教材中的言语材料,提炼出有针对性的训练点呢?句式训练就成为了一种最简单又有效的口语表达训练方式。例如《雾在哪里》一文的课后练习中,要求按照"雾把什么藏了起来""藏起来之后的景色是什么样的"这样的句式进行口头表达训练。这道训练题要求学生可以按照文本内容来表述,也可以牵引学生进行文本外的想象说话训练。给学生的范例是:雾把大海藏了起来。无论是海水、船只,还是蓝色的远方,都看不见了。有指导才能训练。首先从第一句话入手,请学生交流:雾把什么藏了起来?这是一句典型的"把字句"。明确第一句话的特点以后,引导学生思考被藏起来的这个"什么"的特点,然后根据学生交流,讨论出第二句话。第二句话是句式训练的重点。在第二句话中,涉及一个句式"无论……都……"。如果有学生在表述的时候用上了这个表示条件关系的关联词,我们要表扬鼓励,因为模仿不仅仅是照本宣科,更是学生观察能力、思维能力训练的有效途径。其次,深入研究的话,会发现第二句话中"海水、船只、远方"也是需要强调的一个训练点：什么、什么，还有什么，都看不见了。所以这里需要教师提醒学生，至少需要说两种或者两种以上有关联的事物，来突出雾的浓。

简单地说，借助课后练习中的句式训练组织学生进行口头表达能力实践活动，不仅能指导学生运用学到的精妙语言和语言表达方式，替换或重组语言材料，而且能把生活中认识的事物，有条理、清楚地表达出来，是提升学生口语表达能力的重要途径。

（二）阐述理由促说，提升实践能力

在课后练习中常常伴有回答问题类型的口语训练，如果我们能有效使用并精心指导，学生不仅能掌握回答问题阐述理由的方法，而且能够在实践过程中掌握阐述理由应注意的事项，培养了学生能够思考问题、分析问题的能力，最重要的是能培养学生自主思考、组织语言的能力，依据文本发表自己的真实想法，从而提升学生口头表达的能力。

问题类型练习主要有两种：常规性练习和创造性练习。

常规性练习主要和文本内容有关，例如：你喜欢葡萄沟吗？说说理由。你觉得日月潭美在哪儿？这类问题首先要引导学生明确答案是对应文本部分内容的，具有开门见山性，那么一般学生的回答会更有指向性，也更容易切合问题的中心。教师在指导的同时一定要强调回答问题的完整性，可以借助"因为……所以……"或者"……是因为……"这样的关联句式辅助回答问题。

创造性练习更注重学生个人学习体会、生活经验的交流，具有内心思维性。例如：课文说雾"是个淘气的孩子"，在你眼里，雾是什么样的呢？比较露西前后写的两封信，你更喜欢哪一封，为什么？你同意狐狸的说法吗？如果你是小熊，会怎么做？……这类问题需要学生思考以后再发表自己的看法。有的需要发挥想象力，有的需要有一定的生活常识，有的则需要学生能换位思考。教师在引导过程中可以采用讨论交流的形式，充分释放学生的表达欲望。还要有这样的评价意识：只要是合理的就是正确的，当然首先三观要正。评价时一定要有针对性，要鼓励学生发散思维，能联系生活实际，树立正确的道德观、人生观。

古诗云：问渠哪得清如许，为有源头活水来。教材便是提升学生口头表达能力的源头，课后练习就是这源头的出水口。只要有效使用课后练习，我们二年级学生就能够亮眼睛、灵嘴巴、活思维！

小学低年级写字教学中引导学生评价的实践研究

上海市浦东新区东方小学　王　雁

《上海市中小学语文课程标准(试行稿)》对于一至二年级学生的写字要求中包括"字迹端正,书写规范"[1]。虽然大部分学生能达到标准的要求,但是总会有一部分学生未能达到要求,有的字间架结构不合理,笔画松散,或字不在田字格的正中间;有的字歪歪扭扭,没有做到"横平竖直";还有的字过大或过小……而且学生对于怎样欣赏他人的字,并从中吸取优势,判断怎样的字是合格,都缺乏方法和经验。提高学生的书写能力,除了在教学方面下功夫外,评价也有着非常重要的促进作用。引导学生评价字迹,不仅能帮助他们关注如何把字写得端正、规范,还能真正提升学生自我欣赏及鉴赏他人的能力,同样也能提升自己的语文能力。

现代教育很关注评价。《上海市教育委员会关于小学阶段实施基于课程标准的教学与评价工作的意见》中指出"注重评价结果对学生的促进作用。学校和教师要淡化评价的甄别、选拔功能,强化评价的诊断、改进与激励功能""采用多种评价手段,实施多元评价"。在多元评价中,涉及的一个非常重要的方面,就是评价主体多元化,改变由教师评价学生的单一评价模式,让学生参与到评价过程中。

因此笔者把研究实践的方向定为为学生搭建评价的舞台,引导学生调动学生参与评价的积极性,并教会学生如何正确评价自己和别人的字,让学生得到足够的表现自己、表达思想和情感的机会。

制定评价标准时围绕2004年《上海市中小学语文课程标准(试行稿)》中的"端正""规范",并考虑学情,尽可能简单且切中重点。

教学生学会自评、参与他评,把习惯转化为能力,使其在写字环节中通过评价活动获取写好字的方法,激发认真书写的意愿,从而达到小学语文课程标准中的"激发学生写字的兴趣"的目的,学会学习,学会表达。

一、以评价建立学习的自信心

低年段的孩子,要评价别人,评价自己,这能行吗?如果不行,要怎么教会他们评价呢?笔者陷入了沉思。先摸摸孩子们的情况吧。

笔者一边范写一边讲解字的书写要点,然后请学生书写。之后挑选了几位写得还不错的孩子的字,一一展示在投影屏前。这个年龄段的孩子,好胜心强,特别喜欢当"小老师"去教别人,评价的热情是非常高涨的。他们积极举手,都非常想去评价别人写的字。"他的那笔'捺'写得太长了。""那个'口'还可以写得大一点。"……随后又展示了另一位笔者觉得写得挺好的孩子的字,但没想到也被底下的学生挑出几个毛病,那几个被点评的孩子的脸上写满了尴尬,他们原本以为是会得到表扬的,现在默默低下了头,课堂气氛凝固了。几次尝试下来发现,很多孩子就只盯着别人的不足。再去看看这些点评者的字,很多也不见得比别人写得好,但说起别人来头头是道,大有在鸡蛋里挑骨头之势,搞得其他同学都不愿意去展示自己的字了,这与原来想得到的效果背道而驰。可见在有些学生的眼里,评价往往就是挑别人的毛病。这种"挑剔式"的评价是不可取的。

由于没有给孩子评价的方法,此次实践不理想。"怎样才是对他人正确的评价?不是一味儿地找碴儿,而是要一分为二地、客观地、公正地评价,既要看到他人的优点,又要看到其不足。"[2]

笔者尝试换一下顺序,先让孩子们自评,对自己先有一个正确的认识,再去评价别人。"自我评价是学生自我意识的一部分,在个人能力的构成中,学生需要对自我有清晰的认识,不断优化自身。在小学语文课堂中,老师要积极引导学生在学习活动展开自我评价,这是培养学生自我认识能力的重要途径。"[3]

一次课上写完字后,笔者请几位同学说说自己写的字怎么样。

"我的字写得不好看。"

"我的字太大了。"

……

又请了几位平时字写得很好看的学生发言。

"我这一'横'写得有点长。"

"'草字头'写得有点短。"

剖析得对,基本站起来的都在讲自己的缺点,可能也是不好意思说自己好的地方。特别是听到班上那几个"写字小能手"也在"检讨",那些个字写得不好的学生看着自己的字是越看越不行,都皱起了眉头。这个地方写得不好,那个地方也不满意，一时半会儿又改不了，短时期内无法提升自己写字的美观度。几次课下来，发现他们的自信减少了，都有点"无所谓"的态度了，反正自己写字就是那样了。

　　有的孩子是不会赞赏自己，发现不了自己的闪光点；有的是善于说自己的短处，羞于夸自己。笔者告诉他们，每个人都有长处和短处，每个人写的字也都有值得称赞和需要改进的地方，首先要学会肯定自己好的地方。但仅靠老师嘴上说，远远不够。之后，笔者更加仔细地观察学生，为他们点滴进步喝彩。"字的间架结构比以前紧了，好看多了。""横平竖直，撇尖和捺脚都写出来了，不像以前那样歪歪扭扭了，笔画也不挤在一起了，真棒！""你写字比以前用力了，字不再那么淡了。"卡耐基说："使一个人发挥最大能力的方法是赞美和鼓励。"儿童尤其喜欢被鼓励和赞美。老师真心实意的赞美给被表扬者树立了更多的信心，让他体验到成功的喜悦，也潜移默化地影响了其他学生对他的看法。一段时间后，听到学生间的评价有改观了，有的学生会说："我觉得他有进步了，他以前字很大，现在比以前写得小了，边框都能不碰到了。"恰当的评价像春天的细雨、冬日的暖阳，让那位同学如沐春风，感受愉悦。之后他写字更认真了，正面评价的力量可真不小！

　　一个被人欣赏的学生，当他因为别人的欣赏而感动时，就会主动去发现自己的优点，想方设法来提高自己的学习质量与效率，以赢得更多人的欣赏。

　　就这样，笔者经常引导他们互相欣赏，多学习别人的长处，来弥补自己的不足，正确看待自己，在评价自己的时候先讲好的地方，再说不足。然而评价的"技术"还有待提高。有的学生站起来时说："我觉得自己其他蛮好的，就是如果……就更好了。"比较空泛，好在什么地方，低年级的孩子不会说。从哪些点去评价呢？现在有的学生想到哪点说哪点感觉有些凌乱，如果制定一些统一的、具体的评价标准会帮助学生在表达时更有序。

二、以课程标准为引领明确评价标准

　　语文教研组经过讨论，结合2004年《上海市中小学语文课程标准（试行稿）》对低年级孩子写字要求中提到的"字迹端正，书写规范"，罗列了三条标准——字体结构正确、关键笔画到位、书写整洁漂亮。其中"关键笔画"指的是落在田字格的横中线、竖中线或中心点上的笔画。

　　达到一条标准，得一颗星。为了方便学生可以经常对照这三条来评价，笔者把三条内容做成板贴贴在黑板上。

　　多节课尝试下来，基本上学生都学会了给自己客观公正地打星了，也在一定程度上懂得要规范自己的书写了。每次问他们为什么给自己这样打星时,孩子们能对着这三条内容来读,笔者适时评价:"她能够按照要求来评,很棒!"规范了评价的方向,评起来会比较有序。

三、提供评价的表达模板引导学生参与评价

实践中我们发现这三点对于低年级学生来说太抽象,不能具体地表述出来,算是真正会评价了吗?所以还是要培养学生去学会更具体的表达。初始阶段,要给学生评价的框架。于是设计了以下表达模板:

- 字体结构正确——这是__结构的字,上__下__(左__右__),我做到了(没有做到);
- 关键笔画到位——它的第__笔__在竖中线上,第__笔__在横中线上,我做到了(没有做到);
- 书写整洁漂亮——页面非常整洁,每一笔都到位了。

关注合体字的结构很重要,它又有一定的规律。比如左右结构的字,关注左右的宽窄、高低,要让学生认识到它们有这样的特点。教材在写字编排上有一定的关联性,一课中经常出现多个同结构、同部首或者同部件的字。第一条评价标准的设立,为归类评价搭建台阶,有助于学生自主迁移能力的提升。

笔者把这样的填空继续做成板贴贴在黑板上。笔者自己做示范后,挑选几位口头表达能力强的孩子先重复再自己进行复述,及时表扬评得好的同学,增强他们评价时的自信心,也鼓励了更多的孩子参与到评讲中来。然后采用分组互助的方式继续来训练,每个组里都安排有表达能力强和稍微薄弱一些的学生,有的学生是观察能力强,表达不强,以强带弱,生生互助。"通过小组合作学习,学生不仅能够倾听他人的想法,还能与他人进行探讨,从而提高自己的思维能力。同时,通过对比,学生还能够了解到自己的不足,从而不断改善,不断进步,提高课堂学习的效果。"[4]

四、运用多元的评价方法开展评价

自评能熟练完成后,再进行他评就不难了。笔者向学生提问:"你赞同他给自己打三颗星吗?"并继续向学生强调要先讲别人的长处再适当、诚恳、委婉地提出建议。经过持续地进行操练,学生们大多能公正客观地进行评价,被评价的学生也是听得心服口服。下一步笔者请所有的学生都参与到同桌互评中,学生们是很喜欢"评论"别人的,感觉比起自评,他们更在意别人的评价,在书写的时候会格外认真,

格外仔细。在课上，他们评得很投入，"玩"得很开心。获得三颗星的孩子获得了同伴的掌声。课后，没来得及在课上评完的孩子还在乐此不疲地"玩"着，认真端详着同桌的字，不时用笔在上面点一点，和同桌说一说。

若互助式评价只是请学生代表交流，匆匆而过，少了同伴的参与，少了对于童心的关注，时间长了学生的兴趣度会下降，对写好字仍缺乏动力。因而笔者每节课都预留出时间让每位同学都参与。这样的过程既关注了童心，夯实了书写评价，也让评价更有乐趣，写字有所借鉴。

另外，笔者时常在课上把评出的写字得到三颗星的作品展示给全班同学们，这些同学很有成就感。久而久之，那些写字特别棒的同学自然成了同伴们眼中的"小达人"，其他同学会围着他们，看他们作业本上娟秀的字迹。越来越多的人花工夫努力去向他们的"榜样"靠拢，争取也拿到满星。

通过评价活动，学生更加积极地参与课堂，对课堂教学效果有了促进作用。孩子能看得懂自己的字究竟写得好不好并自主调整。

评价不仅能促进学生的发展，也能促进教师素质的提高。它能够帮助教师诊断和发现写字教学中存在的问题，为教师改进教学工作提供具体的反馈信息。教师也会更加关注每一个孩子的写字习惯、写字兴趣等。

评价活动也获得了家长的认同，经常会在群里看到家长晒出自己孩子的字。

两个学期下来，班级整体的写字水平在客观评价的过程中不断提高。看到孩子们在学习上的进步，作为老师，笔者由衷地感到欣慰。当教师把评价权"下放"给学生时，经过恰当的引导、培养，学生"享用"了这种权利并在各自的起点上得到发展。评价是一个长期的过程，需要老师和学生不懈地去努力。

实践中，也有些问题值得进一步思索。大评价标准下的那几条小标准，语言还不够简洁。孩子能像背公式一下把标准套进去说，但很多缺乏自己个性化的见解。

让学生进行评价，不是一句口号，是一个日积月累、漫长曲折的过程，需要老师不断引导学生进行交流，在交流中学习、提高、发展。

参考文献

[1] 上海市教育委员会.上海市中小学语文课程标准(试行稿)[M].上海：上海教育出版社,2004.
[2] 侯春燕.让学生学会正确评价[J].中小学教材教学,2004,(28).
[3] 李芙蓉.准确定位 凸显特点 多元评价——小学语文综合性学习实施策略[J].甘肃教育,2014,(17).
[4] 王宪周.浅谈小组合作学习在小学语文课堂教学中的应用[J].名师在线,2019,(35).

小学高年级语文笔记记录方法指导

上海市浦东新区江镇中心小学　黄丽敏

章学诚曾说:读书如不及时做笔记,犹如雨落大海没有踪迹。这句话道出了做笔记的重要性。现代社会,教育模式不断改革。今年的疫情,推动了网络教学的发展,成了一种新风尚,有着其独特的优势,但也对学生提出了更高的要求:自律、高效。

新课程改革下特别强调学生的自主能力和创新能力,记笔记就是培养学生自主和创新能力的有效途径。对于高年级学生来说,语文课堂的知识点越来越多,记笔记能使学生形成自己的知识链、知识体系,有助于小学高年级学生对知识进一步领悟、积累、巩固和拓展,同时,有助于指引并稳定学生的注意力,使其在课堂上聚精会神,处于高效率的学习状态,学习自然事半功倍。本文以部编版小学五年级下册教材为参考,探讨如何有效指导学生记录笔记。

一、示范引领,预习笔记记录指导

叶圣陶先生说:"自学的本领是用之不竭的能,储能就要储这样的能。"预习就是自学的一种体现,能开拓思路,提高孩子的学习能力。预习内容以笔记的形式记录下来,能使学生在自学过程中思路更加清晰,对新课知识有一个初步的认识,把握这堂课的重难点,也为上好新课夯实基础。

(一)要求明晰

我遵循学生认知原则,从以下方面指导学生预习。

1. 读通课文

(1)标小节号,放声朗读,不认识的字写上拼音,不理解的词写上意思。

(2)文史典故可查阅相关资料,简要写在课题附近或笔记本上。

2. 初步理解课文

（1）书中疑问的地方做标记（可用铅笔，课后解决完擦掉）。

（2）课后思考题：在题目旁写关键词、语句，或者文中标记（可用铅笔，课堂或课后可用水笔修正）。

预习课文时，初次朗读，通过查字典、词典，或问别人（包括同学、老师、家长），对不认识的字读准字音，对不理解的词语要初步了解它的意思。查阅工具书，能扫除语言文字的障碍，牢固地掌握这些字词的读音、意思和用法。另外，对文中涉及的文史典故就要尝试着去查阅有关背景以及知识，拓展自己的视野，对于理解文本内容可以起到事半功倍的作用。

高年级的学生，预习不该只停留在读通上，还应主动去感受文本。鲁迅曾言自己读书时，用笔记本一方面把重要的记下来，另一方面，某些地方我不同意书里的讲法，可以写上一段自己的看法，表示自己的意思。因而，再次朗读时，我指导学生用不同的符号在课文一些重点地方做标记。如：含义深的句子画上线，重点的字词加圈加点，有疑难的地方打个问号，等。发现一个问题比解决一个问题更重要。等到上课时把模糊不清的地方彻底弄明白；也可以带着课后思考题进行朗读，找到答案就直接在书上标记出来，充分发挥主观能动性。

（二）示范引领

为了更直观地展现预习笔记的记录过程，我以部编版五年级下册第8课《红楼春趣》为例，按照要求做示范；同时，为了学生更好地领会记笔记的方法和精髓，我尽量以学生的视角来完成示范笔记。网课期间，只能线上教学，考虑到直播的方式，学生只能整段回看，所以我通过视频、语音、照片、文字等多途径相结合的方式，逐步讲解，课后学生可以挑选不明白的片段反复学习。讲解完，请学生自行预习第8课《红楼春趣》。

我认真查看每位学生的预习笔记，大部分同学能按照固定的位置，固定的符号做相应的笔记。有部分自学能力强的同学，不理解的地方做了标记，还做了初步理解课文的批注。但也有部分同学，作业不认真完成，书面符号杂乱、位置错误，或者遗漏一些笔记内容，如课文背景、课后思考题等；还有的资料太长，没有删减就抄在了书上，有的资料和文中的人物形象不符合。我逐个指出问题，引导他们按要求规范笔记内容。

我还特别关注学生的疑问之处，若课堂上没有解决，就在课后互动中引导全班一起讨论，也会问问学生预习中有什么困难。比如在预习《红楼春趣》时，很多同学反映不知如何对作者和写作背景资料进行删减。我指导学生可以花些时间看看资料，但是抄的时候要挑比较出名的、对本文学习有帮助的资料。如可以抄写作者的字、号，有名的作品，简要记录写作的背景等。同时挑选好的学生范例和自己的笔记，班内分享，让其他学生有所借鉴，在阅读的过程中改善自己的方法。

一段时间后，全班的预习笔记质量有很大提升。大部分同学反馈，预习后，听课变得更有目的性和针对性，课堂笔记也不用盲目记，可以把更多的时间用在倾听和思考问题上。预习时，经常独立地阅读、思考，用自己的方式去发现问题、解决问题，久而久之，自学能力逐步提高，真正成为了学习的主人。

二、授之以渔，课堂笔记记录指导

不善于做笔记，是不可能真正学好语文的。记笔记时，眼睛在看，大脑在思考，然后下笔，整个过程是对课堂内容的消化，有助于集中注意力，专心听讲，可以加深对知识的理解；更重要的是，有助于培养学生动脑动手的能力，增强鉴别力与思维的敏捷性。我从学生和课堂两个层面展开，指导学生记录课堂笔记。

（一）方法指导

1. 课堂上一般记录的内容有：课堂板书（重点梳理、人物品质、文章写法……）、多媒体课件上的重点和强调内容、课堂学习任务、老师反复强调的内容、同学的精彩回答以及预习时没有解决而课堂上老师正好讲解的内容等。

2. 为形成一套自己适用的笔记系统，记笔记时规范常用符号，选定常用位置，可用不同颜色区分相应内容（2—3种即可）；同时，思想集中，尽量记录关键词，加快记录的速度，以便留更多的时间来倾听和思考。

3. 记录要选择合理的时机，一般在老师板书时、重复或强调某些内容时以及同学精彩回答时等作简要记录。

课堂笔记是学习过程中的重要环节，要求也比较细致和多样。为了更好地发现学生可能产生的问题，我先让学生在没有指导过的情况下，以第8课《红楼春趣》为作业，自行记录课堂笔记。大部分同学做到了颜色区分醒目；字迹端正；能在相应文本位置做批注，简洁明了；个别同学使用专门的笔记本。不过，在对课堂教学内容进行批注时，学生记录不完整，课堂上，学生的精彩回答也没有记录。

（二）示范练习

了解了学生自行记录课堂笔记的情况，我按照上课流程，分环节出示我的课堂笔记图片，讲解记录的内容和目的，对学生出现问题的地方，我重点讲解和提醒。如：学习宝玉人物特点"有些孩子气"时，学生都能找到句子，但是没能圈出关键词和批注出人物特点。我先让学生看一遍示范笔记，随后擦掉笔记内容，我先找到了句子，其次圈出关键词，随后总结出人物特点，批注在关键词的旁边，再次还原了课堂笔记记录过程。随后，引导学生把我的笔记和他们自己的笔记进行对比，不足的地方及时修改和补充，在实践中提高记笔记的能力。经过细致的讲解，大部分同学修改完的笔记都能符合要求。

为了了解学生学习中的障碍，我在课堂最后询问学生记笔记过程中的困惑。大部分学生反映吃不准哪些是关键词，很多时候，记的反而是不重要的，结果时间来不及。我首先让学生明确：课堂上，听为主、记为辅，切不可主次颠倒。听懂了，记起来自然就快了。其次，引导学生明白记笔记是个"由简到繁，再到简"的过程。有些地方不需要记原话，要学会从一大段话中"抓到重点"。如：《红楼春趣》一文中，抓关键句学习宝玉的人物特点时，我引导学生边听边圈画关键词句，只要旁批"心肠好""有些孩子气"等词语就可以，课后再完整地把答案记录在相应的习题旁，这样就能留出更多时间倾听老师的讲解，或者也可以带着体会读读句子，以读启思。这个技能可不是一天两天能学会的，我安抚学生不要气馁，多加练习，一定能摸到窍门。

随后的课堂，学生不断练习记课堂笔记，质量有明显的进步。我注意观察班上几个后进生，他们训练前后也有很大的变化。课后讨论中，学生回答问题积极了很多，大家有话可说，有理有据，不再是对课文一无所知，课后习题的正确率也高了许多，语言表达更有条理性。返校复课后，回顾之前学过的课文时，学生借助笔记，脑海中重现了上课的画面，轻而易举地抓住了文章的重点，非常有成就感，学习的兴趣自然而然就提高了。可见，记录课堂笔记真正带动了学生感官和思维的联合性训练，起到提高学习兴趣、提升学习能力、锻炼逻辑思维的作用。

三、温故知新，课后笔记记录指导

（一）巩固理解

课后，并不代表记笔记结束了，及时整理笔记能够对新知进行巩固，理清思路。回顾一遍笔记内容：缺失的填完整；有错别字的修改；没有听到的，及时询问同学或者老师；把预习时铅笔写的改成水笔，以便保留更长时间；预习和课堂不匹配的要选择合适的保留，对课堂中记下来的内容做一些整理和概括。及时对笔记上的内容进行复习，这样才能够将笔记的价值完全地体现出来。

如：《红楼春趣》一文中，有课前思考题：宝玉给你留下了怎样的印象？课堂上，学生做了几条关键词的批注，课后讨论中，我引导学生把这些笔记归纳和整理成完整的答案，记录在题目的下面，加深对课文的理解，并在讨论最后给了学生参考答案，让学生可以做比较，明确自己需要改进的地方，养成科学笔记的好习惯。

（二）思考拓展

对于学有余力的学生，我引导他们整理笔记时，思考还有什么疑惑，可询问老师或者进一步查阅相关资料，拓展学习思路，这是对笔记的"升华"。

如：《红楼春趣》这一课上完后，爱思考的苏同学仔细整理了课前思考题的答案，他对宝玉感到很好奇。一般古代的少爷和下人之间都是尊卑分明的，而他居然没有一点少爷的架子，因为苏同学发现全文的对话中，没有一个丫鬟称呼他"少爷"，他感到很好奇，便来问老师。我引导他通过网络、相关书籍，或者父母等途径，试着找找答案。他便在课后查阅了相关资料，知道了贾宝玉自幼深受贾母疼爱，和一群姑娘一起长大，所以和家里姐妹、丫鬟特别亲近，就和朋友一样。

（三）评价反思

为了让学生知道自己的笔记到底记得怎么样，以及哪里需要改进等，我通过明确的评价指标，引导学生把老师的笔记或者同学的笔记和他自己的做对比，进行自评和互评。三阶段笔记的评价标准的第一个方面是书写工整，字迹清楚，字体美观，大小适中；第二个方面是卷面整洁，不乱画、乱写，正确使用圈点勾画符号，批注位置恰当，布局合理；第三个方面是记录准确度高，条理清晰，内容翔实，重点突出。加分点：有疑问，或能自己解决。

学生通过评价，或者评价别人，进而反思自己的得与失，争取在下一次的笔记记录中做得更好，充分提高学习的效率和积极性。

总之，笔记的记录是一个由表及里、步步深入的过程。层层递进的三阶段笔记提出了不同要求，预习笔记夯实基础、课堂笔记扩充知识、课后整理笔记归纳升华，学生们应该把三者有机结合在一起，互相服务，才能发挥记笔记最好的效果。

浅谈小学低年级语文课堂中的"游戏教学"

上海市浦东新区江镇中心小学　叶　昕

【摘　要】随着统编版语文教材在全国范围内全面实施，小学语文教学迎来了一场新的改革。在以学生为主体的自主学习背景下，游戏教学法的应用不仅符合小学生心理特征，有利于吸引小学生的课堂注意力，提高他们的课堂参与性，还显著提高了语文课堂的教学效率。本文根据游戏教学法在小学语文教学中的应用，对游戏教学法及其理论依据进行简要的阐述，并对游戏教学法在小学低年级语文课堂中的应用有效性进行了进一步的研究与探讨。

【关键词】游戏教学法　有效课堂　自主学习

一、小学语文游戏教学法的概述

（一）游戏教学法

"游戏教学法"即根据教学大纲，将教学内容和生动有趣的游戏结合起来的教学方法。游戏化教学注重寓教于乐，通过游戏的方法调动学生参与课堂的积极性与主动性，大大地提升了学生在课堂教学中的集中注意力，从而提高了教师的教学效率。游戏教学法的应用，不仅满足了现阶段现代化教学中提倡学生为主体的教学目标，还能够培养学生在课堂学习中的兴趣，进而达到提高教学效果的良好目的。

（二）小学语文游戏教学法

小学语文游戏教学法指在小学语文课堂中，有意识地结合一定的教学内容，通过组织学生开展游戏或创造一定的游戏情景，将教学内容生活化、具体化，以玩促学，寓教于乐，从而实现一定的教学目标。

二、游戏教学法实施的课程理论依据

（一）与全面提升学生语文素养相契合

2016年新修订的部编版语文教材以《义务教育语文课程标准（2011年版）》为依据，重塑了语文教学的理念，强调了语文工具性与人文性的统一，强调以生为本，要求语文教学要根据学生的身心发展特点，注重培养语文核心素养。新式的游戏教学正顺应了新课标所强调的教学理念，因此，游戏教学法在小学语文课堂中的实施，是完全符合新课标的理念要求的，十分具有可行性。

学生语文素养的形成不仅是对语文基础知识的掌握，而且是包括知识能力、审美情趣、情感态度、思维品格、语言积累、学习态度习惯等一系列指标的有机整合。游戏教学的实施，有助于加强师生互动、生生互动，从而有效提高学生的课堂参与度，强化他们的口语交际能力，进一步加强他们的社会化合作能力，掌握与人相处的正确方式。不仅如此，游戏具有一定的规则，在教师的正确引导下，可以帮助学生从游戏中养成正确的价值观、优秀的品德品质，培养健全人格。

（二）与小学低年级学生心理发展相契合

小学低年级的学生，大脑正处于发育期。他们的思维发展正处于以具体形象思维为主要形式向以抽象逻辑思维为主要形式的过渡阶段。小学低年级的学生对新鲜的事物好奇，对游戏怀有浓烈兴趣。在游戏中，低年级小学生能主动获取认知体验，感受自主探索的乐趣。游戏教学符合小学低年级学生的心理特征。

三、游戏教学法的应用原则

（一）学生主体性原则

在小学低年级语文游戏化教学的过程中，教师应该坚持学生主体性原则。在课堂教学中注重培养小学生在游戏中观察、反思的学习能力，提高他们在学习中的积极性与主动性，从而养成良好的学习习惯。比如在部编版二年级语文上册课文《树之歌》的识字教学中，为了让学生更好地掌握8个形声字"梧、桐、枫、松、柏、桦、杉、桂"，我以生为本，通过设计闯关游戏，引导学生自己去发现这些形声字的形旁一样，得出"木字旁的字大多和树有关"的规律，并引导学生在拼读中发现这些形声字的声旁和整个字的读音相同或相近。由此，学生自己在游戏中通过观察反思，得出形声字"形旁多表意，声旁多表音"的规律，培养了学生的自主观察和反思能力。

（二）学生参与性原则

《语文课程标准》指出：语文是一门实践性课程。教师在实施游戏化教学过程中，应该注重调动小学生参与游戏的热情与兴趣。对于游戏的设计，应该依据小学生的知识水平与心理特点，结合文本内容进行设计，并引导全体学生都参与到游戏中来。

（三）游戏趣味性原则

兴趣是最好的老师。所以，教师在小学低年级语文游戏教学的设计中，要遵循趣味性的原则，对于教学情境的设计应该符合低年级小学生的兴趣爱好，提高小学生的学习兴趣与参与积极性。比如，在进行部编版二年级语文课文《树之歌》教学过程中，通过让学生们根据诗歌描述找出相应的植物的游戏，激发了学生参与课堂的兴趣，使小学生在整个课堂游戏化的教学模式中了解植物的特点，感受作者表达的生动性，进而提高课堂教学的效果。

四、游戏化教学在小学低年级语文教学中的应用有效性分析

（一）游戏导入，激发学习兴趣

当学生对某种事物发生兴趣时，他就会产生强烈的好奇心，从而主动地、积极地、执着地探索该事物的奥秘。"游戏活动"无疑是激发孩子们认识世界的有效触点，在小学低年级的语文教学中，通过游戏创设一个有趣的情境，能顺其自然地激发学生的学习兴趣，促使他们学习到更多的语文知识和技能。

导入新课是语文课堂教学过程中的重要组成部分，也是一节课成功与否的关键。利用恰当的游戏导入新课是激发学生学习兴趣的有效途径。

在教学部编版一年级上册中第一单元的口语交际《我说你做》中，我通过设置简单的"听指令、做动作"游戏，成功调动了孩子们的激情。当孩子们听到要玩游戏时，个个都举起了小手，纷纷表现出了想要参与游戏的欲望。在游戏中，我让所有的孩子都加入其中，根据指令做出相应的动作。一旦有人反应错误，则该名同学挑战失败。通过四小组同时比赛，选出"最灵敏"小组。对于刚刚进入小学的一年级学生来说，很多学生的反应能力还比较慢，而孩子们对挑战很感兴趣，因此这个游戏激发起了他们的挑战热情，大家目光炯炯地盯着我，生怕错过老师的指令。在游戏中，孩子们根据指令"抬左腿""摸右脸"，大家认真听口令，一起动起来。即使挑战失败的孩子，也津津有味地看着别的孩子继续比赛，做着小小监督员。

当教室内的学生们几乎都呈现出这样的一个状态时，我知道他们的学习兴趣已经被我点燃。于是，我引导他们去观察回忆刚刚游戏中的老师是如何发布口令的，引导学生思考有的小朋友为什么会挑战失败。通过这个小小的游戏，我成功吸引了孩子们的注意力，激发他们思考问题的兴趣并顺利导入新课，真可谓一举两得。

在教学部编版二年级第二单元《树之歌》一课中，通过介绍不同树木的特点，出示不同树木的图片，让学生图文结合，猜猜图片上的树分别是什么树。猜正确率最高的小组可以评选为"小小观察员"。

当比赛的口令一下，每一个孩子都全神贯注地投入到图文匹配游戏中，教室里互相交流的声音此起彼伏，大家都在交流着树的特点。这样的教学避免了沉闷单一的说教过程，又营造了一个比赛氛围，有效地抓住学生的兴奋点，促使他们结合文本内容积极地投入到了紧张激烈的比赛中。

在以上两次课堂教学实践中，我发现：通过游戏导入新课，大大激发了学生的课堂学习兴趣，催化了他们的情感。在游戏中，孩子们更乐于对相关的教学内容和知识技能展开学习，乐于对游戏活动所产生的相关问题进行思考。同时比赛形式的游戏不仅能激发学生的良性竞争，还能营造良好的语文课堂气氛，从而为继续学习新知识创造良好条件。

（二）"游"中促学，突破教学重难点

语文课堂中，教学的重点与难点是课堂教学的关键，也是学生在本堂课中所要学习和掌握的重中之重，如果老师在此环节中只是一味地枯燥单调地讲解，那么也会让学生感觉枯燥无味。对于一些需要发散思维进行创造的活动，他们就会望而却步。长此以往，他们对语文课的兴趣也会被慢慢磨灭，从而打击了他们对语文课堂学习的积极性。如果此时，教师能够巧妙地运用恰当的游戏教学来突破难点，强化重点，那么游戏必定会是促进学生学习的有效手段。

在教学部编版二年级上册第五单元的《坐井观天》一文中，理解小鸟和青蛙争论"天有多大"的说法不一样的原因是本课的重难点。为此，我设计了一个"试一试"的游戏来引导学生探究不同对象对同一件事看法不同的原因。首先，我请同学们拿起桌上的纸，用它卷成圆纸筒去看天花板，并思考你看到的天花板有多大。通过这个实践游戏，他们直观了解了因为长长的筒壁挡住了我们的视线，所以看上去天花板不过纸筒口那么大。接着，我引导学生放下手中的圆纸筒，再抬头看天花板，思考现在的天花板有多大。孩子们纷纷举手，在游戏中，他们发现没有了遮挡物,天花板比之前看到的大得多。

通过"试一试"的对比实践,让孩子们分别站在小鸟和青蛙的立场上观察事物,明白了所处位置不同,眼界不同,所以看法也不同的道理。在游戏中,孩子们亲自实践,游戏让原本枯燥难懂的知识鲜活立体了。通过游戏,使小学生在轻松愉快的教学过程中理解了课文重难点,促进了低年级小学生直观形象思维能力的发展,加深了小学生对文章的理解。

(三) 游戏体验,加深文本理解

阅读教学是小学语文教学中的主要内容,对低年级的孩子来说,抽象的文字不利于理解,而通过组织学生进行角色扮演,重现原文情境,能激发学生对阅读的兴趣爱好,使其积极主动地参与到课堂教学当中,使得原本抽象的文字具象化,从而加深学生对文章的记忆力与理解力。

在部编版一年级上册第四单元《四季》的教学中,我引导学生进行角色扮演来感受四季不同的特点。低年级的孩子们看到我出示了课文中人物的头饰后,都纷纷举手想要尝试。在教师的引导下,学生们抓住关键词来塑造人物特点。扮演雪人的孩子头戴雪人装饰,抓住关键词"挺了挺肚子",有模有样地挺了挺自己的肚子,绘声绘色地说:"我就是冬天。"这肯定的话语、生动的表达赢得了孩子们阵阵掌声,也让孩子们将雪人和冬天画上了等号,帮助孩子们理解了冬天的特点。

在部编版二年级上册第八单元的《狐假虎威》的教学中,我也用了"演一演"的游戏方法。通过邀请两位同学分别扮演老虎和狐狸,让学生根据课文内容绕着教室一前一后走一圈,以学生的角色扮演,再现文章情境。通过用直观的表演来做示范,让孩子们通过亲身体验,理解了"狐假虎威"的意思,为后续的阅读教学奠定了基础。

在表演环节过后,孩子们对于文本的记忆更加深刻,因此不论是在《四季》一课的背诵课文环节,还是《狐假虎威》的交流寓意环节,学生都表现出了很高的完成度。通过角色扮演,表演者和观看者都加深了对文本的理解,在理解的基础上积累文本信息,感悟文本内涵,让原本抽象的文字具象化,这是"演一演"的游戏带来的效果。

五、结论

综上所述,在学生自主学习的背景下,在部编版语文教材全面铺开的大环境下,小学低年级语文教学中的"游戏教学"是一种有效的教学方法。它的实践与推广可以有效提高学生注意力与课堂教学效果。游戏教学法的应用不仅能活跃课堂气氛,让学生在多种转换的情境中体验语文的乐趣,还能让学生乐于主动掌握语文知识,从而体现了自主学习的有效性,是提升语文课堂教学效果的有效方法。

因此,教师在小学低年级语文的游戏化教学过程中,不仅应该坚持学生的主体性、参与性以及游戏的趣味性原则,还应该通过游戏的导入,游戏的贯穿,游戏的启发,帮助学生学习新知,启发交流,培养学生的观察、反思能力。在教学中,教师应该充分挖掘游戏的价值和内涵,让学生在快乐的学习氛围中掌握更多的知识技能。相信低年级的学生通过这样自主学习能力的培养,他们的语文观察分析能力、审美情趣、思维品格等综合素养都会有所提升!

游戏教学,激发课堂活力,让小学低年级的语文课堂更加精彩!

参考文献

[1] 顾明远.教育大辞典[M].上海:上海教育出版社,1998.
[2] 王亚楠.小学识字游戏教学的应用研究[D].北京:中央民族大学,2016.
[3] 贡黎明.游戏化教学在小学语文教学中的应用[J].中国校外教育(上旬刊),2015.

妙招助力，让学生"言"出精彩

上海市浦东新区江镇中心小学　杨丽华

口语交际是小学低段语文教学的重要组成部分。在人们的日常生活中，它也发挥着举足轻重的作用。部编本教材在编排上着重彰显其重要性，将口语交际作为一个单独的模块剥离出来，与语文园地并重，从而使口语交际以全新的姿态回归课堂。那么，究竟该如何有效地开展小学低段口语交际教学，使学生做到言之有物、言之有度、言之有趣、言之有据？下面笔者将以小学低段语文教材为例，谈谈具体做法。

一、链接生活，创设交际情境，让学生言之有物

语文是一门与实际生活密切相连的学科。因而，口语交际的教学不能局限在课本中，也不能局限在课堂上，而是应当与学生的日常生活联系起来。教师应创设生活化的交际情境，以此触发学生的交际内驱力，唤醒学生的交际欲望，让学生在兴趣中链接真实的生活情境，让学生有话说，做到言之有物。

二年级上册口语交际《商量》就是一篇贴近学生生活的教材内容。上课伊始，老师将教材中的主人公设定为小男孩"江江"。接着，通过多媒体演示，创设两个生活化情境。情境一：今天是小江的生日，他想和小丽调换值日时间，早一点回家过生日；情境二：因为也有了其他安排，小丽不同意调换。随后，让学生两人一组为单位，结合自己的生活经验，选择其中一个情境演一演。喜好表现本来就是儿童的天性，而值日又是学生们在校园生活中最常遇到的真实情境。因而，学生潜移默化间将生活中已有的经验融入表演中，使原本简单的人物互动与生活相连，增添了生活的气息，拓展了交际的空间。通过这样的互动表演，学生再现了自己的生活体验，产生了身临其境的感觉，自然而然地更有话可说了。

此外，教师还可以引导学生将思维的触角延伸到他们自己的生活中去。在教授《商量》一课时，教师可以请同学分享自己在生活中最想与什么人商量什么事。由于情境创设源于学生真实的生活，大家的话匣子一下子被打开了。有的孩子说："最近爸爸妈妈比较关心二孩弟弟，想和他们商量一下能不能抽空带自己去迪士尼乐园玩一玩？"有的则说："想和爸爸商量一下，回到家别总躺在沙发上玩手机，能不能陪自己聊聊天？"有的还说："想和同学商量一下，排队时能不能动作快一点，别总是拖拖拉拉的？"……在分享事例过后，学生可以选取一个比较感兴趣的话题，进行同桌合作表演，以此让学生在表演实践中做到用商量的语气把自己的想法说清楚。在课上，学生畅所欲言地谈自己的事例，通过认真"听"，捕捉自己感兴趣的别人的事例。这样不仅锻炼了学生的"听说"能力，也让听说双方在互动交往中乐于倾听、富于表达。

丰富多彩的生活是口语交际教学的源头活水。在课堂中，教师要创设贴近学生生活实际的情境，引起学生的共鸣，激发学生表达的欲望，架起课堂小世界与生活大世界的桥梁。这样，学生们的语言才会因生活体验而丰富，又因源自生活而成为真正的交际语言，切实地让口语交际从课堂出发，回归生活。

二、品读"贴士"，培养交际习惯，让学生言之有度

处于小学低段的学生在口语表达上常常表现为讲话随便，不分音量、场合、对象，想说什么就说什么，想怎么讲就怎么讲。为了更好地促进学生交际素养的形成，教材在每一课口语交际部分都特设了"小贴士"。一个个小小的贴士呈现出了该课时要达到的教学目标，同时就学生的交际态度和习惯予以实实在在的指导。因此，在教学时，老师应当认真研读"小贴士"，结合"小贴士"的提醒，侧重对学生交际习惯和交际意识的培养，使得学生与他人交谈时，做到态度自然大方，言行礼貌恰当。

《用多大的声音》一课的"小贴士"中就提出："有时候要大声说话，有时候要小声说话。"以此引导学生感知：所处场合不同，说话的音量不同。因而，老师可以依据小贴士的提示，培养学生交际互动中的场合意识与礼仪意识。教学伊始，老师用手偶朋友"喜羊羊 美羊羊"来校参观的交际情境串联起"图书馆""办公室""教室"三个小情境，巧妙地将学生带入学习的"场"。接着，老师通过多媒体图片重现这三个场景，让学生以模拟表演的方式亲自演绎。在演绎的过程中，由手偶朋友"喜羊羊 美羊羊"担任导演，当"小演员"使用不恰当音量说话时及时喊"卡"。为了培养学生正确的交际行为，可以先由"喜羊羊 美羊羊"引领示范第一个场景，再由

扶到放,在第二、三个场景中请观看情景剧的"观众们"当场指导"小演员"究竟该用怎样的音量说话才能做到讲文明。随后,通过"设身处地辨音量"的小游戏,细化小贴士中的"有时候",引导学生"公共场合小声说,展示自我大声讲",并用儿歌的形式深化交际技巧。

此外,《我们做朋友》的小贴士中指明了"说话的时候,看着对方的眼睛",引导学生人际交往时要懂得尊重对方,也要做到勇敢自信;《请你帮个忙》中则列出了礼貌用语,提示学生请人帮忙要有礼文明;《注意说话的语气》中又对与人沟通时的语气提出了细致的要求即"不要太生硬,避免使用命令的语气",指导学生要用恰当的语气,让听的人感到舒服。

口语交际是人与人之间的互动。除了言语互动外,交际时的情感、态度等非言语行为在交际过程中也起着重要作用。凭借"小贴士"的提示,教师能在关注学生口头表达能力培养的同时,注重口语交际习惯与综合素质的养成,特别是要引导学生在与人交际时做到得体地说话、文明地交流,有礼有度,别人才会更加愿意和你交往。

三、利用插图,插上联想翅膀,让学生言之有趣

部编版教材除了上文提及的"小贴士"外,还有"话题""插图""引导语"三个部分。教师在研读教材的过程中,往往对"引导语"与"小贴士"比较重视,而忽视了"插图",认为这些充满童趣的插图,只是为了让教材看上去更丰富、更美观一些罢了。但事实上,直观形象的插图更符合小学低段学生的心理特征,能够为口语交际锦上添花。故而,教师可以依托插图资源,设计有趣的话题,让学生的言语表达插上联想的翅膀,充满童趣。

例如:一翻开《有趣的动物》一课,形象有趣的小动物瞬间吸引了学生们的眼球。小小的插图上罗列了学生们感兴趣的不少动物:有的外形奇异,像蛇、长颈鹿;有的能力特殊,像变色龙、鹦鹉……教材上的插图色彩鲜艳,又与交际话题中的题眼"有趣"紧密相关,有效地激发了孩子们表达的欲望。在教学的过程中,老师可以联系一年级下册课文,创设"动物王国开大会"的情境,出示课本上的插图,学生的目光立刻就锁定到插图上了,提高了学生的专注力,增强了课堂实效。随后,以谜语的形式和学生玩个"火眼金睛"的小游戏,猜猜说的是插图上的哪个小动物。在充分激趣后,老师可以引导学生仔细观察插图,并对动物加以分类,如:地上的、天上的、水里的,或者野外遇到的、家里养的、动物园里看到的……然后请学生依据分类,调动生活经验,围绕"有趣在哪儿"进行讨论。讨论一结束,学生们就

迫不及待地要举手发言了。精美的插图勾起了学生小张的回忆,他用生动地语言诉说了自己被日本奈良公园小鹿"追、咬、踢……"的有趣经历,引得学生们哄堂大笑。在此过程中,插图不仅帮助学生更好地理解口语交际的内容,而且比起呆板的文字更容易让学生积极地投入到口语训练中,引导学生知道,只有说的内容有趣生动,别人才会愿意听。

插图作为教材的"第二语言",是训练学生口语交际能力的有利资源。尤其是低段语文教材,里面的插图数量庞大,它们富有情趣、形象直观,使得教材更像一本待开发的神秘画卷。教师在口语交际教学时要关注插图资源,充分挖掘插图中蕴含的教学信息,为学生叩开联想的大门,逾越表达的鸿沟。

四、重视评价,落实方法指导,让学生言之有据

方法是能力的基础,有了必要的方法,才能真正有效地解决实际交往中遇到的具体问题。在口语交际教学的过程中,教师应该采用多维度的评价指标,依托多元化的评价主体,落实口语交际方法的指导,切实地让学生知道口语交际中需要注意之处,使学生在口语交际的过程中有法可循。

《做手工》一课中要求学生在口语交际时做到"按照顺序说"。上课伊始,学生可以两人为一组,形成小型交际圈,结合主题"做的手工是什么?怎么做的?"进行口语交际。在引导学生个别交流前,教师需出示《口语交际评价表》,让学生们认真聆听并依据该生的表现进行实时评价。教师可就学生们的评价予以及时补充,指导学生使用鼓励性语言进行评价。课后,由学生将课上的交际内容说给家长听,学生、家长可依据《口语交际评价表》进行自评和家长评。这样的方式既将评价主体由单一的教师,扩展为学生、教师和家长,也能够直观地显示学生的口语交际能力是否有所提高。当然,教师需对《口语交际评价表》中的评价指标进行合理划分:首先,明确一般目标。一般目标即为日常口语交际中都需要做到的目标,可从交际内容、交际态度、语言表达入手,如:内容是否清楚完整、态度是否自然大方、语速是否合理,是否愿意参与交流等。其次,结合本课的教学目标,就"按照顺序说"这个方法,确立专项目标,如:是否合理使用连接词(先、再、接着等);内容是否合理有序。

有效的评价是口语交际课的助推器。在口语交际的教学中,教师要重视评价体系的建立,促进口语交际方法的习得,提高交际的实效,让学生在每一次口语交际中都能得到针对性的训练。

总而言之，在口语交际教学中，老师应该结合口语交际教材的特点、小学低段学生的心理特征以及老师的教学经验创设真实自然的交际情境，依托教材中特有的小贴士和插图资源，整合教材中的其他有效资源，借助多维度评价，引导学生自信地表达和交流，培养学生良好的交际素养，从而建构高效而有活力的口语交际课堂，让学生"言"出精彩。

图表在二年级语文课堂中运用及分析

上海市浦东新区海桐小学　贺家嗣

儿童立场下的体验式学习,这一论题归根结底会回到平时的课堂中去。如何在课堂中体现出这个问题则是我们所有老师要去思考的。本次,笔者在二年级的语文课堂中用一节《小毛虫》的课例,分析了图表在二年级语文朗读活动中的运用和产生的作用。

一、设计意图

在本节课课堂上老师想要解决以下问题:

(一)书写生字"整、抽、纺、编、织",认读生字"怜、挪、仿、佛、任、何、纺",认识多音字"尽"。

(二)带有感情地朗读课文1—3小节,并且能对同学和自己的朗读进行评价。

(三)能够说出刚开始这是一条怎样的小毛虫,并且可以理解文章所要表达的道理。

二年级的课堂中生字和朗读是非常重要的两个部分,本次设计的图表是为了给朗读评分使用。目的是为了让孩子们给自己或者同学进行准确评价,通过评价来知道自己和他人的不足之处,同时也可以理解怎样进行正确朗读,从而体现了课堂的"体验式学习"。另外做小老师和评价表本身是对孩子们较有吸引力的内容,孩子们乐于为他人评价,对于课堂的积极性也会显著增加,从而体现了论题中的"儿童立场"。

不过,评价对二年级同学来说是高难度的一项任务,其不单单要自己可以听出同学的闪光点和不足之处,同时还要有较强的表达能力能把自己的意思说清楚。这样的要求并非同学们可以直接达到的,所以在这里教师先自行示范,再让学生试着说,最后再让学生评一评是否说得足够好,点评得是否到位。通过循序渐进,逐步加强的方式让学生来达到教学要求。

二、所用图表分析

在这节课上,笔者使用了两张关于朗读评价的图表:

表1

评 价 标 准
注意了轻声重音★
读出了昆虫们的快乐★
读出了小毛虫的可怜★

表2

评 价 标 准
注意了轻声重音★
读出了费劲的感觉★

这两张图表的目的是准确评价文章第一、第二小节的朗读效果。

第一小节:"一条小毛虫趴在一片叶子上,用新奇的目光打量着周围的一切:大大小小的昆虫又是唱,又是跳,跑的跑,飞的飞……到处生机勃勃。只有它,这个可怜的小毛虫,既不会唱,也不会跑,更不会飞。"

第二小节:"小毛虫费了九牛二虎之力,才挪动了一点点。当它笨拙地从一片叶子爬到另一片叶子上时,它觉得自己仿佛周游了整个世界。"

在这次图表的设计上,笔者将侧重点放在"读好"上面,主要关注到了轻声重音和感情表达这两个方面。这是因为本文是一篇二年级下学期的文章,对于学生来说已经较好地掌握了读通顺、读大声、读对等要求。根据维果斯基的最近发展区理论,不应将学生已经熟知的内容再次放入课堂,而是应该讲一些其应该学会,却还不能做到最好的地方作为课堂教学的主要目标。

另外,笔者在教学设计中,不单单只是让孩子们打一个分数,另外要求孩子们说一说这位同学读得好在哪里,哪里还有一些缺陷,以此让读的学生知道自己的闪光点和不足之处,评价的学生则能以此取长补短。表现形式使用了举手发言。

总的来说,笔者设计图表是为了让学生读得更加到位,感受评价的乐趣和要点,最后学会读好句子,并能从这次评价表中有所收获,在以后的朗读中起到作用。

三、上课实况

到了正式上课的时候,笔者首先在学习第一小节之后提出:"哪位同学来把第一小节朗读一下?"在同学朗读好了之后,老师先根据"读好"的两个要求进行点评,以此作为一个范例让同学们知道怎样具体评价。接下来老师让左右同桌互相读一下,并试着进行评价和评星。在完成这一环节之后,老师提问:"有哪些同学得到了三颗五角星,请举手来试着读一下。"老师单独请同学朗读后,再请其他同学试着进行评价,说一说你觉得朗读的同学可以得到几颗五角星,再试着评价。在其他同学评论之后,再让其他小朋友举手表决这位同学是否说得到位,是否还要补充。在朗读、点评2—3次之后,让全班进行朗读,看一看全班同学一起是否可以达到教学目标。

在第二小节的朗读中,因为有了之前的示范,这一次便直接让同学们自行在下面朗读,然后再请同学单独朗读、评价。不过侧重点稍显不同的是,本次举手的同学中教师更多地点名了朗读基础一般的同学,在评价的时候也让一些后进生来试着回答。当同学们认为点评不够充分时再请一些先进生来补充回答。在进行两次之后,让全班同学一起朗读,教师检查学习情况。

四、课后反思

课后,笔者对课堂中学生的表现进行分析时,发现大部分同学能做到读好句子这一要求,不少同学已经可以对他人的朗读水平进行客观的评价。但在后续的教学活动中,笔者发现还有少量学生对课堂知识没能完全掌握。笔者认为本次教学活动的优点和缺点存在以下几点:

(一) 优点分析

1. 在朗读中让孩子更加理解了文本内容

从课后的整体朗读情况来看,这一篇课文的朗读情况要明显好于其他课文(无论是这次课堂之前还是之后),这是因为老师和学生对于这篇课文进行了极其细致,甚至达到了一个词一个词去抠的程度。比如第一小节中强调了"可怜""既、也、更";第二小节强调了"费了九牛二虎之力""整个",带有感情地读了"挪动""笨拙"。这便可以说明评价图表和相关的教学活动在课堂中确实起到了相应的作用。这便是关注到了学生们对于"体验"的新鲜感,学生在自己说自己评中体验了过去没有的学习方法,大大地提高了学生的积极性和课堂的互动性。

2. 关注到了学生课堂表现和表达

让学生评价这一要求,属于较难掌握的学习目标,从维果斯基的理论来看,是

"跳一跳才能够到的苹果"。这样设置的学习内容必须要关注到孩子的积极性，避免孩子在遇到挫折时产生放弃的念头。在这一堂课上，笔者用了循序渐进的教学策略，让孩子们一点点掌握，让先学会的孩子带着还没有彻底掌握的孩子学习；同时在课上尽可能把课堂留给孩子，学生读、学生说、学生评，让孩子们真正成为课堂的主人，以此增加了孩子们的课堂融入度。当有些学生在课上出现问题时，教师也尽快通过点名提问或其他教学活动进行纠正，尽可能让更多的孩子在课上学有所获。

另外，在学生进行评价的时候，教师关注了课堂中学生的表达，对有些孩子出现语病或者未能说清的内容进行改正和帮助，对所说内容交给孩子们去判断对错。

3.让学生学会了正确的评价方法

让学生学会评价，以儿童的立场来看，不能全部由老师一手包办，也不可以全部交给学生自行琢磨。比较合理的方式是老师先进行示范，再让学生根据图表来尝试，同时让学生进行评价和改进，最后老师进行总结。这样进行教学活动，不但保证了教学内容的科学性，也充分发挥了学生在课堂中的主体性。

笔者在课堂中尽可能让学生来尝试，虽然确实有些小朋友并不能做到非常规范，但是在图表、老师和学生的帮助下逐步理解怎样才是一个规范的评价模板。这一次的两张图表，虽然其针对性较强，但是在老师帮助和自我内化之后，有不少同学可以理解大体上的评价是怎样进行的。这个不单单对于将来评价他人有所帮助，更重要的是对于朗读水平也会有新的提升。

（二）缺点分析

本次课例研究中，笔者发现课堂上使用图表和相关的教育活动还有不少不足之处。主要体现在以下几点：

1.评价表评价维度较少，没有评价信度不科学

在本次使用的两张评价表中，笔者主要考察了学生是否读好，但是对于二年级教学中同样重要的朗读基本功却有所缺失。比如：读正确、读响亮、停顿合理等。在课堂教学时，确实有些同学出现了读错等问题，因为表上并没有给出相应的评价标准，给其他小朋友造成了评价上的困难。例如有一位小朋友，将文章第一小节朗读得绘声绘色，但是当中读错了两个字。评价这位同学的学生便出现了手足无措的情况，因为根据图表给出的评价标准确实应该得到三颗五角星，但是根据以往学

习经验却又不该给满分。不单单学生有这样的困惑,老师同样在这点上难以评价到位。

在分值设置上笔者设计的是一颗星一个要求。其实在这两张表上这些要求并非并列而且对朗读的重要程度也不尽相同。但是本次都将其设置为一颗星便导致了评价信度的不科学。例如两位同学一同朗读"小毛虫费了九牛二虎之力,才挪动了一点点。当它笨拙地从一片叶子爬到另一片叶子上时,它觉得自己仿佛周游了整个世界",一位同学只读好了"费了九牛二虎之力",另一位同学则除了这一小点都读好了。从分值上来看他们是相同的,但是从真正的朗读水平来看则有较大的落差,这对于学生朗读可能会出现误导作用。

2. 忽视了课堂中部分同学

虽然班中大部分同学在本节课收获颇丰,但是也有少部分同学的课堂参与度比较低下,并不能完全掌握课堂内容。这便是因为这是一节难度颇高的课,对于有些孩子来说并不是"跳一跳便能摘到的"。学生在课堂出现类似问题的话,其积极性便会大大下降,原本可能学会的内容也会因为挫折感而掌握不了。这样的话课堂效率便难以提高。

3. 朗读活动比较死板,学生朗读较为生硬,未能关注到教学活动本身

这堂课从课后来看确实完成了朗读这项任务,但是从课堂活动来看依然还有不足。首先在让学生朗读前应该做好的是让学生理解,从字词理解再到文章内容理解。在做好了这两个部分之后,朗读的效果便有了保障。虽然笔者在课堂中确实关注到了这几个部分,也设置了相关的教学环节,但是活动本身对于二年级孩子的吸引力却不够强,导致课堂的质量并不高。这样一来学生并不能很好地掌握文章的内容,到了最后便是为了读课文而读课文,使得朗读和文章理解分割,不利于孩子们对学习内容的内化。

（三）修改方案

1. 评价内容应多样化,在正式教学前对评分进行细化

评价表在课堂中有着很大作用,而且也可以让孩子们进行"体验式的学习"。但是对于评价表的科学性必须要有所加强,如《小毛虫》这一课,除了读好这一要求外,也应该加入"读对"的相关表格。另外在星数设置上,也应该学教育评价中的相关技术增加可信度。只有让评价基准变得更合理,才能减少课堂教学中出现问题的概率,更好地让学生在体验式的学习中有所提升。

2. 让更多同学参与这一教学活动

在这一次上课中为了上课的连贯性,加入了生字学习、整体感知等内容。从一般的课程来看这是合理的,但是根据这节课的研究目标来看,这其实大量减少了学生体验的时间,使得很多同学并没有在课堂中体验这种学习方法,甚至还有些孩子并不能彻底掌握这节课的一些内容。所以在接下来的相关课程中,不妨专注于朗读和评价两个部分,将其他的一些学习目标放到第二或者第三课时去落实。这样一来时间便宽泛了很多,更多的孩子能在课堂中体验和学习,从而提高学习效果。

3. 朗读和相关教学活动多样化

在这次实验中,课堂活动略显单调,教师必须在以后的课堂中仔细思考相关的教学环节。比如在朗读的时候可以让学生加入动作;男女生比赛读;理解词句的时候演一演等。说到底,这要改变的是老师的教学思路,课堂教学不单单是老师将准备教的内容的一个呈现,更是要从儿童的角度出发,让他们发自心底愿意去学,乐于去学。

(四)新的想法

在这节课结束之后,笔者认为评价表的作用是极其巨大的,其表现形式也应该更加多样,从而让学生从各个维度去真正理解如何应用图表。

1. 评价表出现的先后顺序和时机

在本次课堂中,评价表的出现时间顺序都是随课文内容一同出现,这样的作用是直观,便于当场评价。学生可以在朗读的同时给自己评评分,思考自己是否读到位;对怎么读好不甚了解的同学也可以直接看表格,明白怎么才是规范化的一种阅读。但是图表的这样呈现也同样有着一些弊端,比如学生仅仅只是为了完成任务而去观察图表,当任务结束之后便将这门技术放在一边,并没有彻底理解图表的作用。所以,在将来的教学中,应该考虑到图表出现的顺序:如在朗读环节开始前出现、在朗读完了之后出现、在学生朗读评价结束后出现等。其在不同环节出现的作用必然是不尽相同的。只有让学生面对了这多样化的情况后他们才能真正理解图表的作用,乃至于在将来也会将图表作为自己的工具来使用。另外,图表出现的时机,出现时间的长度,抑或在多媒体中出现的位置,在什么情况下出现都应该要有所考虑。这样一来上课的效率必定会有更进一步的提高。

2. 让学生试着来完成评价表

如前面所说,这一次的图表大部分都是我框定的,对于学生也许只是一次学习的把手，并不方便成为持续性学习或者自主学习的工具。那么在接下来的学习中，教会学生阅读图表、完成图表和使用图表便变得更加重要。比如，在课堂上可以试着将图表内容镂空，试着让学生以小组讨论等方式自行来设计相关表格。更多地将课堂交给学生，让他们拥有更多的体验活动，这才是真正做到了"授人以鱼不如授人以渔"。

创新视角下小学语文课堂自主学习能力的培养

上海市浦东新区海桐小学　薛　林

【摘　要】小学教育作为人一生中的奠基教育，发挥着越来越重要的作用。因此，改变现有教育中存在的一些旧观念，以满足未来社会的需要，是教育的一项重要任务。教育的创新在于针对每个孩子进行独立思考，思考他们需要什么，应该得到什么来适应这个日新月异的时代。这就要求教师进行创新思维，创新教学理念和教学环节，给孩子们自主学习的机会，培养他们的自主学习能力，鼓励孩子大胆实践。因此，本文通过创新视角下如何培养学生的课堂自主学习能力进行初步的探索。

【关键词】创新视角　自主学习能力

一、小学语文课堂中学生自主性学习能力现状分析

（一）培养学生自主学习能力的意义

自主学习，就是让孩子们在教师的引导下，进行主动、自觉地学习活动。在此过程中，他们能够独立思考、自主探究、互动学习、获得知识。这样的教学环节不同于以往的传统授课模式，打破了"老师教、学生学"的学习模式，真正地把"授人以鱼"转变为"授人以渔"。《基础教育课程改革纲要（试行）》在论及基础教育课程改革的具体目标时指出："改变课程实施过于强调接受学习、死记硬背、机械的现状，倡导学生主动参与、乐于探究、勤于动手，培养学生搜集和处理信息的能力、获取新知识的能力、分析和解决问题的能力以及交流与合作的能力。"这里面提到的主动参与、乐于探究等，都是自主学习模式的一部分。

（二）教师对学生自主学习模式不够重视

受到传统的教学观念和现下紧张的教学进度的影响，有些教师对学生自主学

习能力的培养不够重视。教师担心课堂中的自主学习环节会拖拉教学任务的完成时间。他们中的有些人则认为不停地输出，学生就能接受到更多的知识。但恰恰相反，这样的学习模式养成了许许多多学生只听、只记、却不知道动脑筋思考的学习习惯，在课堂中是被动地接受，缺乏独立自学能力。

另外，即使在课堂教学中，教师刻意地的设计了相关的自主学习环节，但在真正实施的时候，完全框架住孩子们的思维，按照自己的思路和构想，在引导的同时，其实也限制了孩子们的创新性想法。这样一来，有的学生就会缺乏自己的主张，人云亦云，或者对提出的问题不感兴趣，在研究解决问题时，不知道目的是什么，如何开始。

（三）学生自主学习的积极性不高

自主学习是一种能力，看似简单，想要坚持却很难。自己有没有自觉主动的学习态度就是关键。在课堂中，当老师设立一个疑问，孩子们要进行合作学习、自主学习的时候，往往一部分孩子还不明确老师的意图，还不理解疑问在哪。

当他们已经开始分组讨论时，小组里虽有声音但也并未是讨论的声音，仅仅是我说你听的模式，更多的是他们被动地去听，听其他同学怎么说，而不是将自己所思所想表达出来。例如我在《坐井观天》这篇课文讲授中，提出让孩子们自由想象，当青蛙跳出井口时，它看到了些什么，还会发生什么有趣的故事呢？然后我就将这些疑问抛给孩子，让他们小组讨论。虽然课堂的讨论声还蛮大，但当我走近每一个小组，我发现总有那么一些同学就在那听着不说话，不参与讨论，这样培养自主学习能力就缺乏了对这一部分学生的关注，使得他们对自主学习的机会提不起兴趣，或者是对于开口讨论有些恐惧。所以，从整个班级的学生来说，能有兴趣，有热情来自主学习，开展拓展性思维训练的人还仅仅只是一部分。

二、在小学语文教学中培养学生自主学习能力的途径

（一）改变传统教学模式，增强学生的自主学习意识

1. 增加学生学习兴趣

教师设计相关教学环节，要以儿童年龄特点为基础，以此来满足他们的好奇心。与此同时，也能激发他们学习的主动性和积极性。例如，一二年级着重字词教学，在一次授课过程中，我在教授生字"美"。对于这个字，我在黑板上展示了甲骨文的"美"字，然后利用这个甲骨文字形，告诉孩子，这个字的上半部分是人饰羊首的形状，戴着羊角样饰物，在古代人们早就知道利用装饰物来扮美了。当时最美的打

扮是"戴羊角"。在这样一个过程中,我发现孩子们听得都很认真,有意犹未尽的感觉。所以我知道,他们对于生字的起源比较感兴趣。于是,我就在接下来的生字教学中,穿插了相关图片或者视频的介绍。这样做,不仅仅让孩子们了解了汉字的起源以及演变过程,而且在这一过程中,因为有了较高的兴趣,他们就能将这个生字高效地识记在脑海里。这就是为什么人们常说"兴趣是最好的老师"。

2.加强学生独立思考的能力

教师要注重培养学生独立思考的能力,鼓励他们勇于探索、发现新问题,追求新方向。比如在教授《曹冲称象》这篇文章之前,可以先布置给学生一些课前预习问题。如:"官员们的办法为何曹冲直摇头?""曹冲的办法优点在哪里?"这些问题可以很好地让学生在家预习时能进行有效的思考,以此来提高第二天课堂的教学质量。另外,在第二天的课堂上,可以利用五分钟时间,请小组合作,讨论一下昨天的这些问题,派个组长来回答。回答完成后,教师也能顺着问题继续穿插自主学习环节,让孩子继续讨论"这篇文章主要说明了什么"?

正如一句话所说"小学科学教学过程中,学生力所能及的,教师要避之;学生力所难及的,教师要助之;学生力所不及的,教师要为之"。教师在课堂中应该恰到好处地安排自主学习的教学环节,将教育主题放手给学生,让他们成为课堂的主人,教师只是一位引导者,同时给予学生足够的独立思考的时间和空间,这样才能激发他们的独立思考能力,也能锻炼他们的合作学习能力。学生在合作中能形成自我思考模式,这样才能对问题有所认识,也能在今后的学习中对别人的回答有所批判。

(二)巧妙设计教学环节

1.设疑探究、促进思维

古人有云:"善问者如攻坚木,先其易者,后其节目;及其久之,相说以解。不善问者反此。"教师巧妙地设置问题,就像砍伐坚硬的木材一样,先从容易回答的问题着手,再一步步加深疑问。在教学过程中,只要找到了"易"的地方,适当地设计一些教学环节,活跃气氛,那么,自主学习的积极性就能被调动起来。

如教学《狐假虎威》这一课,课题中有学生喜欢的动物朋友,但是课题是什么意思呢?我首先设计了从文中画出一句能够解释课题的句子。圈圈画画的环节是低年龄段学生最喜欢的课堂实践活动。当他们找到了这句话,理解了课题就是"狐狸借着老虎的威风吓唬百兽"。与此同时,也引导学生弄清了文章的主要事件。这一环节既理清了文章主要事件,又引起了学生的好奇心,"到底发生了什么呢?"课堂一下子就活跃起来,学生的学习兴趣一下子被调动起来。这就是一个巧妙的提问环节,简单的问题却激发了孩子们的学习热情。

到文章最后,我提出拓展性问题:"如果你是森林中的小动物,你决定要告诉老虎真相,你会怎么说？老虎知道了又会怎么做？"在合适的时候,想方设法根据教学内容设计出一些自主学习的环节,通过开展合作学习,自主探究,用他们自己丰富的想象力去填充课本以外的故事。在此过程中,发散思维的碰撞,可能会擦出独特的火花,这就是教学的魅力,也是自主学习应用在课堂中的优势体现。

2. 营造和谐、宽松的课堂教学氛围

良好的教学氛围是一堂课成功与否的关键。首先,和谐、宽松的教学氛围体现于平等的师生关系。一堂课中,教师和学生是平等的,教师应是学生的合作者。一改往日的高高在上形象,教师将自己融入学生的探究活动中,引导学生大胆地提出自己的见解,肯定学生的发散性思维。在教学中应关心学生的心理世界,激发学生的学习兴趣,促使学生主动学习,逐步开发学生的潜能。例如,在《一封信》中,我和学生们合作朗读妈妈和露西之间的对话。以读代讲,从合作朗读中体会文章中的露西以负面情绪给爸爸写下了一封信,后来经过妈妈的一步步引导,最后重写了另一封充满欢乐的信。对于低年龄段的学生而言,这种"自读自悟"式的自主学习环节总是要在教师的引导合作下完成。

其次,和谐、宽松的教学氛围体现于教师的表情和语言中。"微笑教学"是一种艺术,值得每一位教师去学习和实践。当你脸上洋溢着微笑,你给学生带来的就是一种春日阳光般的感觉,课堂的气氛一下子变得宽松愉悦起来。这对于学生来说,就会是一堂课良好的开端。这对于教师来说,也是成功走近学生的手段。

最后,和谐、宽松的教学氛围体现于课堂的良好评价中。对待学生的自主学习过程,教师应及时走进学生群体中,近距离观察他们的自主学习过程,并进行有效的、积极的评价。对待学生的回答,不要仅仅用"好的""不错"等来评价,要根据不同的学生,不同的回答给予最适当和积极的评价,这样才能让学生保持学习兴趣,进一步为自主学习环节打好基础。

总之,和谐的学习氛围不是一朝一夕形成的,而是需要通过教师在每一节课中,关注自身的语言、表情、行动等,一点一滴逐步形成。

三、结束语

小学阶段是学生学习生涯的开端。我们教师一定要秉承创新思维,将创新教育运用到实践中,在各个环节,努力激发学生的学习兴趣,培养学生自主学习的能力。在课堂教学中积极引导学生开展合作学习、自主学习,促使师生之间、生生之间形成良性互动,给课堂教学带来巨大的活力,使学生养成自主学习的良好习惯,从而促进学生的全面发展。

参考文献
[1] 熊吕茂.创新教育理论研究综述[J].现代教育期刊,2004.
[2] 钟启泉,张华等.基础教育课程改革纲要(试行)解读[M].上海:华东师范大学出版社,2001.
[3] 何惠梅.如何在小学语文教学中培养学生的创新能力[J].神州(下旬刊),2012,(5).
[4] 穆克栋.小学语文教学中创新能力的培养[J].素质教育论坛(上半月),2011,(9).

利用渐进式评价单提高小学生语文朗读水平的实践研究

上海市浦东新区海桐小学　费诗宇

朗读,是把文字转化为有声语言的一种创造性活动,是一种出声的阅读方式,它是小学生完成阅读教育任务的一项基本功,就语文学习而言,朗读是最重要的。"读书百遍,其义自见",可见朗读在语文教学中具有重要的作用。

一、问题的提出

《义务教育语文课程标准(2011年版)》对朗读教学非常重视,四个学段的阅读部分都率先强调:"用普通话正确、流利、有感情地朗读课文。"《语文教学大纲》指出:"朗读是最重要最经常的阅读训练,是理解课文的重要方法,也是必须具备的阅读能力,所以必须加强朗读训练。"所以说提高学生的语文朗读水平在实际语文教学中有着重要的意义。而传统的语文朗读教学面对学生一些现有问题很难找到行之有效的解决办法。

现阶段的二年级学生在一年级的朗读基础上,朗读的量提高了,但质并没有保障,从而使得朗读水平并没有很明显的提高。二年级学生的朗读存在很多问题,会出现"音不准、没有感情"等问题。对于二年级学生来说,能正确读是最基本的要求。在正确的基础上,逐渐达到流利,有感情。这个"有感情"也只是"读出合适的语气""把句子的意思读出来"。这个要求对二年级学生来说,还是有些难度的,需要老师的示范和点拨指导。二年级的学生有较强的表现欲,学习、模仿能力强,如果能在低年级学段对学生提出合理的朗读要求,进行有效的指导、示范,有针对性地在二年级学生朗读薄弱的地方"对症下药",比如此次研究利用渐进式评价单来解决二年级学生在音准、感情方面的问题,切实提高二年级学生的语文朗读水平,在语文教学及学生们的实际生活中有着重要意义。

（一）概念的界定

1. 渐进式

所谓"渐进式"，就是指按照一定顺序推进，由浅入深处理事情的方式。

2. 二年级学生语文朗读水平

水平就是指学习某方面所达到的高度。那么二年级语文朗读应达到的要求就是：第一，正确读准每一个字，尤其是前鼻音、后鼻音、平舌音、翘舌音，或根据地方方言特点知道容易读错的音。还要读准轻声、儿化、变调。第二，读通句子。包括不加字、不漏字、不改字、不错字，不颠倒、重复字句；读准标点符号的停顿和表达的语气；读好长句子中词语间的停顿和难读的句子。第三，流利朗读，并有一定感情和语气。第四，对朗读有一定的学习兴趣。

（二）研究背景

1. 当下二年级学生的语文朗读现状

（1）"音不准"即不会正确读词语

① 出现拖腔拖调。轻者在词与词之间拖音，重者字与字之间也拖音，没有词的感觉。

② 怪腔怪调，轻音不轻，存在语调问题。二年级学生中有一些学生语感较差，轻重音难以掌控，朗读起来也就怪腔怪调。

（2）"没有感情"即不会理解品读，不会注意停顿

① 停顿不当。有的学生每个词都停顿，停顿的时间一样长，有的学生字字拖音，有的学生则一字一顿，也有的学生根本不知道停顿。

② 音量不适，声音不美。朗读的音量要适中，既需要让大家都清楚地听见，又不能大声喊，还需要根据文章内容的情感适当调整音量的高低。但有的学生声音太轻，谁也听不清，有的大声喊叫，破坏了文章语言的美感。

（3）学生对于朗读没有浓厚的兴趣，觉得枯燥乏味，缺乏学习热情。

兴趣是最好的老师。学生对一件事物有浓厚兴趣，教学中就能取得事半功倍的效果。二年级的学生年龄小，自身控制力比较差，上课的时候常出现注意力不集中的情况，对朗读的兴趣是有限的。同时传统的朗读教学方式过于平淡，没有良好的课堂气氛，这样就无法提高学生的学习兴趣，这是朗读教学的质量和效率一直得不到提高的重要原因。

2. 当下低年级语文朗读教学的主要问题

但从现在的课堂教学来看，小学语文朗读的成效并不高，学生的朗读能力也没

有得到有效的提升,存在着许多不足的地方。第一,阅读时间短。在课堂上,由于课堂时间的限制,学生自主进行朗读的时间极为有限。一般来说,能留给学生朗读的时间不超过五分钟。学习好、基础牢的学生基本可以完成阅读任务,而对于基础薄弱的学生来说,很难完成。这就使得朗读练习"点到即止"。朗读练习严格限制在规定时间内,不注重形式,也不注重完成情况,使朗读成了教学中的一个过渡环节。第二,朗读面窄。分析完句子或段落,转入朗读检查环节,即让学生朗读课文,并向学生提问。但实际上,这一环节中,大多数教师仅仅关注几个尖子生,往往不愿意请那些不举手的学生来读,怕耽误教学的进度。所以,朗读检查仅仅是针对部分学生,更多的学生得不到朗读练习的机会。长此以往,大多数学生仍未掌握朗读练习的技巧,以至于朗读教学的效果不甚理想,难以实现语文朗读教学的目标。在学校语文课堂上,学生的齐读听起来比较整齐,可是检查个别读时,有些孩子对于学过的课文还存在读不顺、读错字情况。由此可见,学生在小学阶段的朗读存在着诸多的不足,没有真正落到实处,更谈何"享受"阅读的过程呢?

3.当下低年级语文朗读教学中运用评价单存在的问题

第一,评价指标较单一。

第二,评价内容不够针对性。

第三,评价形式不够多样化。

第四,评价主体不够多元化。

评价形式较为单一,主要以表格来呈现,评价内容一般为:声音响亮、口齿清楚、读准字音、读通句子、读得流利、有感情。评价指标、内容没有阶梯性,无法针对一个班级学习能力有差异、朗读水平有差异的学生展开有效的、全方位的评价,无法切实提高学生的朗读水平。评价主体一般为老师,不够多元化,使得学生不能正确了解自己,无法激发学生的学习积极性以提高他们的学习效率。

4.利用渐进式评价单进行语文朗读教学的意义

针对以上几种教学困境,利用渐进式评价单进行朗读教学,进而提高二年级学生的朗读水平有其独特优势。首先,渐进式评价单的评价指标和评价内容呈现阶梯性,有循序渐进的态势,形成了有逻辑的信息链,有效地解决了当下评价指标过于单一、没有针对性地指导学生提高朗读水平的困境,运用渐进式评价单,激发学生提高朗读水平的欲望,使得语文朗读教学课堂上迸发出更多智慧的火花。其次,渐进式评价单的评价者不仅仅是老师,更多的是邀请同学和家长一起参与,有效地打破了教师一统天下,垄断评价的教学困境,真正凸显学生评价的主体地位,使得学生在自我认识，自我反思中，调整自己，提升自己，提高自身的朗读水平。最后，新颖的渐进式评价单有利于调动孩子参与评价的积极性，让孩子学会以欣赏或批判的眼光来审视自己和他人，更利于孩子个性的健康发展。

二、利用渐进式评价单提高二年级学生语文朗读水平的案例

（一）渐进式评价单的评价内容（见表1）

表1 渐进式评价单的评价内容

			A级指标	B级指标
Ⅰ级指标	读正确的能力	读准字音	态度大方、声音适度、姿势正确	不拖音
			普通话标准、发音正确	不唱读、不顿读
			分清前后鼻音、平翘舌音	
		读通句子	读好长句	适当停顿
				读出标点符号的语气
Ⅱ级指标	读流利、有感情的能力	读得流利	读好关键词	读出句子的语气
		读得有感情	读懂文章主旨	体会人物感情
Ⅲ级指标	乐于朗读的能力	课内朗读	朗读进步奖	朗读小能手
		课外朗读	硕果累累	开卷有益
				小荷才露尖尖角

（二）渐进式评价单的评价方式

1. 学生自评，实现学生主体

调动学生参加到朗读评价活动中，充分发挥学生的主体作用。

2. 生生互评,增强语文素养

学生互读互评,往往更具有吸引力。生生互评的方式很多,可以同桌互评,小组互评,甚至全班互评。让学生掌握基本的评价语言。

3. 家长评价,提高参与度

由于低年级孩子年龄较小,对于评价标准的判断能力还不够,因此需要家长的参与。

4. 师生互评,提高朗读水平

教师对学生朗读的积极评价,可以激发学生朗读的信心,充分地发挥教师的主导作用,从而有效地加强对学生的朗读指导。

(三)渐进式评价单置于课前的教学实践

课前评价是教师根据课堂需要,引导学生在课前能够带着目标和方向,有目的地来进行朗读课文的预习,从而带着收获和问题进入课堂,为课上朗读学习做好充分的准备。课前朗读评价内容是Ⅰ级指标"提高学生的读正确的能力"中的A级指标和B级指标。

1. 课前渐进式评价单(见表2)

表2 课前渐进式评价单

评分项目(Ⅰ级指标)		☆自评	☆家长评
读准字音A级	态度大方、姿势正确		
	声音适度		
	普通话标准、发音正确		
	分清前后鼻音、平翘舌音		
读准字音B级	不拖音		
	不唱读、不顿读		
读通句子A级	读好长句		
读通句子B级	适当停顿		
	读出标点符号的语气		
总　　　　计		共(　)颗星	共(　)颗星

2.《迷人的蝴蝶谷》教学案例

《迷人的蝴蝶谷》是二年级第二学期的一篇描写自然风物的优美文章,图文并茂,文质兼美。在进行教学设计时,我首先考虑,要让学生理解课文、切身感受到蝴蝶谷的奇妙景象的前提条件是熟读课文,才能做到引导学生入境,让学生身在蝴蝶谷中。为了提高学生朗读正确的能力,我利用课前渐进式评价单来规范他们的预习。下面是该课的预习设计:

预习案

(1)大声朗读《迷人的蝴蝶谷》5遍或以上。有疑问的地方在书上做笔记。

(2)完成课前渐进式评价单。

3.教学反思

二年级还是要继续培养朗读正确的好习惯。通过课前渐进式评价单的形式,充分发挥课前渐进式评价单的起航作用,让老师充分了解了小朋友在家预习的朗读质量,从而在教学设计时根据评价单上所反映出的一些问题来针对性地开展教学。

(四)渐进式评价单嵌入课中的教学实践

课中渐进式评价单是在课前渐进式评价单的基础上,增加了Ⅱ级指标"提高学生读流利、有感情的能力"中的A级指标和B级指标。

1.课中渐进式评价单(见表3)

表3　课中渐进式评价单

评分项目(Ⅱ级指标)		☆自评	☆同伴评	☆师评
读得流利A级	读好关键词			
读得流利B级	读出句子的语气			
读得有感情A级	读懂文章主旨			
读得有感情B级	体会人物情感			
总　　计		共(　)颗星	共(　)颗星	共(　)颗星

2.《最后的玉米》教学案例片段:

(1)出示学习任务单一:读读第2—3小节,思考:应该强调和重读哪些关键词?括号括出这些词。

(2)交流反馈:(预设:一定、最先、非常自信、的确很棒、齐声赞美)

(3) 师总结：我们要读出玉米自信、别人赞美的感觉。

(4) 男女读2—3节。

(5) 完成课中渐进式评价单第一行。

(6) 出示学习任务单二：轻声读读课文，用浪线画出玉米心灰意冷的原因。

(7) 交流反馈，出示句子。

(8) 品读句子。

(9) 完成课中渐进式评价单剩余部分。

3. 教学反思

在让学生学会读正确的基础上，尝试让学生抓住一些关键词，试着读好关键词来知道这个玉米有哪些变化。通过读好长句来帮助学生理解很棒的玉米看到自己前后不同的变化后，心情更加心灰意冷。通过课中渐进式评价单的形式，充分发挥课中渐进式评价单的引航作用，让学生慢慢体会怎么来把握文章情感，品读句子，学着朗读流利并有感情。

（五）渐进式评价单置于课后的教学实践

课后渐进式评价单是在课前、课中渐进式评价单的基础上，增加了Ⅲ级指标"提高学生乐于朗读能力"中的A级指标和B级指标。

1. 课后渐进式评价单（见表4）

表4　课后渐进式评价单

评分项目（Ⅲ级指标）		☆自评	☆同伴评	☆师评
课内朗读A级	朗读进步奖			
课内朗读B级	朗读小能手			
课外朗读A级	硕果累累			
课外朗读B级	开卷有益			
	小荷才露尖尖角			
总　　计		共（　）颗星	共（　）颗星	共（　）颗星

2. 实施效果

经过对这一系列的渐进式评价单的数据分析和班级学生及家长的跟踪调查结果，我发现，班级48位学生中，近77.1%的学生在读正确的能力上有所提升，近

45.5%学生在读流利、有感情的能力上有所提升,近52.1%学生变得乐于朗读了。近60.4%的家长认为自己的孩子爱上了语文朗读,语文朗读能力的不同方面有不同程度地提高。

三、关于利用渐进式评价单提高二年级学生语文朗读水平的实践的几点思考

(一)实施效果

1. 提高学生朗读学习兴趣,提高朗读能力

在一步步环环相扣的评价过程中,孩子们在这样一种相对开放、宽松的学习氛围中,对朗读学习产生了浓厚的学习兴趣,更加愿意积极投入到学习活动,进而课堂的朗读教学实效也跟着一起提高了。

2. 教师能更全面地了解每一位学生

通过课前、课中、课后的渐进式评价单,教师会发现班级每一位孩子在语文朗读方面存在的闪光点以及不足之处,而不仅仅是结果性评价,关注于阶段性评价。

3. 提升了家长对学生学习过程的参与度,充分发挥了家校合力的作用

家庭教育是学生成长中很重要的一个方面,通过这样有家长参与的渐进式评价,家长也可以更清楚地知道孩子的学习情况,进而能更好地及时帮助学生解决学习中遇到的困难,提高学习成效。

(二)反思

1. 合理评价需要教师的有效引导

低年级孩子在自评和同伴评的过程中,由于学生的年龄特点,并不能相对客观地来对自己和同伴做出公正的评价。因而在评价之前,教师要做好有效的引导,才能使得学生的评价单是有效的。

2. 渐进式评价单的评价内容要有预设更要有生成

不同的体裁,不同的课文内容,对应的教学目标、教学过程和教学方法也是不同的,因而也要对评价单上的部分评价内容做出实时的调整,设计有价值和有意义的评价表,是朗读教学评价成功的保障。

参考文献

[1] 张洁.近十年语文朗读教学研究述评[J].成都教育学院学报,2005,(4).
[2] 韦志成.语文教学情境论[M].南宁:广西教育出版社,1996.

［3］吴胜.关于语文课堂朗读有效性的几点尝试［J］.科教文汇,2008,(5).
［4］耿雪云.小学语文教学中学生朗读能力的培养策略探讨［J］.课程教育研究,2017.
［5］钱莉.小学低年级语文朗读教学现状及对策研究,2010,(8).
［6］赵怡静.小学低年级语文朗读教学的现状及策略研究,2016,(5).

提升小学语文课堂教学提问有效性初探

上海市浦东新区进才实验小学　姚　慧

【摘　要】小学语文作为基础的人文学科,其对学生文学素养和综合运用语言能力的培养起着重要作用。课堂教学中,提问的有效性对学生语文学习与能力习得影响深远,引导学生在教学过程中积极主动地参与提问和教师共同构建高效课堂有着重要意义。本文结合教学实践,希望通过分析小学语文教学中问题设计的现状,以及通过课堂提问引领激活学生思维能力、充分发挥学生主体性作用的教学策略展开初步研究。

【关键词】语文课堂　提问有效性

近年来,"以教师为主导,学生为主体,注重学生发展为本"的教学理念被大多数的小学语文教师所接受。课堂互动的教学方式改变了教师一人讲、学生被动灌输信息的单向交流,实现教师的"主导"作用与学生的"主体"地位的互动型双向交流。在这一模式下,问题设计的有效性就显得尤为重要,因此,如何提升小学语文课堂教学的提问有效性极具研究价值。

一、当前语文教学中提问时存在的问题

在语文课堂教学中,经常会碰到一些问题,归纳下来:即碎、空、浅。

(一)"碎"是提问设计的通病。教师课堂中提问多而杂,缺少连贯性和系统性。过多地纠缠于各种细节处,例如,在教学《少年闰土》一课中,有的老师会大量地对鲁迅先生的措辞进行文本分析,偏离了单元教学目标,导致课堂教学"外紧内松",表面热闹,实际松垮。

(二)"空"是提问设计的大忌。语文教学中,有时往往会将问题设计和道德与法治学科混淆。过多地设计中心思想的提问,缺少实打实的语言训练点和连贯的逻

辑思维能力培养,导致教师的主导性难以体现。例如,《军神》一课中,可能会强调刘伯承的顾全大局,但会脱离语文的学科特点,没有有效落实语言训练点。这会让学生误解语文课的出发点,使其无所适从,找不到问题的切入点,理不清思路,语言能力得不到有效提升、语言训练得不到有效落实。

(三)"浅"是提问设计的隐忧。课堂中的问题设计需要循序渐进,要避免形式化的提问。"有疑而问"本是学生的真实写照,"传道授业解惑"也是教师的本职。有些问题设计得学生能对答如流,但是缺乏深度和有效性,这在授课中尤其展示课上教师不仅不以为虑,反以为喜,这样的现象引人深思。

二、课堂教学有效提问的必要性

(一)顺势而生 课改之需

近年来,"以问题为导向,以学生为中心"的教学研究深入人们的视野。"问题为导向"的学习模式也成为课堂教学的流派之一。课堂中具有挑战性的、开放的、真实的问题情境,能引导学生积极参与课堂、进行探究与思考,让其通过解决一系列问题得以有效而主动地学习。

强调学生参与的学习形式,要尊重学生的主体性,使其成为真正的课堂主人。有效提问的必要性就是在课堂教学中,对问题的关注点由传统的以教师设计的问题为中心,向以学生为中心转移。"以问题为导向,以学生为中心"的学习模式让学生共同探讨研究解决问题,使学生的学习过程变成学生不断提出问题、解决问题的探索过程。这是时代的需要,也是课改的方向之一。

(二)以生为本 育其思维

前面提到,让学生成为课堂的主人。《课标》也提到要"充分激发他们(学生)的问题意识和进取精神"。美国心理学家布鲁纳说:"向学生提出挑战性的问题,可以引导学生发展智慧。"启发并尊重学生,发展其各种思维能力,在教学提问艺术上有着极其重要的意义。

教学中一个有效的提问,常常可以帮助学生突破学习的瓶颈,使他们思潮翻滚,有所启发和发现,起到"一石激起千层浪"的效果。

课堂中的有效提问可以帮助学生更好地达成学习目标,把握住学习的重点与难点。疑问与解决问题的过程就是一次次思维能力的锻炼过程,这能使学生求知欲由潜伏状态转入活跃状态,学生思维的积极性和主动性被有效地调动。有效提问是一把金钥匙,能开启学生的思维。

三、提升课堂教学提问有效性的策略

(一)序列性提问　提升思维力

根据小学语文课标要求,小学语文学习重点集中体现在阅读理解力、语言表达力、思维发展力和文化感受力上。这四种能力相互关联、相辅相成。语言表达力即语言的建构和运用能力,其为语文学习的外显体现,在这表征之下内隐的则是学生思维逻辑能力。语言是思维的外壳,语言的水平标志着思维的水平。《课标》中曾多次提到语文课程的学习中要"发展思维"。前文提到语文课堂中的提问存在"碎"的现象。这样的"碎"会导致思维的碎片化。据此,我们在课堂教学设计问题时,要有序列,环环相扣,提升学生的整体性思维。

例如,在上《第一个发明麻醉剂的人》一课时,我引导学生理清文章思路之后,出示学习任务单,即听到什么,看到什么,想到什么,随后又是怎么说怎么做,给出一段固定的语言格式。让学生通过序列问题学习,指导学生用规范的语言,依据认知的先后顺序,将自己的想法表达清楚。

语言是思维的工具,语文学科在发展学生思维方面担负着重要任务。学生的思维能力,主要于学习活动中得到发展,有序的提问能锻炼学生的思维能力和逻辑能力。

(二)开放性提问　增强想象力

"一千个读者心中有一千个哈姆雷特"这句话从传播学上可以理解为霍尔的"编码/解码"理论。对语文教学中的提问艺术,可以给予我们少许的启示——文本解读都有个人的色彩,有些问题何必只有唯一答案。以《"精彩极了"和"糟糕透了"》为例,教学中围绕"我的同一首诗,父母的评价为什么会截然不同"展开学生交流会。多数学生形成了"严父慈母"论,但有一个学生却说:"我觉得这是假的,妈妈才严厉!"的确,当学生的经验与作者的表达内容相悖时,开放性提问便有了用武之地。这个问题看似与课文学习无关,但细细读一下就能品出联系来。无论"严父慈母"还是"慈父严母",在我们的成长中,父母总是"红白脸"搭配好的。于是我引导学生去细细体会作者在结尾处想要表达的情感时,学生恍然发现父母的严厉都是一种爱,只不过表达方式不同。然后,我又把这种严厉和鼓励都是爱的思想与学生的实际生活相联系,仿写一段话。通过这样的问题设置,可以增强学生的想象力,激发他们的思辨思维，提高学习深度，让学生从感知觉、思维、情感、意志甚至价值观全面参与。

（三）深层性提问　激活学习力

在语文教学中，要提升学生思维逻辑能力，提问的设计举足轻重，有效的提问能促成学生深层思维，从而激发潜能。因此，在教学过程中，教师要善于提出能够激发学生深层潜能的问题，如比喻修辞手法的运用不止于知道本体和喻体是什么，要搞清楚在语境中为什么使用喻体，它表达的功能是什么？这对训练高年段学生的思维逻辑很重要。

《少年中国说》为什么要选择红日、鹰隼、大河这些修辞格呢？这些喻体是将那些蓬勃朝气的形象赋予了中国少年，表现了中国少年这样一种蓬勃向上的生命力。相反，《威尼斯小艇》一文也用到了很多喻体：如汽车、独木舟、新月、像蛇、像沙发……在这里为什么这样表达？因为威尼斯小艇对于外国读者来说是陌生的事物，作者要拉近别人对陌生事物的理解，往往要调动他们已有的认知的事物，使用这些熟悉的事物隐喻是为了让我们更好地了解小艇的形态、功能等。同样比喻发挥的语言功能不一样。由此可见，小学阶段学习语言知识的目的并不是记住知识概念的本征，而是通过在语言环境中运用知识，分析问题，解决问题，从而能够理解知识背后所蕴含的方法。课堂教学中提问的设计也要考虑到通过问题引导学生提取文本、联结文本、运用文本来激活学生的学习力。

四、提升课堂教学提问有效性的方式

一节课三十五分钟，进行有效性的提问显得极为重要。有效性提问既可以调节课堂节奏、促进学生思考，激发学生的求知欲望，提升学生的表达能力，还能促进师生的有效互动，及时反馈教学目标的达成度，大大地提高课堂教学的实效性。

（一）以问激趣

学习兴趣是学生学习的内在动力，因此兴趣是最好的老师。有效的课堂提问能激起浓浓学习兴趣，学生会在兴趣的驱动下主动学习。课堂教学的问题设计，要考虑改变提问角度，使问题提得巧，启发学生思考，"新"而"激趣"。

比如在《"精彩极了"和"糟糕透了"》一课的教学中，揭题以后，我让学生辨析一下课题取题怎么样？让他们做一做点评家，从"专家"的角度去看命题。从而激起学生阅读兴趣，去找寻文中能证明自己观点的论据，进一步培养学生的辩证思维能力。

（二）追问深化

"追问"，顾名思义就是追根究底地问。它是针对某一内容或某一问题，由浅入深引导学生学习，在已提出问题学生有了一定的理解之后再次补充和深化、穷追不舍，直到学生能够理解透彻甚至出新出彩。课堂是学生与学生之间的对话，是学生与老师、文本的对话，追问能让教师在动态发展的课堂教学中，及时捕捉学生在课堂上的动态生成，根据学生的学习情况，对学生思维作即时的疏导、点拨。

例如，在五年级上学期《少年中国说》这一课中，学生体会到梁启超用"红日""黄河""鹰隼"等物借喻少年中国的蓄势待发，对祖国的前景充满憧憬后，可以追问："为什么'红日'是'初升'，'鹰隼'是'试翼'……'初'和'试'说明了什么？"进一步探讨，帮助学生进一步体会到梁公对祖国前景充满憧憬之情，培养学生高阶思维的能力。

（三）精问增效

"精问"指所设计的问题要精而准，直击学生内心存在的疑惑，形成一条问题链，使学生由此及彼、由课内延伸到课外。也可以通过一组循序渐进的问题将所学的内容由浅及深整体把握，串联起整个教学环节，形成体系，培养学生思维的连贯性，增加学习的效能。

如，在教学《红楼春趣》中，第一遍阅读帮助学生梳理人物关系后，第二遍让学生列出哪些人放了风筝，放了什么风筝，第三遍阅读根据人物的身份地位再来感受那些风筝有哪些寓意。这样的提问不仅有效地训练学生思维的层进性，还能训练其思维的广阔性，有利于达到良好的教学效果。

结　语

教师需改变教学理念，设计课堂教学提问时要站在学生的立场，去思考学生的思考过程，贯彻落实以学生为本的理念，将学生的思考过程和教师的思考过程拟合起来，顺着学生的思考过程安排、组织和调整教学，关注读和写的转换。教师在课堂中，要将文本解读背后的思维过程还原出来，将思维过程转换成课堂教学的提问设计，引导学生在学习语言的过程当中，提升学生的思维，培养学生的审美能力。

参考文献

[1] 王锋.校园哩咯楞 逃避提问[J].聪明泉(少儿版),2004,(8).
[2] 范强.谈小学数学课堂提问[J].云南教育(基础教育版),1995,(12).
[3] 张晓琦.课堂提问的方式和类型简析[J].中小学教材教学,2004,(25).

在多媒体辅助下,以识字为基础,抓关键词句品读课文
——《葡萄沟》教学案例

上海市浦东新区浦东南路小学 王 旭

一、案例背景

《葡萄沟》是部编版二年级上第四单元的课文。课文主要介绍了新疆吐鲁番的葡萄沟是个好地方,那里出产水果,其中葡萄种类多、颜色鲜、味道甜、产量高,制成的葡萄干非常有名,还有热情好客的维吾尔族老乡。课文以"葡萄沟真是个好地方"这句话作为全文的概括,抒发了作者对葡萄沟的赞美之情。二年级学生已经具备了一定的识字能力、积累了一些阅读经验,学习这篇课文不算太难。但毕竟是低年级学生,他们在上课注意力方面还很难完全集中,因而形象的教学手段和丰富多样的教学形式就显得尤其重要了。另外,虽然学生能够基本读懂课文内容,但是如果要求他们深入学习并抓住关键词句品读课文,应该还是有些困难的。因此,如何通过课堂的教学逐步帮助学生深入理解课文内容,是一个值得考虑的问题。

二、案例过程

(一)多种方法自主识字

识字仍是二年级学生的重点,根据本课生字的特点,进行随文识字。在识字教学中考虑到学生已有的知识经验,对识字的方法已有了一定的积累,以及每个生字自身在字音、字形上难易的差别,所以在教学时不平均使力,而是使用不同的方式方法有所侧重地进行识字、巩固。比如:

1. 在学"沟"的时候,问学生它的部首是什么?学生说三点水,我再举例水沟里就有水,再通过齐读相关词语,进一步巩固对"沟"的理解。

2. 在学习"产、梨、份"时,充分尊重孩子,让他们选择自己喜欢的生字学习,孩

子们能通过"加一笔、利用熟字学生字、加部首"等方法来学习生字。

3. 学习"枝"时，引导学生通过加部首的方法学生字，并且通过与"支"的比较，并配上填量词的练习，进一步巩固并帮助学生理解"枝"的不同含义。

4. 学"搭"，让学生用手搭在同桌小朋友的肩膀上，告诉他们勾肩搭背需要用手，所以这个字是"扌"。

5. 学"淡"时，问"淡"是什么意思？学生说得模棱两可，说明他们并不是完全理解这个字的意思，我适时地拿出两支蜡笔，一支深绿色、一支浅绿色，这回就有孩子说出了淡就是浅的意思。

6. 学习多音字"好"时，在朗读句子的基础上，很自然地以读代讲来学习。表扬学生注意了这个多音字，读准了字音，再通过全班齐读"热情好客"作为巩固。

（二）抓住重点词句，感悟朗读

本课的教学重点主要放在第二自然段。在第一自然段中主要抓住"最"字指导学生读出当地人对葡萄的喜爱。在重点学习的第二自然段中，一部分不易理解的词语或者关键词语的深入理解，能够更好地为有效朗读做铺垫。比如：

1. 在教学"梯田"时，出示图片，问孩子们葡萄种在什么地方？再出示填空：葡萄种在_____。孩子们有的说"在山坡上"，有的说"在山坡的梯田上"，再进一步追问"看图猜猜为什么叫梯田"？在学生你一句我一句的回答中，逐步引导学生看图理解梯田的意思。但是孩子们的表达不够完整。在此基础上，我边出示各种梯田图片边小结：在山坡上开辟的如同楼梯一般的一级一级的田地叫梯田。这样，在理解的基础上，让他们感受到葡萄沟这个地方的好。为最后齐读整个自然段做铺垫，提升对葡萄沟的喜爱之情。

2. 在教学重点句子"到了秋季，葡萄一大串一大串地挂在绿叶底下，有红的、白的、紫的、暗红的、淡绿的，五光十色，美丽极了"时，我始终记着"把课堂还给孩子"这句话，在指名学生读句后，问学生从中你了解了什么？让孩子们畅所欲言，说出自己真正的想法，让他们真正成为课堂的主人。有孩子说有很多种颜色。追问：有哪些颜色？我们可以用什么词来形容颜色多呢？学生说到五颜六色、五彩缤纷、五光十色……我再追问为什么有这么多表示颜色的词，作者偏要用"五光十色"？在几个孩子都不太能确切地说出意思的情况下，我出示图片，很快就有孩子看着图，说出了在阳光下，葡萄亮亮的，虽然表达不够规范，但说明图片帮助他更好地理解这个词语了。最后我再小结五光十色不仅指葡萄的颜色多，还指葡萄在阳光的照耀下，表皮非常有光泽，说明作者用词十分准确。

然后通过教师范读，让学生再一次感受重点词语重读的朗读方式，在之后的指名学生读、齐读的过程中，学生的朗读渐渐有了改变，他们在理解的基础上，通过反复朗读，自主体会葡萄的特点，真正做到为了理解而读，并不是走过场。

（三）多媒体辅助添彩

根据二年级学生实际，一味地师生问答以及纯粹的朗读，并不能很好地挖掘学生的情感因素，因此，在教师示范读、个别读、齐读、男女读的基础上，通过多媒体图片及视频辅助等方式引导学生入情入境，自主赏析，以读为主，让学生在读中悟，悟中读。在反复的朗读、品读中感受葡萄沟葡萄的特点。在各种课堂活动中提升对葡萄沟的浓厚兴趣，并产生向往之情。除了在教学"五光十色"这个词语时，在多媒体图片的辅助下，让他们通过观察结合自己的理解，收获了自己解决问题的喜悦，还有不少多媒体辅助添彩的片段，比如：

1. 课文导入时，出示新疆图片并配乐，让学生猜猜这是什么地方？一开始就营造一种轻松的氛围带学生进入课文的情景，让学生产生初步的学习兴趣。

2. 教学"要是这时候你到葡萄沟去，热情好客的维吾尔族老乡，准会摘下最甜的葡萄，让你吃个够"时，单一的读，无法让学生直观感受到"热情好客"的这种氛围，我通过播放视频，再问学生在视频中看到了什么？你有什么想法吗？有的说"我看到了好多好吃的水果"，有的说"他们怎么像过节似的，那么热闹"，有的说"他们都好会跳舞啊"，还有的说"好想去葡萄沟做客，真想尝尝他们的葡萄"……在孩子们的畅所欲言中，相互激发这种热情，感受热情，再请学生读这句话的时候，效果就完全不一样了。

语文课，要上出语文的味道，同时又得结合学生年龄特点，带有趣味性。多媒体的辅助虽然不是主要手段，但绝对是为达到教学目标添彩的辅助手段。

三、案例反思

这篇课文的文本内容并不难，但如何在阅读教学中落实好生字教学，是一个让我头疼的问题。在实际的教学中，我通过各种形式的教学方法，很好地让学生学习并理解生字的意思。其次，本文的一个重难点是通过朗读，结合理解关键词，让学生感受到葡萄沟的好，产生对葡萄沟的向往之情。我通过多媒体的辅助，加之个人课堂情绪的调动以及各种朗读指导，还是较好地完成了这一教学目标。总的来说，本课第一课时的教学,基本达成了各教学目标以及教学重难点。

  当然,没有完美的课堂教学。在这堂课中,最为失败的就是最后一个写字环节。当下课铃声响了之后,我还继续完成了书写和评价的内容,拖堂了不少时间。在后来的教学研讨中,我意识到,遇到这种情况,在教师示范指导书写后,直接下课,把书写和评价的环节留到课后,作为课后作业,既巧妙地避免拖堂的问题,也让学生课后完成少量的作业,一举两得。在今后的教学中,我会不断学习,逐步提高自身的业务能力,争取更上一层楼。

浅析小学数学教学中的课堂评价

上海市浦东新区塘桥第一小学　沈佳慧

小学数学教学课堂评价,是指在小学数学课堂中,以学生为对象,根据课堂的教学评价量表,随着教学过程的展开,对学习过程和结果进行价值判断。《数学课程标准》中指出:评价的目的是全面了解学生的数学学习的过程和结果,激励学生学习和改进教师教学,促进学生的全面发展。

一直以来,如何有效实施课堂评价的话题的热度总是居高不下,因为它不仅是教学过程中必不可少的一个教学环节,更在某种程度上影响了一个学生的可持续发展,它能关注到学生之间的差异性和发展的不同需求。因此要想让教学评价成为一个有利的助推器,我们都应细细思考,妥善落实。

一、如若有效,功能之广

如果能够全面地、科学地、合理地进行课堂教学评价,真正发挥评价的作用,那么课堂教学质量会有明显的提高,对学生的利处也会是长期的,因为有效的课堂教学评价具有以下主要功能:

(一)有效评价具有激励的功能

学生的情感和态度与教师对于学生的评价有着密切的联系。在课堂上,每个学生都盼着得到老师的赏识,教师一个欣赏的眼神,一个满意的点头或是一个亲切的手势都在无形中帮助创设着一个民主和谐的教学氛围,在这种氛围下,学生更能够主动积极地投入到学习的状态,建立学习的信心。当然激励性评价不是简单的"无底线"表扬,而是善意又恰到好处的激励。比如当一个平时很内向的学生终于鼓起勇气举手回答问题,可是答案没那么精彩时,教师若只是给其"戴高帽",一味称赞"你太棒了""你说得太好了"等等时,不仅显得毫无诚意,更让学生得不到发展;相反教师如果这样去评价:"老师为你今天的主动点赞,相信你下次的发言会更加精彩",我想学生心中才会真的荡起涟漪,才会有下一次的"主动参与"。学习过程中,学生总有失败和成功,教师不同的激励方式能够促进学生的个性张扬和全面发展。

(二)有效评价具有诊断的功能

教学评价是针对教学过程和结果的一个分析,借此可以了解教学各方面的情况,包括成效和缺陷,它是对教学现状的严谨的科学诊断,以便为教学的决策或是改进指明方向。评价的结果必然是一种反馈信息,教师透过这些反馈信息能够更明白学生的学习动机、非智力因素等,从而调整教学方法,完善教学指导,使得教学效果越来越接近预期的目标。教学评价的诊断性功能还体现在改进教师的教学上。课堂评价是有评价标准的,这些标准同时也能衡量教师的教学是否偏离了教育方针,因此教学评价也能保证教师的教学理念一直往正确的方向发展。

(三)有效评价具有导向的功能

学生内在潜能如果被发掘就如一匹好马遇到了伯乐,如今的素质教育要求教师做学生的"伯乐"来促进学生素质的全面发展。课堂教学评价的导向功能就能使小学课堂循序渐进地步入素质教育的轨道。在小学数学课堂上,启发学生的数学思维是很重要的培养目标之一,通过教学评价的导向功能能帮助学生调节自己的思维方式,比如用数学思维去概括数学规律,用创造性的思维提出新问题,用理性的思维看待发生的问题,用克服困难的勇气解决生活中遇到的其他难题,等等。因为喜欢数学,而变得理性,勇敢,甚至进而愿意用自己的才智去改变世界,改变人们的生活方式的例子比比皆是。"好马"不单单指体格健壮的马群,"好学生"不单单指学习成绩优秀的学生,我们要做"伯乐",就要具有"慧眼",更要具有善意,去发掘他们每个人身上的那处"微光",照亮他们自己,照亮人群。教学评价的导向性功能就是学生成长路上的导航标。

二、为求有效,依据之细

既然有效的课堂评价能够为我们的教学带来这么多的益处,那么我们就应该认真落实好这项工作,我校也不例外。在我们学校,每个教室的黑板的右边都有一块评价栏,任课教师可以根据不同的课时制定不同的评价点。制定评价点,我们有这几个依据:

（一）依据一：课时目标

每一节数学课，都有不一样的课时目标要达成，那么根据不同的课时目标就需要制定不同的评价点。比如沪教版三年级下册《周长》一课的其中一个课时目标为"知道平面图形周长的概念"，那么对应着这条目标所制定的评价点即为"能描出平面图形的周长"，这样的评价方式也具有可操作性。再比如沪教版四年级上册《圆的初步认识》一课的一个课时目标是"初步认识圆，知道圆的各部分名称"，对应的评价点可定为"根据图片，能向你的同学介绍它"，同时也把评价的主动权交给了学生。因此，根据课时目标制定出相应的评价点是最能直接检测学生掌握知识能力的渠道之一。

（二）依据二：学习习惯

良好的学习习惯会使人受益终生。小学阶段正是养成各种学习习惯的关键时刻，所以我们更要把对于学习习惯的评价纳入考量范围。数学学习习惯的培养是贯穿于每节数学课中的，但有一些习惯也是有些课上可以凸显出来的，比如上到计算课时可制定"会合理进退位（会满十进一等）"的评价点，在上几何操作类的课时，可以制定"会用（三角尺、圆规、量角器等）"，而在学习应用题的课上，则可制定"会找等量关系"的评价点……一朝一夕是无法养成一个好习惯的，但是持之以恒的毅力会加速良好习惯的养成。教师对于学习习惯的评价正是说明了对这个问题的重视，相信坚持下去，必会有好的结果。

（三）依据三：能力培养

在数学课堂中，教师也要注重学生能力的培养，比如口语表达能力，动手能力，与人合作的能力，自学的能力，创新的能力，等等。这些对于能力的培养要求是会随着学生年龄的上升产生变化的。以"口语表达能力"为例，培养的过程可以是"敢说、愿说、能说"，所以随着年级的上升，评价点应要发生变化，低年级时可以是"能说完整"，到了中年级可以是"说得流畅"，到了高年级则可以改为"言之有理"。评价点的改变也透露了学生能力改变的信息。

三、落实有效，实施之力

既然有效的课堂教学评价是提高课堂教学效果的重要途径，那么真正发挥评价的作用是每一位教育者都在不断探索和改进的。接下来我就结合自己的实际教学经历谈谈我是如何在小学数学教学中实施课堂评价的。

（一）评价内容不能"泛泛而谈"

在课堂上，当学生有自己的表现时，我往往都会抓住时机，针对性地给出评价。当然课堂评价不一定要多，也不必对于学生的每一次表现都一一评价，但是一旦给出评价，语言内容就应该正确得体，带有情感色彩，起到正确引导的作用，不能一味地肯定或是批评，要让学生准确知道哪是对的，对在哪里，哪是错的，错又在何处。比如，教师在执教沪教版三年级下册《植树问题》一课时，提出了一个这样的问题：当马路两端都不种树时，棵数和段数之间有怎样的关系？（已利用学具探究过马路一端种树时和两端都种树时，棵数和段数之间的关系）此时，就有同学表达想法：那是不是答案和刚才很相似呢？教师回应：嗯，有这个可能，但是我们应该想办法证明我们的猜测。数学思想强调在合理的推测后应该付诸科学的实际证明，这时教师给出的评价就是引导他们形成这样的数学思想。接着又有学生马上反应：我们可以像刚才一样，用学具摆一摆，结合大家的数据得到答案。教师立刻肯定了这位同学的答案：你能想到用刚才的方法验证新的问题，太棒了！此时教师的语气是充满赞赏和肯定的，也指明他能够想到"学习方法的迁移"是值得鼓励的。在接下来的小组合作实践操作中，有一部分学生只想在一边观看，不愿动手参与。教师发现后，又是这样说的：大部分的同学都非常乐于参与到活动中，学习真是主动呀！眼神又充满期待地望向了需要改进的学生。这样的评价其实明确给出了教师当下的评价标准，也给予了指点和引导，自然而然地那少部分同学也都能参与到活动中来了。著名的教育家斯塔佛尔姆曾强调："评价不在于证明，而在于改进。"有效的课堂评价不应只是简单的判断或是褒奖，更应该注重引导、点拨和启发，棒在何处，错在哪里，这些充满诚意的"绝不笼统"的评价才能真的让学生感受到教师对自己的关注和重视，个人能力才能有所发展和提升。

（二）评价方式不能"简单唯一"

评价的内容要多样，评价的方式也不能单一，否则都会造成评价结果的偏差。以往的课堂教学评价中，教师总是评价者。但评价者不应该只局限于教师，只有当师生和家长都参与到课堂评价中来，评价结果才更加客观、有说服力和指导性。

1. 自我评价

在数学课堂上，不仅教师要作出评价，学生也要进行自我评价。往往当老师提出问题"你觉得这样做有问题吗"时,学生一般都能进行自我评价,然后会二次思考,给出不同的答案,这样的自我评价其实也是在潜移默化中提高了学生独立思考和反思的能力。

2. 小组评价

前面提到,每个学生都是独立发展的个体,他们的思考方式和思维能力都是参差不齐的,学生也要学会倾听来自同学的评价,这样不仅能够取长补短,也发展了合作交流能力,更培养了数学的质疑和探索精神。

3. 家长评价

家长的评价虽不能即时地在课堂上实施,但是来自家长对于自己孩子的评价也是教师了解影响学生学习因素的重要来源之一。每个家庭都不一样,孩子们都是在不同的家庭环境中成长的,因此家长的评价能够帮助教师更进一步地了解学生的生长环境,从而找到更有针对性的教学方法,也更有利于家校沟通。

只有有的放矢地运用评价方法,在不同的情境下使用不同的评价方法才能使评价效果产生直接的影响,学生也才能进行恰当的自我定位,明确发展目标。

（三）评价策略不能"刻板枯燥"

"即时评价"固然有它自己的优点,但有时却剥夺了学生再思考的权利,这时,我们不妨试一试"延缓性评价"。例如,教师在执教三年级上册《平年与闰年》一课时,要解决这样的一个问题,"1900年是平年还是闰年"？有学生答：1900年是闰年,因为1900除以4没有余数。教师可答之："你的推论听上去也没错,可神奇的事是1900年是平年。"并且可以当下使用"万年历"的软件帮助他们验证1900年的2月的确只有28天。那学生就质疑了："这是怎么回事呢？"教师不必急着回答学生的问题,而是可以用引起好奇的口吻答道"看来时光隧道里还有我们未解的秘密",接着再播放视频,解释1900年为平年的原因。这样他们会看得更有兴趣,这个知识点也会记得更深刻。当学生给出错误答案时,教师没有着急地否定他的看法,评定他的错误,而是与他们站在了同样的角度去质疑,这样的延缓性评价给了他们再思考的空间,也恰当地创造了民主、和谐的课堂氛围。

长期以来,教育者们为了能提高教学质量,一直在探索各种方法,为了每一位学生的发展。"有效评价"能很好地为学生服务,因为它有如此之"广"的功能,当我们"细"致地根据依据找到合适的评价量表,再有"力"地实施,我相信,它会是学生们的一剂"良药",一剂不苦的"良药"。

小学数学教学中生活化练习设计的实践研究
——以沪教版小学三年级第二学期数学教学为例

上海市浦东新区塘桥第一小学　顾婧婧

"练习",是教学过程中的重要环节,既可以是在课前对知识进行的预习、实践,也可以是学生在课中对知识进行的探究、操作,更可以是学生在课后对知识的巩固,是把知识转化为技能技巧,提高分析问题、解决问题能力的有效方法,也是教师了解学生情况及调控教师教学的重要途径。

关注生活化作业设计,既可以让每个学生把课堂上学到的知识和方法运用到"日常生活"中去,提高数学运用能力;也可以让学生将实践后的情感体验带入数学学习中,真正体验到"数学内涵于我们的生活""生活中处处创造数学",使数学教学更丰富、更有效。

一、小学数学教学中生活化练习设计的现状

(一) 训练目标单一,缺乏实践性

教师在教育教学中应当注重学生的多面发展,但现今的生活化练习设计,都比较注重学生对知识与技能的训练,即把课内知识通过不同的生活场景来一遍又一遍巩固和强化,这样虽然对提高学生的运用水平有一定的作用,却缺乏了基本情感体验的训练,限制了学生的全面发展和实践应用。

(二) 练习题型单调,缺乏趣味性

古人云,"学起于思,思源于疑"。只有在练习中巧设悬念,引起学生认知冲突,才能推动他们去观察、去思考,激发出他们的求知欲。现今课堂教学中,教师常常为了更快达到教学目标,往往忽视在练习环节中巧妙设疑,直接就抛出一幅幅有待解决的生活场景。这种内容枯燥、形式单调的生活化练习对培养学生的学习兴趣是有

极大危害的。

（三）题意狭窄，缺乏开放性

认知学家布鲁纳说过："探索是数学的生命线。"开放题的条件相对结论而言不充分，结论未定或未知，从而包含着多种结果，具有一定的发散性、创新性，有利于学生创新思维的培养。但课堂中，教师往往为了节约时间，会对生活中的情境进行改编，为学生先筛除部分条件，形成一道封闭性练习。由于没有思维的坡度，学生几乎不用思考就可以脱口而出。长此以往，可能会挫伤学生的积极性。

二、小学数学教学中生活化练习设计的策略

（一）从学习过程出发进行生活化练习设计

1. 从直观到抽象的过程

"从直观到抽象"就是利用孩子们能亲眼看见、亲身感知的事物帮助学生建立起初步的感知，进而过渡、归纳出知识的本身含义。如三年级下学期教材中《三角形的分类》《分米的认识》《几分之几》等都可以利用观察图片、触摸实物等方式来主动逐步感受、归纳知识。

如：教学《周长》这堂课时，我确立了"数学与身边事物"这一实践性切入点。通过引导学生观看动画，引出"周长"，在孩子们学习的过程中，又借助生活中的树叶、桌面、垫板等一些实物，设计了比一比、描一描、指一指等一系列的动手实践类小练习，帮助学生更真切地感受身边事物的周长，并逐步概括出周长的定义。

2. 从表象到本质的过程

"从表象到本质"是指在日常学习生活中能撇开事物的具体形象，抽取事物的本质属性，从而获取新的知识。如三年级下学期教材中《年、月、日》《平年与闰年》《面积》等都可以利用生活经验去主动罗列数学表格，通过分析表格、整理表格，从而获取本质性知识。

如：教学《搭配》这一课时，我确定了"数学与衣食住行"这一趣味性切入点。通过设计大量生活中的事例——穿衣、吃饭、出游等，帮助学生感知物体与物体之间是如何搭配的，对于如此繁多的搭配，我们又可以如何做到"有序"，在繁多的搭配中有没有最本质的方法。

从第一次的动手操作——摆放衣裤，到第一次的整理排序——以衣服为中心或以裤子为中心有序思考；从第一次的连线活动——荤素搭配，到第一次的有序汇

报——以素菜为中心或以荤菜为中心；从第一次的找寻信息到第一次的尝试列式；再到之后的周末兴趣班的课程组合以及美术课外班上的"涂色练习"，学生通过不同趣味性的练习尝试，真切感受了有序的便捷，体会了本质算法"连乘"的由来，乐于利用本质去解决生活中的数学问题。

3. 从建模到应用的过程

"从建模到应用"就是指将学生在课堂中建立起的数学模型，运用于生活情景中，去解决实际问题。如三年级下学期教材中《制作年历》《米与厘米》《长方形和正方形的周长》等都可以通过动脑想一想、动笔填一填、动手画一画来巩固、应用所学知识。

如教学《谁围出的面积最大》这堂课时，我就确立了"数学与身边现象"这一开放性切入点。通过学生两次的动手操作、填表，探索了周长的基本概念后，进而借助生活中围栅栏的场景设计了一道开放性问题的小练习，帮助学生感悟数学与生活的联系，通过生活化的练习来巩固所建立的模型。

（二）从学习内容出发进行生活化练习设计

1. 从猜想到验证

"从猜想到验证"是指学生根据已有的数学材料或知识经验，对知识做出一个未知真假的数学叙述，然后在实践、操作等过程中探索、发现其中的规律，使其完善、归纳形成真实的数学结论。如三年级下学期教材中《制作年历》《米与厘米》《长方形和正方形的周长》等都可以通过动脑想一想、动笔填一填、动手画一画来巩固、应用所学知识。

波利亚曾经说过："学生在做题前让他们猜想该题的结果或部分结果，当他表示出某些猜想，他就会把自己与该题连在一起，他会急切地想知道自己的猜想最后正确与否，于是他便主动关心这道题。"如《放苹果》这堂课，由于抽屉原理较抽象，它很难被小学阶段的孩子所理解与接受。所以，在教学这堂课时，我就带领同学一起先大胆的猜测，然后借助生活中的实物开展了"放一放"的小练习。在练习中，学生通过在圆盘内摆放圆片、记录摆放个数、观察摆放结果，最终达成共识、真正领悟其中的真谛。

2. 从感知到发现

"从感知到发现"是指学生通过经历客观事件感受客观事物后，个人对这些自然事件或事物的自我认识和再创造，并从中发现知识的奥秘。如：三年级下学期教材中《连乘、连除》《用一位数乘》《用一位数除》等都可以通过学生独立或小组借助生活中的情景、生活的经验感受来发现这些问题解决式知识的形成过程。

波利亚指出:"学生如能在教师创设的情境中像数学家那样'经历'一遍发现、探索的过程,那么他就能很好地认识概念。"如教学《带小括号的四则运算》时,我就通过创设男生和女生分糖果的情境:"一包48颗的糖果,男生拿走了15颗,剩下的平均分给3位女生,每位女生分得多少颗糖果?"由学生在组内亲自拿一拿、分一分,充分感知到要解决问题就先要算出"剩下糖果的颗数",再算出"每位女生分得的糖果颗数",随后借助线段图帮助学生进一步理清关系,对比"(48−15)÷3"和"48−15÷3"两个算式,从而帮助学生发现小括号的作用。

三、小学数学教学中生活化练习设计的原则

(一)生活化练习的目的性

生活化练习基本着眼点是学生身心的和谐发展。它力图通过数学知识与实际生活相结合,充分挖掘学生的创新潜能。心理学研究表明,数学学习兴趣的大小直接影响到学习效果,而学习兴趣的产生是需要学习过程中的趣味性进行诱导的,因此增强数学学习的趣味性是数学生活化作业设计必须强调的。要实现有兴趣的学习,需要教师设计有针对性的作业练习,将有趣的生活场景有机整合在练习中,有计划、有目的、潜移默化地提升学生学习兴趣,促进身心和谐发展。

(二)生活化练习的适度性

三年级的学生比一、二年级要略显懂事,但与四、五年级相比较心智又不是最成熟。因此布置的练习不仅必须是学生可接受的,符合学生的兴趣、生活经验、认知水平,还必须要达到预期的教育目的。练习的形式要丰富多彩,既要调动他们积极思维、探求的内在动力,也用注重知识的基础性,没有必要每道练习都冠以生活中的元素;练习的难度要适中,既要激发他们的学习情趣,挖掘他们的智慧潜能,又不能因为练习生活化了而肆意拔高、提升练习难度。

(三)生活化练习的有序性

设计生活化的练习是为更好地达到教学目标服务的。在教学中,我们所制定的教学目标一般包含三个维度,即"知识与技能""过程与方法"和"情感、态度与价值观"这三个方面。要实现这些教学目标,除了需要教师注重将这些生活元素融入作

业中,让学生在利用本领、解决问题的同时,体验生活、感受快乐;更需要教师能根据本班学生的实际情况,注重差异,在设计生活化练习时能由易到难,循序渐进,既要让差生"吃好",又要让优等生"吃饱",从而适应不同层次学生学习的需求。

四、小学数学教学中生活化练习设计的形式

(一)收集性练习

"收集性练习"指学生借助互联网、报刊等工具对知识的一个搜集与整理。它既可以是对已学知识的课外补充,也可以是对将学知识的一个提前铺垫。

例:当学生学完《面积和周长》知识后,很容易将两个知识的概念混淆。因此,我要求班上的同学去收集有关面积和周长在生活中运用的事例,让学生从真实、生动的生活中去体会周长与面积的不同。这一下激起了学生的兴趣,他们通过各种途径收集到了许多有趣的事例:

运用面积的事例	运用周长的事例
1. 给窗户安装玻璃	1. 做窗框
2. 给足球场铺草坪	2. 给看台做护栏
3. 买房子需要知道房子的大小	3. 为买来的新房子贴墙角线
4. 为学校操场铺塑胶跑道	4. 在学校操场的跑道上跑步的路程
……	5. 汽车的里程表通过轮胎的周长来计量行驶路程

(二)感悟性练习

"感悟性练习"就是指学生能针对某一实际生活中的现象或问题给出一个数学定义或是解决方法。它通常是学生在课后经历某一事件或观察某一事物时,对这些事件和事物的一个记录。

如在学习了《周长与面积》后,有一位同学写了篇《生活中我所遇见的周长与面积》:今天,叔叔搬家了,搬进了一个很大很漂亮的房子,我跟着叔叔来到新房子里。"呀,真漂亮,真宽敞。"我情不自禁地说。"叔叔有礼物送给你。"叔叔神秘地说。我一看,原来是一把卷尺,叔叔想让我干什么?原来是量客厅的面积和周长,我知道叔叔是在考我,没问题。长6米,宽5米,面积=6×5,周长=(6+5)×2,面积30平方米,周长22米。我高兴地告诉叔叔,叔叔听了,也很高兴。虽然这不算什么,

学过这些知识的同学都会做,但我学会了从生活中找到数学的乐趣,学会了书写数学日记的本领。

(三)发散性练习

"发散性练习"是对根据学生思考问题角度的不同,从而探求到多种不同答案的这一类练习的统称。例:学了《几分之几》后,除了日常设计的用分数表示圈出部分或是圈出下列分数所表示的部分外,应当也可以在课中设计这样的游戏性趣味练习:先请第一小组的5名同学起立(班级情况:全班25人,平分成5个小组),然后问:"看到这些,你想到哪个分数?"当然,有很多同学首先会联想到五分之一,因为全班共有5个小组,第一小组的5名学生占了全班的五分之一。之后,我再次抛出问题:"你还能想到其他的分数吗?"不一会儿,班上的智慧星立刻大胆地发表了自己的见解:"我想到了五分之二,这一组的2名男生占这组的总人数的五分之二。"在他的提示下,又有学生提出了自己的想法:"我想到了五分之三,这一组的3名女生占这组的总人数的五分之三"……

(四)综合性练习

所谓"综合性练习",是指学生将在课堂内所学数学知识与品社、语文、自然等学科相互结合后运用于生活实际中。它可以充分考察学生知识的全面性。例:在学完《统计》后,可以让学生到实际生活中,去统计全家喜爱的烹饪方式,根据统计结果,写出一份适合家庭成员的烹饪食谱,并与家长交流一下你设计这份食谱的理由,体会"健康""和谐"。

尽管我们培养的学生大多数将来不会成为数学家或数学工作者,但作为数学教师应该通过教学中生活化练习的设计来调动学生学习的积极性,使其拥有一双会从生活中寻找数学的眼睛,让其学会用数学的方法理解和解释现实问题,爱上无处不在的数学。

运用"小先生制"培养小学生数学自主学习能力

上海市浦东新区华林小学　刘逸婷

"小先生制"最早是由陶行知先生提出的，他提倡让孩子做老师，利用识字的孩子教授不识字的孩子或成人。这一教育思想正符合"以学生为主体"的现代教育理念。在数学教学中，"小先生制"为学生搭建了展示自我的平台，不仅能让学生扎实地掌握知识，更能促进学生的自主学习，激发学生的学习主动性，提高学生的学习能力。

一、"小先生制"在小学数学教学中运用的意义

纵观现在小学生的学习状态，普遍存在学习依赖性强、主动性弱的特点，呈现出"高分低能"的现象。特别在数学学习上，有些学生即便对一些问题不理解，由于遇到的次数多了，也就差不多能做出来。但是一旦题型发生变化，知识点不变，学生也会出现无从下手的情况。这便会产生一个恶性循环，即学生不会主动学习，遇到问题就等教师给出解题思路与方法。要想改变这一种学习状态，就必须调动学生的学习主动性，重视学生学习能力的培养，让学生学会自己获取新知识、找到解决问题的方法。

运用"小先生制"有利于激发学生的学习兴趣，培养学生的自主学习能力。在学生眼中，教师这一形象是高大、神圣的。学生能够当上"小老师"，认为是对自己的学习表现和能力的肯定，内心会感到无比自豪与光荣。在这种积极因素的激励下，学生会以极其愉悦的心境进行学习。学生担任"小老师"，就是让学生亲身参与教学过程，从被动学习转变为主动学习。为了更好地展现自己，学生一定会精心准备、认真研究，在此过程中学生的自主学习能力就能得到培养和发展。学生将自己获得的数学知识与技能传授给他人，不但能帮助他人学习，更能促进自己对学习内容的深入理解和实际应用。在讲授过程中有时还会遇到意想不到的问题，学生必然

会主动寻找方法解决,促使学生学会灵活运用,也会激发出学生再学习的动机。

运用"小先生制"有利于学生间的相互交流和学习。同一年龄段的学生语言表达与心智发展比较接近,相互之间更容易沟通,也更容易理解,更容易接受。当有的学生遇到学习问题时,他们更愿意主动寻求"小老师"的帮助,而"小老师"也十分乐意帮助他人解决问题,学生之间取长补短,学生的合作能力得到了发展,同时也能在互相的启迪下激发出自己的学习潜能。

运用"小先生制"是对课堂教学的有效补充。"小先生制"活动的开展不仅限于课堂,在时间上可以延伸至课前或课后,在空间上可以拓展到课堂之外的场所,课堂只是作为展示交流的平台。这就给学生的自主探究、合作交流提供了充分的保障,使学生能够深入地学习,提高学习的效果。

二、"小先生制"在小学数学教学中的实施原则

(一)人人参与原则

每个班级都有学习成绩优异、表现力强、威信较高的学生,这些学生都是"小老师"的最佳人选。但教师在组织"小先生制"活动时,要避免把当"小老师"的机会只留给这些"优等生"。教育的对象是所有学生,教育的目标是让每个学生都得到发展。为此,教师帮助学生树立人人都能成为"小老师"的思想,激励每个学生都能主动参与。对于一些基础较弱的"学困生",可以采用"优等生"和"学困生"结对方式,共同担任"小老师",以此增强"学困生"的自信心,鼓励他们加入当"小老师"的队伍之中。总之,"小先生制"是为每个学生提供展现自我的机会,都能成为学习的主人。

(二)独立自主原则

由于小学生拥有的知识经验较少,在教学中,很多教师会低估他们所具备的能力。就是因为教师这种固有的"他们还小"的思想,不敢放手让学生自己去尝试,导致学生失去了一些自主学习的机会。其实,现在的信息化时代促使着学生不断走向成熟,思维水平也在不断提高,他们具备了一定的认知基础,知识经验的积累也在进一步增强,他们普遍比以往同期的孩子具有更强的能力。在实施"小先生制"的课堂中,教师要敢于放手,让学生自主地选择讲授的内容、形式、方法,主动地进行探究、合作、交流,将发展的自主权还给学生,充分体现出学习的自主性和独立性。

(三) 教师指导原则

"小先生制"虽是由学生来当"小老师",但这并不代表教师可以放任不管,让学生掌控整个教学过程。在实施"小先生制"的过程中,学生会存在或这或那的问题,教师要及时对学生进行指导。如:在活动开始前,教师要指导"小老师"的选拔以及上岗培训;当学生遇到困难时,教师要引导学生寻找方法;在活动结束后,教师还要组织学生进行评价,引导学生自我反思,促进自身成长。从开始准备到中间过程再到最后总结,教师都需要在旁指导。只有教师对整个活动过程清晰明了、目标明确,做到心中有数,才能确保活动的顺利实施,并取得一定的成效。

三、"小先生制"在小学数学教学中的实施策略

"小先生制"不同于传统的教学模式,目的是让学生把所学知识转变为实践技能,知识促进着学生能力的发展,能力使得知识得到进一步内化。作为独立的学习个体,每个学生所具备和所需发展的能力是不同的,为此教师需要根据学生的特点和培养的目标,在教学的不同阶段开展"小先生制"活动,更合理、更有效地逐步培养学生的自主学习能力。

(一) 课前准备阶段,激发学习兴趣

"良好的开头是成功的一半。"课前两分钟是课堂教学的一个重要铺垫。在课前两分钟开展"小先生制"活动,能够为学生提供一个锻炼自我、展现自我的机会,对激发学生的学习兴趣、丰富课堂的教学内容、及时巩固所学知识起着积极的促进作用。

开学初期,为了让学生快速地进入学习状态,教师可以在课前两分钟开展数学演讲活动。学生通过查阅书籍、上网搜索等方式自主收集有关数学的演讲内容,在每节课前由一位"小老师"进行分享交流。经过一段时间的学习后,课前两分钟的"小先生制"活动主题可以改变为知识拓展。学生根据课内所学知识,自主搜集相关拓展知识进行分享。在复习阶段,教师可以组织学生利用课前两分钟进行知识的复习巩固和错题讲解。"小先生"要对所学知识进行一个全面的回顾,整理相关知识点、筛选出易错题和难题进行分析讲解。

一次当"小先生"的机会,不仅调动了学生学习的积极性,还培养了学生收集处理信息、思考分析问题等各方面的能力,有助于学生的成长和发展。由于呈现内容

的多元性,不同能力的学生可以自主选择不同的内容。人人都有机会走上讲台,做一回"小先生"。有效利用课前两分钟,能够把学生真正带入数学的世界。

(二)课中教学阶段,培养学习能力

"小先生制"是由学生自主备课,在自己学会的基础上将知识传授给其他学生。这样一种教学模式,很好地为学生提供自主探究的机会,使学生能够更深入地掌握知识,发展能力。

根据学生的学习情况,教师可以在每一学期的教学内容中选择部分内容作为"小老师"授课菜单。学生根据自己的兴趣和能力选择不同的教学内容担任"小老师"。在备课过程中,首先由"小老师"和教师共同确定授课的重点内容,然后由"小老师"自主设计授课过程,最后由教师把关,进行适当的调整和修改。

在传统的课堂中,教师是课堂教学的主导者,学生大多是跟着教师的教学思路走,教师提出什么问题就回答什么问题,处于被动思考状态。而在运用"小先生制"的课堂中,则是由学生来设计教学环节,这就促使他们深入思考问题,主动寻找解决问题的方法。整个授课过程对学生而言是最重要的体验,从中学生直接参与和体验了知识的形成过程,对学生的思考能力、探究能力、分析能力等起着很大的促进作用。同时,学生能够在全班面前展现自己,并受到同学的肯定,也提高了学习自信心。

(三)课后辅导阶段,促进合作学习

数学学习不仅局限于课堂之内,课后的复习巩固也是强化学习成效的重要途径。但在课后的学习活动中,由于缺乏了老师的监督,有些学生学习的自主性就会减弱。这时就可以开展"小先生制"活动,促进学生间的合作学习、互助成长。

根据学生的意愿和教师的协调可以将全班学生分成若干个学习小组,推选一名组内"小老师",由组员轮流竞争上岗。小组内,每个学生都能充分发挥各自的特长,扬长补短,在相互间的思维碰撞中,学生的学习积极性变得越来越高,合作能力得到了培养,促进了整个小组的共同进步。

对于班级中的一些学困生,同样也可以发挥"小先生"的作用,开展"一对一"的结对活动。当学困生遇到学习上的困难时,可以向结对的"小老师"请教,解答自己的疑惑,帮助自己及时掌握知识。"小老师"在讲解的过程中,再次将知识进行内化,提升自己的学习能力。

四、"小先生制"对小学生数学自主学习能力的促进作用

（一）改变了传统的学习方式

"小先生制"改变了以往学生从教师身上"听取"知识的学习方式，让学生亲身经历理解知识、掌握知识、运用知识的学习过程，是一种积极主动的学习方式。学生做"小老师"教其他学生学知识，需要"小老师"事先做好充足准备，对每一个知识点和问题进行思考研究，做到"知其然，并知其所以然"，这样才能从容应对其他学生提出的问题。"小先生制"带给学生积极、深入、丰富的实践体验，能够让学生主动获得知识，形成能力，掌握解决问题的方法。

（二）增强了主动学习的意识

教育家乌申斯基说："没有任何兴趣而被迫进行学习，会扼杀学生掌握知识的意愿。"教师这一身份对于小学生而言具有极大的吸引力。只要学生对学习产生了浓厚的兴趣，就愿意付之行动。为了当好"小老师"，能在其他同学面前好好展示自己一番，学生就会主动地思考、想方设法地解决问题。在"我要学"这种意识的强烈驱动下，学生便主动地参与到学习活动中。

（三）培养了自主学习的能力

通过"小先生制"的教学实践，原本遇到问题只会求助于教师的学生学会了主动查阅书籍或上网搜索，收集相关数学信息；学会了主动思考学习中遇到的问题；学会了与其他学生合作共同突破难题。在不同形式的"小先生制"活动中，学生各方面的能力都得到了培养，如理解能力、分析能力、探究能力、合作能力等。当学生具备了这些学习能力，就不会完全依赖教师，能够自主地获取新知识、解决学习中的问题。

巧用微视频提高小学几何教学有效性

上海市浦东新区进才实验小学　朱丹青

在我国小学数学课程的学习中，由于小学生身体和智力未完全发展的特点，对于抽象的几何知识，如图形的认识、测量、图形与变换等都较难掌握。因此学生在学习"图形和几何"的相关知识时容易产生畏难情绪和依赖的心理。如何有效提高小学"图形和几何"教学的质量和有效性是一直以来困扰广大数学教师的问题。

2018年4月，教育部发布了《教育信息化2.0行动计划》，提出了"三全两高一大"的开展方针，要求持续推动信息技术与教育深度融合，促进两个方面水平的提高。随着"互联网+教育"信息化时代的到来，微视频因新颖性、趣味性、便捷性在教育领域获得了广泛关注。在课堂上，微视频能把枯燥的几何概念通过形象、生动、直观的画面呈现给学生，吸引学生的注意力，激发学生学习的积极性，提高课堂教学效率，也能在课前、课后作为预习和巩固的手段，使学生更好地自主学习、掌握知识。那么如何使微视频在小学几何的教学中进行有效的应用呢？

一、利用微视频课前预习，促进学生自主学习

数学家华罗庚曾经说过："自学，就是一种独立学习，独立思考的能力。"对于一些比较简单、易懂的几何知识，如果老师在上课前，能让孩子先自学一遍，那么课堂上，老师只要对知识进行梳理、复习，并设计有层次的练习来巩固和了解孩子的掌握情况，这样既能在课外促使学生主动学习，又能节省课堂时间，大大地提高了课堂的有效性。但是，要求小学生使用课本进行自学有一定难度，尤其是几何知识。在小学数学的几何单元教材中，有许多关于图形的插图，这些插图都是平面的、静态的。小学生缺乏丰富的生活经验，认知能力也有限，所以空间感知能力和想象能力都还不发达，在自学几何知识时会感到非常的困难。微视频恰到好处地解决了这个矛盾，教师将基础的知识

点通过微视频进行分步的讲解,能让学生更好地掌握知识的重难点。微视频可以暂停、重复播放,家长可以在家里根据孩子的理解、掌握情况,让孩子进行自主学习。在微视频中,教师还可以在知识讲解后,提出几个相关的测试问题,等到上课时,让学生们交流答案,并分享思维过程,如此一来,学生在课堂上回答问题的质量大大提高了,也体验了克服难题的乐趣。长久以往,通过微视频的自学平台,学生会更加自觉地利用课余时间进行思考,也会积极地和其他同学进行探讨,自学能力就会逐步提高。

二、利用微视频创设生活化情境,激发学生学习兴趣

《小学数学课程标准》指出:"数学教学要紧密联系学生的生活情境,从学生的生活经验和已有知识出发,使学生初步感受数学与日常生活的联系。"为了让学生感知几何知识在日常生活中的应用广泛,越来越多的教师在上课时会创设一些生活化的、吸引学生的情境来引入教学,比如讲一个小故事引出问题让学生解决,或者让学生欣赏一些生活中的图片。相比图片或老师口述的引入模式,微视频不但有动感的画面,还有精彩的配乐,可以更加形象直观地为学生展示图形素材和生活中的实物,从周围熟悉的事物中,学生能更好地了解几何形体的特点以及几何和实际物体的相似之处,感受到几何图形的魅力。而且微视频是短小精悍的,并不会占用大量的课堂时间,作为几何知识的课堂引入,非常合适。

例如,在五年级上册《梯形》的教学过程中,我制作了一个微视频,讲述的是孩子们的数学伙伴小胖在学完平行四边形的知识后,有了一个新爱好,拍下生活中的平行四边形,如:挂衣钩,消防云梯、变了形的纱窗等,在这些物体的照片上都能找到平行四边形。他还拍了一张梯子的照片,但他怎么也找不到平行四边形。小胖问:同学们,你们说这是平行四边形吗?看完这个微视频,课堂里瞬间炸开了锅,孩子们马上用平行四边形对边平行的特点,解释了这个图形不是平行四边形,这时候顺理成章地引出新的四边形——梯形的概念。通过这个微视频的情境引入,学生在短时间内复习了平行四边形的特点,了解了梯形和平行四边形的不同之处,激发了学习新知识——梯形的积极性。

由此可见,教师通过微视频的方式创设生活情境,不但可以增加教学的生动性,也能使学生感受数学与生活的密切联系,激发学生强烈的求知欲和浓厚的学习兴趣。

三、利用微视频化静为动,帮助学生建立空间观念

培养学生的空间观念是小学数学教学的主要目标之一。空间观念的提高,对培养学生的创新精神和实践能力有着极大的推动作用。

在小学《图形与几何》的课程内容中主要包括了基础平面图形和立体图形的认识，图形的测量，图形的运动和位置等。与认识平面图形相比，小学生掌握立体图形比较困难，因为他们的空间知觉能力还在逐步发展中，课堂上教师往往急于揭示最后的表象结果，没有给学生足够的时间去建构立体图形的表象，使学生对立体图形特征的认识比较表面，经常混淆平面图形和立体图形间的各种概念，只能依靠死记硬背，学生的空间思维能力也难以提高。

利用微视频可以直观地向学生展示平面图形转化成立体图形的动态变化过程，使学生在平面图形的基础上，形成有关立体图形的表象，掌握立体图形的特点，也有助于学生掌握立体和平面图形间的区别和联系，逐步形成一定的空间观念。比如，二年级上册第五单元的几何内容是①《角与直角》；②《正方体、长方体的初步认识》；③《长方形和正方形的初步认识》。学完本单元后，我曾给孩子们上过一节概念练习课，根据练习结果，发现不少孩子概念混淆，例如：长方体有____条棱、____个顶点、____个面，对面____（相等或不相等），长方体的面都是长方形吗？学生的答案是五花八门的。因此，我一直在寻找让低年级学生更好地掌握这两个平面图形和立体图形的特征，又能把它们联系起来的方法。有一次我在手机app上看了一个关于长方体的认识的微视频，大受启发，因此我把这个微视频带到了课堂上。视频中先出现6个长方形，让学生进行观察、分类，分成三类后，涂上不同颜色，再把6个长方形拼接在一起，一步步折叠成长方体。通过将长方形转变成长方体的动态过程，学生很容易意识到长方体是由6个长方形面围成的立体图形，教师也就不必再大费周章去解释长方形和长方体之间的区别。而且通过将长方形进行分类的过程，既帮助学生复习了长方形的特征，又能使学生了解到长方体中相对的面是完全相同的。在微视频的播放过程中，学生可以拿着预先准备的长方体的实物观察，并进行同步的操作，老师也可以关注到每个孩子的听课情况并加以指导，大大地提高了课堂的有效性。众所周知，随着时光流逝，知识会有所遗忘，但只要学生回忆长方体的建构过程，就能快速地想起长方体和长方形之间的联系以及长方体面的个数和特征。

借助微视频演示实验的作用，可以把几何知识化化抽象为具体，化静态为动态，不仅让学生了解了知识的推导过程，还帮助学生体验三维与二维空间的转换关系，更好地培养了学生的空间观念。

四、利用微视频课后拓展，提升学生发散思维能力

数学家波利亚有一句名言："掌握数学就意味着善于解题。"可见，练习在数学教学中的重要性。通过练习学生可以巩固知识，教师可以了解学生掌握知识的情况。因此越来越多的数学老师注重练习的设计，会根据教学的重难点，安排有层次、有坡度的练习题，帮助学生更好地掌握知识点，使课堂更加高效，而且在课的末尾，教师还会设计拓展训练题，让学生进行更高层次的探索，目的是使学生思维更加广阔，发散思维能力得到提升。

然而，精心设计的拓展题经常会因为下课铃的响起而不了了之，教师只能宣布一下答案，让学生课后进行思考，这就使得拓展题不能将其作用发挥得淋漓尽致，学生的发散性思维得不到更好的提高。课后拓展式微视频可以弥补这份"遗憾"。教师可以把拓展题的解决策略以微视频的形式，在课后通过"微信"或其他互联网平台上传到家长群中，让学生在家里进行观看、学习，通过经常进行一题多解、一题多变的练习，学生的思路会逐渐开阔。对于高年级学生，教师还可以将拓展题作为"诱饵"，不急于公布答案，而是鼓励学生自己或者小组合作制作微视频来讲解题目，分享思考过程，并在课上进行展示。对于学生来说，这是一个既新鲜、又富有挑战性的任务，不但能调动学生解决拓展题的积极性，也能于无形中提高学生的逻辑思维能力。

例如，在四年级上册《圆的初步认识》的教学过程中，在讲解完关于圆的画法以后，教师可以展示用圆设计的漂亮图案（图1）。并组织学生分小组，在课后探索用圆规和三角尺设计图案（图2），最后老师将学生画的过程制作成为微视频，在课堂上播放，让全班同学进行欣赏，学生更容易获得自信与成就感。在此过程中，不仅帮助学

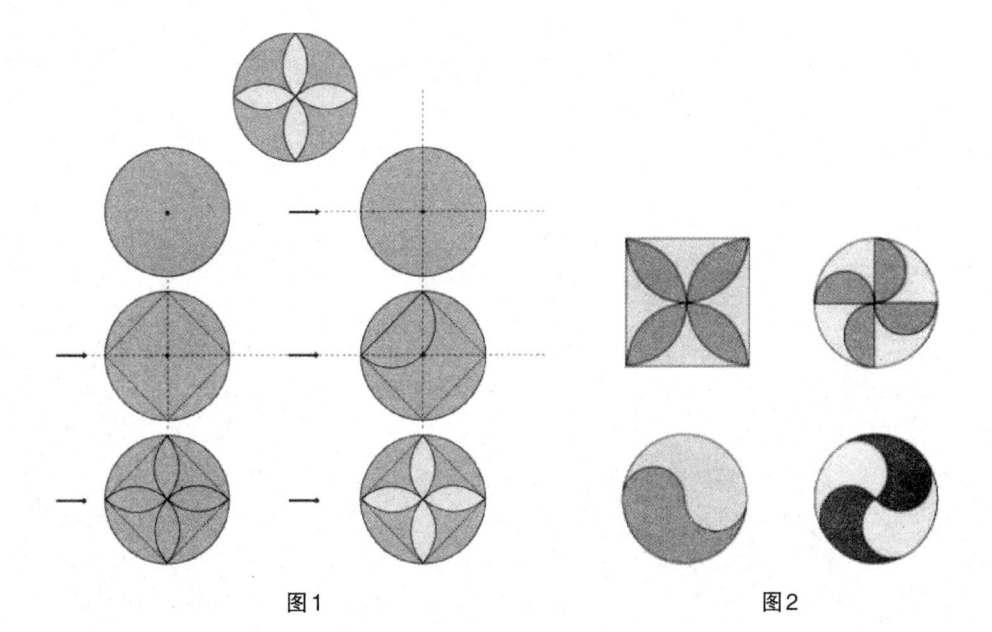

图1　　　　　　　图2

生巩固了圆的相关知识，让学生感受到了几何的美，也使学生在小组合作过程中，开发了发散思维，提高创造能力。

综上所述，微视频打破了传统课堂的束缚，把部分教学内容搬到校外，通过网络提供学生课前自主学习，课后巩固辅导、拓展延伸的平台，同时在课堂上，微视频又起到了吸引孩子的注意力，并使几何知识化繁为简的作用，给课堂注入了新的活力。

伴随着信息技术的高速发展，微视频的录制手段也是多种多样的，比如PPT+录屏软件、拍摄+手写板等都可以制作微视频。当然，现在手机app的功能也越来越多，越来越强大，像"作业盒子""洋葱学院"等教育app上有许多和教学相关的微视频，其内容生动有趣、讲解直观易懂，深受孩子的喜欢.教师只要将这些现成的微视频合理地用于自己的课堂中，使之成为学生学习的良师益友，不但有利于减少自己制作微视频的时间和精力，也能充分地发挥网络资源，更好为课堂教学服务。总而言之，教师如果能善用微视频，将微视频深入到小学几何教学的方方面面，将对提高课堂效率起到极大的推进作用。

做一名"全学科"的数学老师
——英国小学全学科教学模式的启示

上海市浦东新区进才实验小学　黄　佳

【摘　要】 在小学阶段，许多发达国家都采用"全学科"包班制，尤其在低年级学段，效果更为明显，它是科学的、先进的教育机制。我国在新中国成立之初施行的教育制度，如今是否应该回归和改革？从中我们又得到什么启示？笔者通过中英数学交流项目有了全方面、更透彻的解读。

【关键词】 英国小学　全学科　包班制　分科制

初识"全学科"包班制是在教学杂志上看见一篇纪实报道，关于澳大利亚实习教师Tim，他要负责学生一天的管理工作和授课。尤其在实习最后阶段的展示课上，Tim精彩的全学科课堂呈现，在数学课上边弹边唱，用音乐演绎传递数学知识和澳大利亚文化。当时我就对"全学科的教学模式"无比好奇。

直到2015年的9月，我有幸参与中英数学教师交流，再一次重识"全学科的授课制度"，这一次是深入的，彻底的。因为我将深入英国小学课堂一个月，与"全学科"的老师朝夕相处，给"全学科"制度下的孩子进行授课。

到底是怎样一群老师，可以成为这样的多面手？全学科制度下，老师又是用怎样的智慧对各学科进行整合和呈现的？在这种授课制度下，教育出的孩子和我们的孩子有什么区别？对中国的分学科授课制度又会有怎样的启示？带着诸多的疑问，我踏上了英国这片陌生的土地。在赢得世界的尊重与认可的同时，我也收获了许多启示。

一、英国的全学科授课制度现状

在英国小学，教师采取的是全学科包班制，即一个老师要教所有的学科，并负责日常的管理工作（我所在的Farnsfield Primary School，体育、音乐和美术课有专科教师）。一直到初中才会有专科的数学老师。其实不仅在英国，在美国、澳大利亚等许多国家都是类似这样全科包班制的教学模式，老师可能刚刚上完数学课，紧接着就要开始上体育课。

值得一提的是，英国小学每个班还会配一名teacher assistant，即助教，除负责辅助教师完成日常事务、学具的准备、批改练习外，还要对特殊学生进行辅导。助教会在课堂中观察哪些孩子听不懂，然后记录下来，在课堂中直接进行辅导，甚至还在课后再进行一对一辅导。

此外，英国老师总是教授同一个年级，不会因为学生年级的上升而上升。比如我的partner，Emma老师，她永远教授Year5，一般不做调整。因此虽然他们要教全学科，在精力和研究能力上会有所欠缺，但他们每年接触的都是同样的教学内容。这就提供给他们一个平台，可以在原有的基础上不断提升和改进。

我的Partner，Emma，就是一位"全学科"老师。她负责Year5的一个班，Hathersmith是他的助教。在教室里，会安放两张办公桌供这两位老师使用。除此之外，老师没有专门的办公室和办公桌，只有一个共用的员工休息室，称为staff room。在课间或者中午休息期间，老师们才会来到员工休息室吃午饭和喝咖啡。在放学后，老师们也会来到这进行第二天的备课。Emma说她一般早上6点半就到学校进行一天的准备工作，然后开始一天紧凑的授课。批作业和备课只能放到学生15点30分放学后，甚至是周末。可以看出英国老师们的工作强度是很大的。

在中国上海的小学，采用的是专科老师制度，即一个老师只教授一门学科。管乐和舞蹈是我们学校的特色课程，因此在我们学校，这两门学科也有专职的学科老师。此前英国老师在访问上海的小学后，总结了他们眼中"中国数学教育的6大秘密"。其中有一点就提到"上海教师专业性强"。中国的老师大多数都获得了大学本科的学位，甚至硕士学位。数学老师在大学里的专业就是数学方面的，都接受过专业的数学学科知识授课，因此专业性的起点就比较高。其次在中国的小学，分学科的教学，数学老师只教数学一门学科，每天3到4节数学课，经常会参加一些数学方面的教研活动，观摩数学课，在空余的时间还要进行专业的数学学术研究。在前往英国前，我一直为学科上的研究能力和创新意识感到骄傲，英国教育部更是把我们称为"Professional math teacher"。但是否全学科的授课制度就完全没有可取之处？在入驻英国小学的一个月里，观摩了英国的课堂，观察了英国的孩子后，我改变了想法。

二、英国小学课堂实录：Year5英语阅读课

英语是英国的母语，英语阅读课应该和中国的语文课差不多吧？带着这样的疑问，我走进了Year5的阅读课堂。实际情况完全出乎我的意料。你能想象吗，这幅画是在一节阅读课里完成的？就让我带你走进这堂课。

环节一，自主阅读，初步理解。

John老师呈现了一篇文章的两个段落，第一段是写一个月黑风高的晚上，整段文字描述了场景、渲染了气氛。第二段则是逐句描述了月光下一个拦路强盗的穿着打扮。John让孩子自由阅读，边读边进行提问帮助理解。

环节二，绘画场景，加深理解。

John拿起画笔，逐句地解读文章，开始在白板上勾勒起这一场景。树，天空，月亮，道路，一笔一画，很快一幅精美的美术作品完成了。这让我佩服一位全科老师的能力同样也是全面的。紧接着孩子们也行动起来，在画的过程中，孩子可以在教室里自由地走动，整个氛围很愉悦，却又安静，好似阳光明媚的午后，"画家们"纷纷品着下午茶在创作。还不时会有孩子举着自己的画作和同学分享，也有个孩子得意地跑来让我欣赏。

环节三，展开想象，深层理解。

整个绘画的过程持续了10分钟，本以为整堂课到这里就结束了。话锋一转，屏幕中突然出现单片西瓜，有点让我摸不着头脑。"Metaphor比喻手法"，原来是教孩子比喻的手法。根据刚才的树、天空、月亮和道路进行想象，孩子们把树比喻成了意大利面、女巫的手、奶酪条；把月亮比喻成了眼球、比萨、冰激凌派，等等。一个个单词立刻填满了白板。

环节四，组成语句，充分创想。

在写下单词后，John组织学生把刚才的单词组成句子来跟同学交流自己的比喻句。瞬间教室里就炸开了锅，大家七嘴八舌说了起来。树是被微风吹起的意大利面，道路是在地上爬行的蛇；道路是长长弯弯的香肠，穿过小山；月亮是悬挂得高高的迪斯科餐厅闪亮的球；月亮是眼球，在高高的天空看着你，等等。无数个思维的火花碰撞在一起。

原本Emma是安排我观摩一节低年级的数学课，因为老师临时有事进行调整，在临上课前一会才询问John老师是否愿意让我听课。因此这一定是一堂常态化的课，没有经过精心的雕琢，朴实而又真实，更显珍贵。既通过文字的阅读提升了孩子

的审美观，又通过亲自对场景的绘制，用身心在体会着文字的优美，仿佛身临其境，语文与美术知识相辅相成，老师更是把语文和美术学科进行了完美的整合。

虽然我观摩的不是一节数学课，却在课堂中深深感受到了一种先进的育人理念，感受到英国老师们一贯的全学科理念。

三、英国"全学科"模式的优势

（一）零距离，个性化

全学科老师可以零距离地与学生相处，有更多的空间和时间对学生进行个别化的教育和辅导。在英国的校园里，我随处可以看到助教在一对一辅导的身影。这种与学生的零距离相处，让师生的关系变得更加密切。

一个孩子可能语文不好，但在音乐方面却很有天赋，经常有老师会对孩子有这样的评价。尊重学生的个体发展，在全科的教学中发现孩子的优势。在英国的课堂中，随处可以看到孩子们天真的笑容。他们的学习可以不优秀，但是他们却依然爱学习，享受着学习的过程。

（二）减轻负担，激发兴趣

全学科的教学模式使得课程变少了，老师也不会过多强调某一学科，减少了对学生的学科评价，这样也减轻了孩子的学习压力。同时整合后的学科更具有趣味性，教师不再是单纯地教授知识，他们边画画边理解英语单词，在童话故事中帮主人公解决数学问题。一个个知识的网络编织成一幅幅美丽的画卷，让孩子在其中收获兴趣和快乐，这是每一个全学科老师最大的收获。

（三）打破"分科"局限，综合育人

提到国外的孩子，你可能会想到他们各方面能力强。确实如此，在我观察的过程中发现，英国的孩子有较强的生活能力。究其原因，英国的全学科教学模式立足于实际问题的解决，重在培养孩子的综合素养能力。

在Farnsfisld遇上的Children in Needs让我印象深刻，这个主题活动意为帮助那些有困难的孩子。低年级孩子从家中带来自制小蛋糕，高年级孩子负责带着它们售卖、收钱、找钱、给蛋糕，推着餐车一个一个班级地售卖。整个过程井然有序，我甚至没有看到老师们的参与。我们的数学课本可没有这个售卖知识点，全学科的教学就是打破了"分科"教学的局限，真正实现了综合育人的目标。

四、劣势：两个缺失

（一）缺失教研支持

Farnsfield拥有417名学生，每个年级有两个平行班，在英国已经算是一所大型学校。就是这样一所大型学校，每个年级只有两位全学科老师，整个学校仅有12位全学科老师。这样班级少，老师少，就导致同年级、同学科间很难有教研的氛围。在这一点上，英国人已经意识到，并有所改变。Emma他们学校现在每周四下午为各年级Teaching research group时间。因为中英数学交流项目的展开，Maths HUBS还举行了第一次整个诺丁汉东部地区的教研活动，分享中国数学教育的经验。

（二）缺失专业性和课程支持

在英国小学，数学学科每个年级有相应的课程大纲和教材，学校和老师可以自主选择是否使用，学生是没有教科书的。实际观察发现，几乎所有的老师都不使用教科书。老师们会根据学生的需求，自己制定教学内容，因此也产生了弊端。老师不能把握前后学习内容的层次递进，甚至产生较大的跨度。英国老师在课堂设计中，也显示出随意性较大。相反中国教师，每一堂课都经过精心设计，在课堂中呈现出的"小步前进"和"变式练习"更是让英国老师们赞不绝口，中国教师甚至连板书的设计都经过深思熟虑。

五、我国令人欣喜的现状

查阅文献，我发现在2001年杭州已进行"全学科包班制"的试点，之后陆续在北京、上海、深圳等中心城市部分小学进行试点，我相信陆续还会有更多的学校加入这个行列，当然将来是否能普及已经不是我所要关心的问题。

其实全学科的理念已经在我身边开始萌芽。在我们学校，前不久就展示了2节学科整合的数学课，在数学课堂上与信息科技学科结合，学习邮件的收发，同时学习时间等知识点。作为课本知识的延伸，我们学校还开展了一个又一个全学科的主题活动，"水资源""世界文化艺术"等。这样的改变是让人欣喜的，同时也反映出它还不具备普遍性，没有面向每一位孩子。

六、理念上的转变

从以上的优劣势比较，我们也不难发现，在两种模式下都存在着利与弊。尺有所短，寸有所长，我们不奉行拿来主义，但也不会固步自封。如何结合中国教育的现状，在现有教育模式暂时无法改变的状态下，在理念上有所转变，成了我要思考的问题。

（一）教学设计上，从以知识为中心到以兴趣为中心的转变

老师抓住低年段学生的心理特征，弱化学科知识点，保护他们对不同学科知识的兴趣。在教学设计上，老师更侧重于知识面的广度，淡化深度，激发孩子的学习兴趣。在英国的课堂中，充分体现了这一点。比如数学学科，英国在Year2，即我们的一年级，就涉及了分数四分之一的认识。在中国，初识分数是在三年级下半学期。从深度上比较，我们的教材涉及了几分之一，几分之几，还有大量的变式练习多。而英国的教材仅仅认识了quarter四分之一。从教学设计来看，英国更注重通过孩子的动手体验，数一数、涂一涂、分一分，亲历感知分数的过程，在这一过程激发孩子的兴趣。

（二）内容的选择上，从以教材为中心到以学生学习为中心的转变

在中国，老师和学生都有统一的教科书，我们依托教材进行教学设计，这是我们的优势，但统一的教材也给我们带来了许多局限性。在教学中我们不得不在达成教材知识点的基础上进行拓展和延伸，而往往又碍于时间的限制，有时只能放弃一些体验和拓展，甚至还有的老师出现了照本宣科的教学。

就拿前不久观摩的一节国内英语教学课为例，在课堂中老师设计了学生给澳大利亚的学生发Email的环节。可是结果却出乎所有老师的意料。在如今的信息科技如此发达的时代，一个一线城市的五年级孩子不会使用电脑收发邮件，不会标准的打字指法，这是相当可怕的事。让我联想起在英国与孩子们告别的那天，孩子们纷纷问我要了Email地址，没过几天就陆续收到了不少孩子的祝福，一句句"Thank you. I miss you"，在暖心的同时，又产生了巨大的冲击。为什么同样是五年级的孩子，中国的孩子在生活能力上显示出明显低于英国孩子？最大的原因就是教材上没有出现这个知识。即使要教，什么学科的老师去教？

我认为孩子生活在社会中，有这样的学习需求，作为师者就应该尽量满足。无论是杜威还是陶行知先生，他们都提倡"教育即生活"，主张教育与生活的一致性，把孩子置身于生活，在生活中学习。因此，以学生为中心，就要求我们适当调整教学内容。从依托教材，教会孩子答题转变为以学生为中心，教会学生与社会对话。把

孩子放在社会的角度，社会需要孩子掌握什么技能，我们就应该给予什么知识。

（三）理念的生成上，从专科老师到"全学科"老师的转变

"全学科"是一种现代社会需求的理念，我们需要培养的是能在社会中生存的人，这样的人一定是全方位，多角度思考的人。这样的人需要把所学到的知识整合到一起。要培养出这样的人，我们老师首先应该担当起这个责任，转变自己的观念，行动起来。

七、结语

全学科育人是一种理念，并非是一种固定的模式。一个信息从地球这一端到另一端只需要0.05秒，而一个观念的转变可能需要一年，五年，甚至一辈子。通过中英数学交流项目，我转变了自己的观念，你呢？

"全学科"的育人时代已经到来，思想上行动起来，紧跟时代的步伐吧！我是专科的数学老师，更应当成为一位"全学科"的数学老师。

生活中的数学知识
——《方程的认识》教学案例

上海市浦东新区浦东南路小学　聂晓玲

教学背景：

《方程的认识》是沪教版五年级第一学期第四单元的教学内容。本节课要理解和掌握等式与方程的含义，明确方程与等式的关系。运用方程的含义辨别方程，能根据具体情境列出方程，建立初步的分类思想，培养学生抽象的概括能力。通过自主探究、合作交流激发学生的学习兴趣，感受数学与生活的密切联系。

教学片段1：

情景引入

1. 小伙伴们！跷跷板你们都玩过吧？你们看这两位小朋友正玩得欢着呢。从图上你们能说说男孩和女孩的两人体重的关系吗？（男孩的体重＝女孩的体重）

如果跷跷板向男孩这边倾斜呢？说明什么？（男孩的体重大于女孩的体重）

2. 小伙伴们说得十分好！科学家们利用跷跷板的平衡的原理发明了天平。那你知道天平是用来做什么的呢？（用来称物体的重量，判断两个物体质量是否相等。）

现在天平是平衡状态，说明了——两边的物体一样重。

教学片段2：

整理分类

刚才我们写出了这么多的式子，大家能把这些式子按照一个合理的标准分成两类吗？请在小组内交流一下，自己是按什么标准分的？

（展示不等式与等式的分类，其他依据分类的就口头说说）

认识等式

按照不同的标准分类,有着不同的结果。刚才同学们的分类都是正确的。我们先来研究这一种分法。(分成等式与不等式两类的)

你们发现了这一类式子有什么特点?指着5个等式。(左右两边相等)

像这样表示左右两边相等的式子叫作等式。(板书:等式)

谁能来举一个等式的例子?(请2—3名学生)

认识方程

1. 方程的含义

(指着黑板上的等式)谁能帮老师一个忙吗?把这些等式再分成两类,你打算怎样分?

式子中不知道的数,我们把它叫作什么数呢?(板书:未知数)

谁能帮这一类等式起个名字吗?(板书:方程)

现在你们能说说什么叫方程?

出示方程的概念:含有未知数的等式叫方程。(出示板书)

2. 练习判断

今天小胖他们也学习了方程。我们来看看他们说的是方程吗?(打手势)

小胖说:$17-8=9$ 小巧说:$7-X<3$ 小亚说:$3+X=10$ 小丁丁说:$Z \div Y=2$
(第一题和第二题请学生说出不是的理由)

3. 比较辨析

刚才我们认识了等式与方程,那么方程和等式有什么关系呢?

如果老师说,方程一定是等式。对吗?

那如果老师说,等式也一定是方程。对吗?(指着$10+20+20=50$、$20+80=100$)

这句话怎么说正确?

也就是说:方程一定是(等式),但等式不一定是(方程)。一个方程,必须具备等式、含有未知数这两个条件。

可以出示集合圈帮助学生理解。

教学片段3：

巩固练习

老师这里有一个生活大转盘，它涉及我们日常生活中的衣、食、住、行的各个方面。每一个方面有2幅图，请你根据图意列出方程。（通过转盘每组认领其中一个方面的练习）

1. 衣（情景图）

（1）小胖去商店买T恤，一件T恤x元，买了3件同款T恤，共花去120元。

（2）一件上衣b元，一条裤子120元，一套200元。

2. 食（情境图）

（1）一包大米x千克，3包同样的大米共重120千克。

（2）小丁丁买了一瓶饮料5.5元，每包薯片y元买了2包。他付给收银员20元，收银员找给他2元。

3. 住（情境对话）

（1）小胖家上个月水电煤共支付381.1元，其中燃气费是84.6元，电费174.4元，水费a元。

（2）120个小朋友野营租帐篷，每顶帐篷住3人，租了x顶帐篷。

4. 行（线段图）

（1）一辆小汽车每小时行x千米，3小时可以行120千米。

（2）先说图意，再列方程

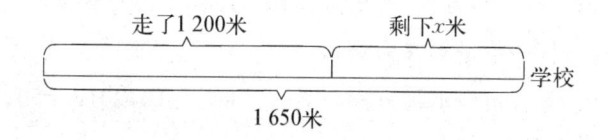

走了1 200米　　剩下x米　　学校

1 650米

请个别学生反馈，集体核对。说说你列的方程以及思考过程。

教学反思：

这堂课上得生动活泼，同学们都投身于自己探究知识的活动中。他们仔细观察、认真思考、合作交流，终于通过比较等式与方程，以及不等式与方程的不同，自己得出方程的概念。通过衣食住行四个方面练习题也掌握了方程的意义。通过这次教学，我的实践体会如下：

(一)基于生活经验,感悟平衡原理

有些教师为了节省时间直入主题,本节课开门见山直接出示"天平"。三年级的学生虽然在科学学科上认知过天平,但是很少有机会动手操作,可能部分理解能力有困难的学生只是死记硬背,而不是正常掌握天平平衡的原理。所以这里我用"跷跷板"的情景引入。

"跷跷板"是孩子们特别喜欢玩的游戏,尤其是小学阶段的学生。孩子们对于跷跷板的平衡原理有较深的体验,一边可以坐一个人或多个人,轻的一边往上翘,重的一边则会往下沉。本节课我以跷跷板情景引入,将跷跷板的平衡原理应用在等式中,跷跷板平衡就相当于等号两边的数或它们的和相等。

虽然我在引入部分,用了2分钟左右的时间以生动的活动情境"跷跷板"展开,由"跷跷板"引出天平,通过学生亲身体验的基础,观察初步掌握平衡的原理,但是这里用的2分钟的时间是很值得的。教学过程一方面激发学生的学习兴趣,做到"玩中学",另一方面也能借助直观模型强化感知。

(二)"分类与比较"是建立概念的有效途径

这个环节我设计了通过看图利用天平写出大量式子,大量的式子可以触发分类和比较的行为。分类的意义在于孩子必须找到一个标准,比较随着分类的发生而发生。标准,往往就是事物的本质属性,分类和比较使孩子能够逐渐掌握事物的本质,最终真正建立起概念。

看图写了那么多的式子,接下来的整理环节我设计通过让学生小组合作把这些式子分成两类,再通过对天平的观察得出等式的概念。接着让学生自己独立思考,通过比较等式与方程,以及不等式与方程的不同,得出方程的概念,体现学生自主学习的能力。这里虽然要花点时间让学生自己讨论,但在他们互相讨论的时候,就有智慧的火花碰撞,有利于学生对"方程"概念的建立。在得出方程的概念后,应该让学生通过变式训练明白不仅 x 可以表示未知数,其他的字母都可表示未知数。通过之前设计的两次小组讨论分类,这里进行辨析等式与方程之间的关系就比较省力,再通过集合图使学生直观地理清等式与方程之间的关系。真正做到了在无痕中让孩子们知其然,也知其所以然。

在此教学过程中,我就充当一个导游的角色,站在知识的岔路口,启发诱导学生发现知识,充分发挥学生的学习潜能,将有一定难度的问题放到小组中。这里两次分类进行小组讨论,采用合作交流的方式加以解决,逐步地引导学生对问题的思考和向纵深发展，有利于"方程"概念的建立，同时也有利于培养学生的倾听习惯和合作意识。

（三）衣食住行中体会方程的简洁

俄罗斯数学家罗巴切夫斯基说过："不管数学的任一分支是多么抽象，总有一天会应用在这实际世界上。"生活中处处有数学，到处存在着数学思想。学数学就是为了能在实际生活中应用，数学是人们用来解决实际问题的，其实数学问题就产生在生活中。

巩固练习中，我设计了生活大转盘这道题，使枯燥的概念课变得贴近生活、变得有趣些，将学习的内容与我们现实生活充分融合在一起，让学生在自己感兴趣的问题中去寻找、发现、探究、认识和掌握数学。这些生活大转盘的题目使学生体会到我们日常生活的衣食住行中处处都有方程的存在。生活大转盘的设计，我是想告诉学生，不是为了做题而做题，而是方程在我们生活中处处存在的。数学学科就是要用最简单的方法来解决我们生活中遇到的问题。一大长串的语言用一个简简单单的方程就可以表达出来，体现了方程的简洁美，使学生体会到学习方程的必要性，学习方程是有用的，从而促进他们学习方程的积极性。

本节"方程的认识"概念课，我设计基于生活经验，从"跷跷板"引出"天平"，感悟平衡原理。然后通过天平写出大量的式子，再进行二次分类，通过整理，让学生自己概括出方程的含义，并进行不等式与方程之间关系的辨析，最后通过生活大转盘衣食住行四个方面巩固练习，体现了学习方程的必要性以及突显了方程的简洁美。实践表明，这样设计教学过程，不但突出教学重点，而且调动了学生的学习积极性。

小学数学拓展活动案例《营养午餐》

上海市浦东新区华林小学　王　卫

一、活动来源

为了改善学生午餐,学校围绕"提高学生营养午餐标准的方案"组织家委会及全校教师进行讨论。由此引发我的设想:学生是学校的小主人,能否让学生也参与到这项讨论中来?能否围绕"营养午餐"这个主题组织学生开展一次数学拓展活动呢?

带着这个想法,我分析了任教的四(2)班学生的学情,发现:在前面的学习中学生已经初步接触过简单的搭配问题,已经积累了简单的排列组合、统计、计算等数学知识。因此,在本班学生中开展这个数学拓展活动是完全可行的。

二、活动目的

"营养午餐"是学生既熟悉又陌生的一个课题,熟悉的是学生每天都必须接触,陌生的是学生对于什么样的搭配才是合乎营养标准的"营养午餐"还没有达到科学合理的认识,而且偏食挑食等不良饮食习惯在学生群体中也普遍存在。因此,通过围绕"营养午餐"组织一次拓展活动,主要达到以下三个活动目的:

(一)引导学生运用简单的排列组合、统计等数学知识,及正确的数学思想方法分析、搭配成科学、合理的午餐菜式。

(二)组织学生开展自主探究活动,懂得科学、合理饮食的重要性,克服偏食、挑食的毛病,养成科学的饮食习惯。

(三)培养学生学会自主发现问题、解决问题的能力,学会与他人交流合作,增强学生的问题意识、应用意识和创新意识。

三、活动过程

活动一：记录菜谱

教师给每位学生下发了一张表格，要求记录学校一周营养午餐的情况。学生拿到表格后个个兴致盎然。每天午餐结束后，就开始自主交流记录午餐的内容。有的遇到不认识的食材主动向伙伴请教；有的三五成群，一起讨论菜名；还有的为了到底是鸡排还是猪排争得面红耳赤，各不相让，最后只能走进食堂向营养师寻求正确答案。在整个记录过程中，大家都非常投入，记录也非常认真。根据自己喜好，每位学生还选出了一周中自己最喜欢的午餐菜式。

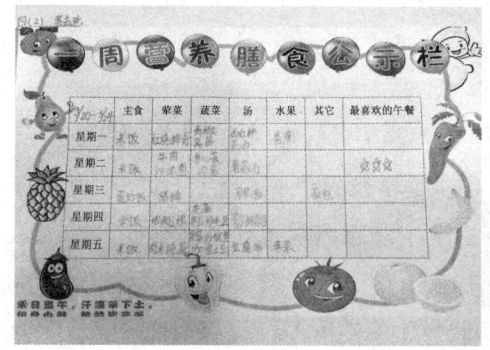

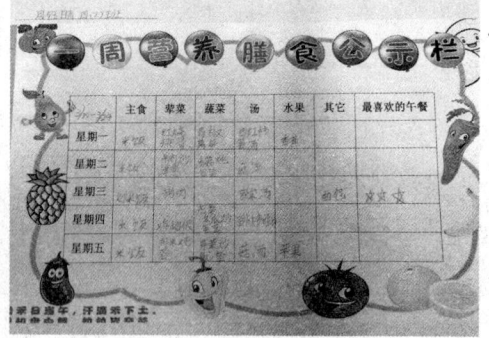

活动二：研究菜谱

学生在记录菜谱的基础上，四人一组，围绕菜谱自主探寻营养午餐中的秘密。有的上网搜索，通过营养专家的话对营养午餐有了科学的认识；有的走进阅览室，查

阅相关资料；有的还去请教学校的营养师，了解营养午餐的搭配……利用课余时间，同学们在小组内还展开了激烈的交流与讨论，弄明白了如果午餐是全素或全荤都是不可行的。全素，热量可能不足；全荤，脂肪可能超标了，因此要荤素搭配，这样才能营养均衡。通过研究菜谱，同学们也意识到了自己以前挑食偏食的行为是不可取的，纷纷表示要爱惜粮食，不挑食，努力做到每天都光盘。

活动三：设计菜谱

通过研究讨论，学生对营养午餐有了科学全面的认识，每位学生在组内推荐出自己最喜欢的主食、荤菜、蔬菜、汤和水果各一样，以小组为单位，搭配菜谱，组内选出五种最受欢迎的菜式搭配，每人设计一张营养午餐的菜谱。

活动四：评选菜谱

学生设计完营养午餐的菜谱后，先进行组内交流评比，从搭配合理、营养均衡、布局合理、版面美观、设计新颖等多方面进行评价，每组推荐出一个优秀作品参加班级的展示交流。被推选出来的学生，在赛前，都进行了积极准备，不仅根据同伴的建议进一步修改完善了自己的菜谱，还精心组织了交流的语言，因此，交流过程中精彩纷呈，掌声不断。

庞均同学用人的五官作为轮廓来安排菜谱的版面，椭圆形的眼睛、三角形的鼻子、又大又白的牙齿里藏着每天的菜单，非常生动形象，夺人眼球，同学们看了赞声连连。

何孟南同学设计的菜谱非常卡通可爱，深受大家的喜爱。五个小苹果代表一周的营养午餐菜单，中间还有4个糖果卡通人物，她告诉大家这样设计的意图是为了说明我们小朋友都是小吃货，都非常喜欢美食。

胡芮晨同学设计的菜谱也很有特色，不仅五环相连，中英文结合，还在菜谱上提出了文明用餐的口号，左上角"吃饭时，不讲话"，右上角"洗完手，再吃饭"，左下角"爱惜粮食，光盘行动"……

段以轩同学把自己设计的菜谱命名为"段氏菜谱"，独特新颖的名字得到了大家的赞赏。沈致诚同学在交流菜谱时用诗句"几回光顾齿留香，美食名园耐品尝。花样繁多风味足，民间小吃韵悠长"作为开场白，一下子博得了大家的掌声。他还给每天的营养午餐起了一个非常优美的名字，如周二，因为宫保鸡丁是香香的，麻辣豆腐是辣辣的，所以这天的午餐命名为"香辣美味"。美丽的名字、合理的搭配、生动

的解说使沈同学在最后的投票评选中独占鳌头,荣居榜首。

活动五: 推荐菜谱

1. 推荐给家长

有些家长平时忙于工作,常常会忽视菜式的搭配,因此,建议学生把自己设计的菜谱推荐给自己的家长。一方面可以引起家长的重视,另一方面也可以使学生充分体会到自己探究到的菜谱是有用的,从而获得一种成功的体验。

2. 推荐给食堂

把学生评选出来的优秀菜谱,派代表推荐给学校食堂,一方面可以让食堂了解学生的喜好,有的放矢地改善营养午餐,同时,也可让学生充分体验到自己是学校的小主人,可以为改善学校的营养午餐献计献策,增强主人翁意识。

四、活动反思

"营养午餐"对学生来说比较熟悉,天天都要接触。围绕这个主题开展拓展活动,引导学生走出课堂,走进生活,通过调查了解相关的问题,收集相关的信息,促使学生对"营养午餐"有科学合理的认识。这不仅激发了学生学习数学的兴趣,提高了学生灵活运用数学知识的能力，还培养了学生的交往、合作等综合能力。学生通过尝试搭配营养午餐，既复习巩固了简单的排列组合、统计等数学知识，学会了有序思考，又感受到了生活中处处充满数学，体验到了数学与生活的密切联系。

　　本次拓展活动不同于以往，活动内容有记录菜谱、研究菜谱、搭配菜谱、设计菜谱、评选菜谱五个板块，内容丰富，探究自主，研究深入，形式多样。这些系列活动充分调动了学生自主探究的积极性，培养了学生自主学习、小组合作、交流评价等综合能力。在推荐菜谱的过程中，通过向家长和食堂的推荐，还使学生充分体会到了数学的应用价值，增强了学习数学的信心，提高了数学服务于生活的意识。

　　在组织拓展活动时，教师要给予学生充分讨论、交流的空间，让思维碰撞出火花，当然，有时也要给予恰当地指点。如在"记录菜谱"的过程中，如何给有两种或多种食材组成的菜命名，一开始学生产生了分歧。如冬瓜与毛豆，菜名是"冬瓜炒毛豆"还是"毛豆炒冬瓜"？在充分讨论交流的基础上，大家统一了意见：多种食材组合成一道菜，要分清主材与辅材，命名的时候一般主材在前，辅材在后，因此是"冬瓜炒毛豆"。

　　同时，教师也要充分相信学生，要鼓励学生大胆探究、自主创新。如在"设计菜谱"的环节中，原来活动设计意图是降低难度，给学生提供一些菜谱的母版，但在实际操作中，教师改变了想法，在适当引导的基础上，放手让学生去自主设计。结果学生呈现的作品不拘一格，百花齐放，令人惊叹不已！有用人的五官作为轮廓来安排菜谱版面的，有用五环相连、中英文结合的，有在菜谱中插入美食方面诗句的，还有用自己姓氏来给菜谱命名的……可见，相信学生的能力，引导学生去创新，往往会让我们收获一种意外的惊喜！

浅谈小学英语教学中的绘本应用

上海市浦东新区江镇中心小学　殷玉婷

【摘　要】 在传统认知的小学英语课堂中，我们比较侧重于学生们基础知识如单词词组句型的教授，在枯燥机械的操练中获得新知，巩固新知。这样就缺失了对孩子们英语兴趣以及英语综合运用能力的培养。近年来，越来越多的老师开始应用英语绘本，结合课本知识将绘本中可爱的人物以及精彩纷呈的故事情节引入课堂中，让我们的英语课堂更加富有生命力。小学生的年龄特点使得学生们对绘本教学课堂充满兴趣，继而整体提高了我们英语课堂的教学效果，让孩子们更有效地学习，为英文能力培养打下基础。

【关键词】 小学英语　英语绘本　绘本教学

一、小学英语绘本教学的背景分析

近年来在英语教学课堂中，越来越多的老师会选择绘本教学。那么我们为何要选择英语绘本课程呢？《义务教育英语课程标准（2011版）》对小学生英语阅读的一级目标和二级目标中都提出来，"能在图片的帮助下听懂和读懂简单的小故事"。并在二级目标中加入了"讲述简单的小故事，能在老师的帮助下表演小故事或小短剧"。同时《标准》指出，综合运用课程资源有效保障课程实施，除教材以外凡是利于学生综合语言运用能力发展的材料皆可用。这些要求的实现需要素材和资源，很显然，英语绘本是最合适的材料。绘本丰富的色彩，吸引人的形象和情节，能够将孩子注意力和关注力挖掘出来，带入英文的情景中去，为英文能力培养打下基础。

二、小学英语绘本教学的优点

小学英语绘本教学具有明显的三大优势。第一点：让英语课堂更具趣味性。在课堂中采用英语绘本,将原本枯燥的知识点融入一个个充满童趣的故事情境当中,一张张夸张精美的图片作为载体。一本优秀英语绘本除了这些,通常还有扣人心弦甚至出乎意料的故事情节,让孩子们沉醉在绘本构建的世界中,为英语学习的课堂注入新的活力,让孩子们的学习过程变得更有趣,让孩子们更专注地进入学习状态,提高英语学习效率。第二点:提高学生的阅读水平。当我们在使用绘本进行英语课堂教学时,让孩子们接触到了各种各样不同题材、不同类型的绘本,为孩子们搭建了一个平台,让孩子们接触到课本外的知识。在绘本教学过程中,不是"填鸭式"教学,一味地机械地将知识填入学生们的脑中,而是在老师提供的方法指引下,主动阅读故事情节,"走进"故事中去。在日复一日的实践操作以及经验积累下,学生的阅读素养会有质的飞跃。第三点:绘本教学渗透情感教育。英语绘本对孩子们的情感教育影响深远。在我们应用英语绘本教学的过程中,从一个个生动形象的故事中,我们都能看到故事中主人公展现的优秀个人品质,正确的待人接物方式。在英语课堂教学过程中,我们凭借绘本故事中所蕴含的丰富情感内容,在课堂中把情感发酵,启发孩子们,使孩子们树立小学生应有的正确的人生观、价值观。英语绘本与课堂情感教育的整合运用,让孩子们在英语绘本充满童真的字里行间尽情遨游,使得孩子们的视野更加开阔,使内心世界更加丰富,人格更加健全。

三、如何有效开展小学英语绘本教学

(一)绘本材料应仔细挖掘

我们的小学生刚刚接触英语学习不久,作为初学者虽然英语词汇量掌握得少,但是由于年龄特点,正好处于喜欢卡通喜欢图片的年龄,大量的英语绘本阅读能促进语言输入,促进语感形成。英语绘本材料不仅要包含精美可爱的图片,妙趣横生的故事,还要包含单词,句子,以及简单的语法运用。寻找一本合适的英语绘本非常关键。何谓"合适"?首先绘本故事内容能抓住孩子们的注意力,引起孩子们的兴趣。兴趣是最好的老师,孩子们有了学习兴趣便会转化成为学习动力;其次绘本的语言难易程度要符合学生的认知水平,尽可能降低难度,这样才能保证有效的语言输出。

如在进行 Oxford English 2A M2U3 教学时,在第一课时我们学习了人体器官类单词如 head, hair, mouth 等后,经过反复资料查找,绘本的对比挑选,我给学生选择了适合本课教学内容的绘本故事"Big feet",对照着绘本中夸张、充满童趣的图片,学生们都能听懂老师讲的故事: Come and look at this. Is it a big monster? Is it a big dinosaur? Is it a big giant? No, it is Dad. 在此基础上融入本课新授内容, 对身体部位的描述。例如: 在猜测 "Is it a big monster?" 时, 结合孩子们对monster的恐怖猜想: I am a monster. I am short and fat. My hair is green. My feet are big. 这样就能巧妙地结合新授知识, 让学生在生动有趣的情境中学习英语, 在之后对恐龙以及巨人的猜想中依旧对My...is/are...的句型进行操练, 孩子们能在童趣可爱的故事中体会学以致用的乐趣。

现如今, 英文绘本题材众多, 故事内容难易程度不一。面对琳琅满目的英语绘本材料, 我们要智慧地进行选择挖掘, 亦可以在绘本故事的背景下合理地进行课本知识点的融入。把枯燥的英语知识点融入充满活力生命力的课堂中, 激发了孩子们的兴趣, 这样孩子们在课堂中会认真地听, 仔细地看, 跟着老师活跃地进行思考, 大大地提高了英语课堂的效率。

（二）绘本教学应注重演绎模仿

小学生都有较强的表演欲望, 他们希望通过表演把自己的优点发挥出来, 得到周围同学老师们的肯定与赞扬。英语的绘本故事画面精美, 具有很强的故事性, 故事又比较简练, 非常适合学生们进行演绎模仿。在学生尝试模仿演绎故事的同时, 学生也能在情境中大胆地说英语, 在此过程中学生的口语能力以及语言综合运用能力得到锻炼提高。

如在进行小学英语四年级上册M2U3 The lion and the mouse教学的时候, 我将相同题材的绘本带到课堂教学中。绘本中的内容相比较教材来说, 画面更加夸张充满童趣, 故事内容上也增加了很多细节的描写, 使整个故事更加饱满充满戏剧性。开篇主人公狮子和老鼠的登场自我介绍中, 用学生已学知识扩充了文本内容。根据绘本内容, 新增了凶猛的狮子抓住了小老鼠, 老鼠害怕地求饶: Please let me go. Maybe I can help you. 狮子不屑地回应: Help me? Ha, ha! I am not hungry today. You can go now. 狮子的高抬贵手为后文小老鼠奋不顾身救狮子埋下了伏笔。狮子高高在上的态度以及后文害怕求救的模样形成了鲜明对比, 使得整个故事更具趣味性, 也更具表演性。于是我给学生们布置了表演任务, 孩子们因为对这个故事相当感兴趣, 非常踊跃地进行组队分角色, 对每句台词的情感态度进行揣摩, 并配上夸张丰富的动作。孩子们的表演都活灵活现, 连平时害羞内向的学生都能积极主动参与到课堂活动中, 让大家刮目相看。

学生们在妙趣横生的故事表演中既自信勇敢地展现了自我风采, 又达到知识的夯实，口语及英语应用能力得到了提升，为孩子们综合素质的提高奠定一定的基础。

（三）绘本教学应放飞孩子想象

在英语课堂学习中应用绘本，不仅能把稍显枯燥的课本知识用更有趣的方式呈现给学生，还可以利用绘本大大激发孩子们的想象力，爱因斯坦曾经说过："想象力比知识更重要，因为知识是有限的，而想象力概括着世界上的一切。"想象力就像是一双翅膀，能够让孩子的人生更加多彩。如果缺少了想象力，那么孩子的世界就会少了很多色彩。孩子看到任何东西都没有延伸的空间，就会导致孩子们的思维方式受到限制，绘本的多样性正好可以提供放飞想象的平台，让孩子们在英语世界中尽情地遨游。

例如在三年级下册 M3U1 Shapes Period1 这一课，本课新授内容是形状类 circle, triangle, rectangle, square 等单词教学，我将知名绘本 Colour Zoo 引入教学中。该绘本内容简单明了，画面考究，由九种形状和十六种颜色的组合变化，拼凑组成各种可爱的动物形象：狮子、山羊、牛、猴子、狮子，等等，在此过程中巩固新授形状类单词。特别值得一提的是，每一种动物出现前，我们先出示组成该动物的几组形状，先不公布答案，让大家一起猜一猜，由这些形状我们可以组成哪些动物？孩子们脑洞大开，纷纷展开丰富的想象力，七嘴八舌地表达自己的想法，有些答案让人眼前一亮。在此过程中，让孩子们释放天性，放飞想象力。此类激发孩子们创造力想象力的英语绘本还有很多，比如 If, Dear Zoo, 等等，教师可以选择性地引入到我们的课堂中，结合英语牛津教材，给孩子们插上想象的翅膀，优化孩子们的思维方式，为孩子们今后的发展奠定良好的基础。

（四）绘本教学课堂后应布置相应课后任务

课堂英语绘本教学的时间三十五分钟是很有限的，但是我们能把课堂内的教学内容以课后作业形式延伸到课堂之外，这能够给孩子们提供更广阔的平台以及更加自由的时间，有效地消化课堂内的知识，将英语真真正正地运用到生活之中去。

例如在牛津 5B M1U2 Watch it grow 中，我在课上结合了知名英语绘本 The very hungry caterpillar，该绘本内容语句较为简单，One Monday, the caterpillar ate..., but he was very hungry. 一只可爱的小毛毛虫星期一的时候吃了一个苹果，还是很饿，星期二的时候吃了两个梨子，还是很饿，星期三的时候吃了三个李子，还是很饿……通篇讲述了从小毛毛虫蜕变成为美丽的蝴蝶的整个过程。在课后，我让孩子们根据课堂内容写一篇关于毛毛虫生长的观察报告"The life cycles of the caterpillar"并且在旁边配上图片。不同的孩子有不同的呈现方式,这些都能给学生带来学习乐趣的同时将英语用到现实生活中去。

(五)英语绘本阅读应养成习惯

一般来说,学生的阅读兴趣差异很大,有的学生喜欢钻研科普知识,有的喜欢遨游童话故事中,有的喜欢研读小说。在课堂绘本教学中无法满足所有学生的喜好。为了能让孩子们广泛地进行绘本阅读,在绘本阅读学习中效率更高,我给学生推荐了大量的英语绘本,我把自己购买的英语故事 *I am*, *Magic School Bus*, *Good Night Gorilla*, *The Napping House*, *Counting Kisses*, *From Head To Toe* 等等放置在班级的图书角,让学生利用课后时间进行阅读互动。每当学期末,对于"英语学习之星",我还会用他们感兴趣的英语绘本作为奖励。所以孩子们的学习劲头十足,都为了在期末能从老师手中拿到属于自己的奖励而默默努力。

除此之外,我还借助了学习软件"一起学习"app。该软件英语绘本资源十分丰富,有节日主题绘本、不同年级分级分层绘本、世界知名绘本,等等。在平时,我会有选择性地推送给学生,让学生们进行电子绘本阅读。并且合理安排布置英语家庭作业,确保能给学生留更多的时间去进行绘本阅读,让他们的绘本阅读平台从课堂延伸到课堂之外,让孩子们在日积月累中习惯英语绘本,甚至爱上英语绘本,享受阅读带来的乐趣,提高对英语的学习兴趣。

总之,英语绘本的引入使得原先稍显传统枯燥的英语教学得到改善,把趣味十足的英语授课方式带入到课堂中,让其成为一种教学常态。英语绘本具有大量的语言知识、文化知识以及情感态度,把英语绘本应用到小学英语课堂中,与学生的认知特点以及心理特点相结合,能够让我们的小学英语课堂迸发新的生命,新的活力。在老师的指引下,孩子们在绘本课堂中感知故事内容,有兴趣地学习语言知识,提高了孩子们的语言综合运用能力,也体会到学习英语的乐趣所在。现如今,在教学中引入英语绘本进行课堂教学还算是一种新兴方式,还需要一个成长完善的过程,这个责任就落到了我们英语教师身上。我们应该充分发挥绘本教学的作用,激发学生对英语学习的热情及兴趣,努力提高学生的英语综合运用能力,为学生的终身发展奠定基础。

拼图阅读教学在小学英语教学中的初探

上海市浦东新区进才实验小学　倪丽梅

一、什么是拼图阅读教学？

拼图阅读是一种合作学习的方式。拼图（Jigsaw）是一种拼图游戏，也就是把零散的部分拼成一幅完整的图画。拼图阅读（Jigsaw reading）就是把拼图（Jigsaw）的理念和做法与英语阅读相结合的一种教学方法，从字面上理解可以翻译为"拼图读"，专业上又把它译为"互补式阅读"。

20世纪70年代，美国不同种族的学生之间缺乏信任和交往，给正常的教学带来极大困难。这时候美国著名教育家和社会学家埃利奥特·阿伦森在得克萨斯州的小学中率先实验拼图（jigsaw）教学并取得了极大成功。这种学习方法在消除学校种族冲突、提高学生学业成绩和促进合作学习等方面很有效果。之后又有若干学者和教师将拼图教学进行改进和优化，比如斯莱文在原有拼图教学法的基础上，添加整体任务以及专家组等环节，成为拼图教学第二版本。德怀特·C.霍利迪（Dwight C. Holliday）等从关注学生知识掌握的准确度以及教师为学生提供补充讲授等方面发展出拼图教学的第三版本和拼图教学的第四版本。

在传统的阅读课堂中，学生一节课在教师的带领下通常完成一篇文章阅读，也就是完成一个阅读任务。而采取拼图阅读的方式对学生进行阅读任务的分工，可以大大提高阅读的效率。在课堂中教师的角色始终处于隐性的地位，不再是带领者的角色。在拼图阅读开始前，教师首先对学生进行明确的指导和任务分工，小组的每位成员都要求承担一定的学习任务，整个学习任务的完成有赖于每位成员的通力合作，只有每一位成员认真完成自己的学习任务，本小组的学习任务才能全部完成。

二、拼图阅读教学的教学基本步骤和实施要点

根据阿伦森等人1971年的设计开发，拼读教学有以下几个主要步骤：首先，学生分成若干组，师生把一个大的阅读任务分割成几个片段，小组内每位阅读其中一个片段。随后，各小组中同一部分任务的学生集中起来，组成专家组，共同学习和研究。然后，全部学生都回到自己原来的小组去，分别就自己掌握的内容交给同组其他同学，小组合作完成大任务。

在实施过程中，拼图教学需要注意以下四个要点：

（一）充分的课前准备。实施"拼图读"要进行大量的课前准备。首先教师应该围绕主题准备合适的阅读材料，可以是同主题的若干篇阅读材料内容，也可以是一篇长的阅读材料，教师根据材料的内容或篇幅把其分成若干份。

（二）合理地划分小组。拼图阅读最主要的特色是学生们的学习大都依赖于原属小组与专家小组组员间的合作、交流与分享，每个组员都要负责阅读材料中某一部分的任务。因此在整个拼图阅读活动过程中起码有两次分组和一次重组。在分组时，教师应该充分考虑学生的差异性，特别是第一次的Jigsaw group的划分，最好能做到"强弱搭配"，这样在活动的时候可以更好地调动优秀生的学习积极性，减轻后进生的学习焦虑。

（三）深入的读前活动。除了合理划分小组外，教师还应该对阅读材料的难易程度进行预测。在阅读前教师利用图片等引导学生去猜测和讨论，然后再进行背景知识的介绍，必要时教师还可以在分组前把阅读中的难点提取出来，引导学生分析、学习。此外，教师也可在分组阅读前，就阅读材料中共同的问题进行全班的引导、讨论，以减轻在拼图阅读时学生完成任务的难度，从而为阅读活动的顺利开展做好准备。

三、拼图阅读教学的案例分析

题目：拼图阅读教学初探

【概述】拼图阅读教学中，课前教师根据学情和学习内容，做了充分的准备工作。在课堂中，教师引导学生，通过小组协作，在活动中完成拼图阅读学习。

【教学案例】

主题：拼图阅读，以读促写

（一）教学材料：Oxford English (Shanghai Edition) 3BM3U3 Period 3 Seasons in My Eyes。

（二）学情分析：本次教学对象是本校的三(8)班的学生，该班级男女生比例均衡，班级中大部分学生对英语学习有着较浓厚的兴趣。每周4节英语课的英语学习和言语操练，使他们逐步具备了一些基本的听说和会话的能力。班级自三年级开展"悦读"计划以来，大多数学生能够独立完成绘本故事的阅读，但是小组合作完成阅读内容对于他们将是一次挑战。

（三）教学目标

	语言知识	语言技能与运用	情感态度	学习策略
第三课时教学目标	1. 感受辅音连缀bl, fl和sl在单词中的发音 2. 在语境中进一步学习和运用本单元的核心词汇：plant trees, have picnics, ice-skate, ski等动作的单词 3. 在情境中理解感知learn Kung Fu, have roller coasters, dance waltz 4. 学习、理解并运用本单元的核心句型：It's ... We can... 5. 能够理解文本，体会四季的变化	1. 能够朗诵含有辅音连缀的儿歌，并能够拼读拓展词汇 2. 能正确朗读、理解本单元的核心词汇：plant trees, have picnics, ice-skate, ski等动作的单词，在语境中感受四季不同的活动内容 3. 能理解、朗读词组：learn Kung Fu, have roller coasters, dance waltz 4. 能用本单元的核心句型：It's ... We can ... 介绍其中一个季节 5. 能准确地朗读短文，并表达自己最喜欢的季节	感知四季变换所带来的不同变化（气候、活动），提升发现能力，发展联想能力，感知童年生活的丰富多彩	1. 通过观察辨析、师生问答、同伴学习等方式，发现四季的特征 2. 通过拼图阅读活动理解短文内容 3. 通过小组协调、合作等方式，沟通交流四季的活动方式

（四）教学回顾

第一步：复习旧知，引出话题，扫除阅读障碍。

➢ 复习已学内容，引出本课话题——我眼中最喜欢的季节。

➢ 创设情境，简单说一说自己喜爱的季节，同时扫除可能存在的阅读障碍。

第二步：分组阅读，提取某一季节的信息。

➢ 将全班按照春、夏、秋、冬分组，每组四人。每组分别阅读各自季节的阅读材料。由于班级人数较多，所有冬季内容分为冬季室内和室外两部分。

➢ 每个组共同阅读，互帮互助，解决可能出现的生词。

➢ 学生从文本中寻找相关信息，梳理阅读内容的核心脉络。

➢ 完成之后，教师针对可能出现的问题，进行全班反馈。

第三步：重新分组阅读，进行信息的交流和归纳，获取四季气候和活动信息。

- 重新分组。每组中每位同学编号,每组1号形成新的一组,每组2号坐在一组,以此类推,每个组选出一个同学,与其他小组同学共同组成一个新的小组。
- 小组成员轮流分享,交流各自阅读内容,完成思维导图。
- 教师利用板书,在黑板上呈现内容的思维导图。
- 学生阅读完整的内容,回顾所学内容。

第四步:回归原来小组,联系生活,说一说,写一写。
- 进行一个小游戏,拓展词汇内容,调动学生生活经验。
- 小组成员根据生活经验,谈论自己喜爱的季节,达成共识,动笔写一写。

(五)案例评析

本节课35分钟时间,全程使用拼读阅读教学,对于学生的协作学习是一次较好的磨炼。每个学生在阅读过程中都有自己的理解和想法,小组中需要交流沟通,说服对方,达成一个小组内统一的意见,这对于三年级的学生是一次不小的挑战。本节课,教师主要通过三个活动,两次分组,引导学生协作阅读,获取信息,整理归纳信息,然后运用于写作。

四、拼图阅读教学实践的反思

(一)对拼图阅读教学的定位:拼图阅读教学可以很好地激发学生参与活动的积极性,相互取长补短,共同进步。拼读阅读教学目的是通过学生自主阅读、合作学习,增加输入内容,达到以读促写。

(二)拼图阅读教学的运用环节:拼读虽然可以整节课运用,但是也可以根据教学需求,将之运用于阅读教学中的某一环节中。在日常教学中,教师可以融会贯通多种阅读教学形式,丰富课堂的趣味性。

(三)拼图阅读教学的组织形式:根据理论指导,小朋友一节课可能需要换两次左右的位子,但是根据实际的教学活动内容,我们可以选择其中的一种换座形式,避免调整座位带来的时间损耗。在小组活动的时候,我们可以参考文学圈的教学形式,为小组成员安排不同的分工,确保每位成员都有内容可以学习、交流和分享。我们可以用编号的形式,确定分工,鼓励学生学会倾听、学会讨论、学会表达、学会组织。比如,1号组长,2号记录员,3号发言人,4号组织者等。

(四)重视对于实证材料的收集:课前、课堂、课后的学生材料,都是课堂教学语篇活动优劣的实证材料,教师应该回收并做相关分析,以提高和改进下一步的语篇教学。

综上所述，我们发现，一整节课使用拼图教学对于教师和学生在理念上和实际操作上都是一次不小的挑战。在不断的阅读练习中，高年级的学生还是能够适应并逐渐喜欢这种新的学习方式，因为它激发了学生的主动学习和互动学习。在日常教学中，考虑到小学生的年龄特点和35分钟的课时长度，我认为，更为有效的方式是将拼图教学融入整个教学环节，取之精华，使之成为提升阅读教学质量的一部分，服务教师的教和学生的学。

基于小学英语单元句型的教学策略

上海市浦东新区进才实验小学　陶跃汝

北师大的程晓棠教授曾经说过，应该把语言作为整体来学习。因为意义和语境有助于学生对语言的感悟，有助于培养学生的学习动机和积极性。被分割为碎片且离开语境的字母、音标、单词甚至句子都不利于学习，尤其不利于小学生的学习心理。由此可以看出，句型教学，如果脱离了整体的单元设计，学习效果将大打折扣。句型学习的扎实与否，和学生表达思想、传递信息以及进行交际是息息相关的。

但在日常教学中，我们教师还存在着一些类似的误区。一些教师仍用"老办法"教"新教材"，片面追求语言形式的教学，而忽视语言意义的教学。他们将句子和对话割裂起来进行教学，将对话逐字逐句进行讲解，把一个完整的饶有趣味的语言情境分解得支离破碎，既不利于对语言形式的学习和理解，也不利于学生对语言内容的理解和掌握，教学效果很不理想。

还有一种误区就是，一些教师缺乏对课程标准、整个教材宏观的把握，教学目标没有得到很好的整合，或者将课堂教学目标与单元目标混淆，教学活动没有很好地体现教学目标的滚动，教学活动重复低效，造成学生会读句型却不会用句型的尴尬。

那么出现这些误区的原因是什么呢？有的是教师在目标设计中的偏差导致的；有的是没有整体考虑教学方法而造成的。为探索并解决这些问题，我们在课堂中采取了基于单元整体的句型教学。那么，在实施基于单元整体的句型教学过程中，我们需要遵循哪些教学策略呢？

一、连贯语境打造循序渐进、大量积累的认知策略

（一）句型教学中连贯语境的创设

句型教学，如果脱离了语境，学习起来就味如嚼蜡，枯燥乏味不说，还事倍功半。

但现在的教学常态是：老师们对于创设语境是有意识的，但对于创设一个单元的连贯语境还是缺乏必要的认识。其实，单元语境的创设对于句型的学习至关重要。单元语境犹如一条长河，句型就是河中的鱼儿，在长河中自由游弋。而单个课时创设的语境就如一个小小的水潭，鱼在水里游，可惜缺了一份灵动和往复。可以说，单元语境的创设，为孩子增加了语言学习体验的宽度和深度。

如何创设合适的单元情境，是很多老师头疼的问题。其实，在牛津英语中，每个模块都有主题。这个主题就能帮助老师们很好的提炼出单元话题。

比如4A M3模块主题是Places and activities，从这个主题出发，我们可以思考的是：这是什么地方？为什么去这个地方？这个地方有什么？在这个地方可以干什么？喜不喜欢这个地方？为什么？等等。然后看三个单元的主题。Unit 1 In our school，Unit 2 Around my home，Unit 3 In the shop，三个单元都可以顺着这样的思路来思考创设话题。比如Unit 2 Around my home，这是什么地方？——家附近。为什么去这个地方？——Jill是新来的同学，邀请大家去参观她的家。或者Jill要过生日，举行派对邀请大家去。或者Jill搬了新家，她想跟大家介绍一下她的新家……可以设想的场景很多，只要符合主题，符合生活的实际都是可以的。这个地方有什么？——家附近场所以及位置的介绍。在这个地方可以干什么？——不同的场所有不同的活动。喜不喜欢这个地方？为什么？——加入情感体验，让情感驱动注意力，注意力驱动学习和记忆。可以说，通过这样的梳理，单元的连贯情境创设还是比较容易的。还是Unit 2 Around my home，它的单元语境话题就可以设计成这样：

课时	话题
第一课时	Receiving Jill's invitation
第二课时	Visiting Jill's home
第三课时	Helping people around Jill's home
第四课时	Visiting Nanjing Road around Jill's home

（二）连贯语境中句型的不断复现和逐层递进

由于牛津教材是按照"功能——结构——话题——任务"的思路进行编写的，因此，我们在进行单元整体教学的时候，可以根据"语言功能""语法项目""相关话题""任务活动"等对教材进行一些处理。把教材中的主文本和辅助文本进行有机的整合。还是以Unit 2 Around my home为例，本单元的教学目标为：

※知识与技能目标：

1. 在 Around my home 的语境中，学生能掌握本单元的核心词汇：

e.g. supermarket, post office, restaurant, next to, between, street, shop, near, city, many, some 等。

2. 在 Around my home 的语境中，学生能掌握本单元的核心句型：

e.g. Where is ...? Is/ Are there ...? Yes, there is/are. No, there is/ are not. 等。

3. 学习音素：sl-, sn-, sw-。

※能力目标：

在 Around my home 的语境中，学生能运用本单元的核心词句描述周围的场所，场所的特点、方位，以及在不同场所能做的事情，并能够询问他人的家庭住址及周围场所。

※情感目标：

通过本单元的学习，在 Around my home 的语境中，从认识、介绍自己家及他人家的周围新场所，了解各个场所的特点，方位，以及在不同场所能做的事情的过程中，学生能体会到快乐和方便，由衷地热爱自己所生活的地方。

通过教学目标，我们可以清晰地了解本单元的教学任务，分配到每个课时中，进行必要的整合调整。句型的教学在不同课时中的要求是逐层递进。让学生在不断的操练、学习、体验中学会运用。

课 时	话 题	句 型
第一课时	Receiving Jill's invitation	There is/ are...（新授单词和已授句型巧妙整合，铺垫埋伏）
第二课时	Visiting Jill's home	Is there... Are there...? Yes, there is/ are. No, there is/ are not. （初步感知学习新授句型）
第三课时	Helping people around Jill's home	Where is ...? Is/ Are there ...? Yes, there is/ are. No, there is/ are not. （深入学习新授句型，初步运用）
第四课时	Visiting Nanjing Road around Jill's home	Where is ...? Is/Are there ...? Yes, there is/ are. No, there is/ are not. （通过阅读，运用句型进行交流沟通，达到语用功能）

二、多样方法打造倾听交流、思考表达的交际策略

(一) 问题引领

在单元教学中,我们可以基于语境和话题,设计相关的问题。如线性问题,网状问题,总起式问题。将这些问题有序分配在各个课时中,结合核心句型的学习,从而起到牵一发动全身的效果。

问题类型	课题	核心句型	具体问题
线性问题	5A M2U3 Moving home	Why...? Because...	How is your old home? How is your new home? Why do you change your home...? Why do animals change home, too?
网状问题	5A M1U3 My future	What do you want to be? I want to be a/an...	What's your appearance? What's your ability? Who are you? What's your hobby? What do you want to be?
总起式问题	4B M3U3 Days of the week	...always/usually/often/sometimes...	How are your weekdays/weekends?

(二) 整体感知

在第一课时的教学中,我们可以结合学生已有的认知基础,通过听说法整体感知文本内容,导入新授的功能句型,把握相关话题;第二、三课时中,在持续的活动和情景中练习和巩固本课时重点的功能句型;最后,在接近真实生活的情景和任务中让学生再次整体感知,运用本课所学的功能句型谈论相关话题,从而实现语言知识到语用的过渡。

(三) 合作交流

给学生创设合理的合作交流的机会,不仅能培养学生的交际能力,还可以让学生将单词和句型有效的运用起来。教师在这个过程中起到了十分关键的引导作用。比如对话式句型可以通过信息差的建立,激发学生互相交流,互相了解的欲望。陈述式句型则可以让学生通过表达体验到自我的意识,了解他人的观点。在单元的句型教学中,我们可以设计一些有意义的,具有一定趣味性的,有真实体验的合作交

流。如4B M3U3 Shopping.我们完全可以在第一课时让大家交流喜欢吃什么,第二课时讨论缺什么,去超市购买什么,等等。

(四)任务驱动

任务驱动要求教师在教学中要以具体的任务为载体,以完成任务为动力,把知识和技能融为一体。让学生能用所学英语完成任务,并在过程中发展运用英语的能力。在单元句型的学习过程中,利用任务驱动孩子积极参与,引导孩子自主学习,让句型融入孩子们的行为活动甚至生活中去,不失为一种很好的方法。再以4AM3 Unit 2 around my home 为例:

课 时	话 题	句 型	任 务
第一课时	Receiving Jill's invitation	There is/ are... (新授单词和已授句型巧妙整合,铺垫埋伏。)	Make a map.
第二课时	Visiting Jill's home	Is there...? Are there...? Yes, there is/ are. No, there is/ are not. (初步感知学习新授句型)	Find Jill's home.
第三课时	Helping people around Jill's home	Where is ...? Is/ Are there ...? Yes, there is/ are. No, there is/ are not. (深入学习新授句型,初步运用)	How to help others?
第四课时	Visiting Nanjing Road around Jill's home	Where is ...? Is/ Are there ...? Yes, there is/ are. No, there is/ are not. (通过阅读,运用句型进行交流沟通,达到语用功能)	Do a survey about Nanjing Road.

三、案例分析

本课时为5A M3U3 Seeing the doctor 第一课时的教学,本课以Kitty和Peter为主线贯穿整堂课,在创设的Kitty和Peter生病的情境中,让学生掌握教材内容中常见疾病名称fever, toothache, cough, cold 和句型What's wrong with you?的知识后,又适当拓展相关常见疾病 headache, earache, stomachache, 丰富学生的知识。

并让学生用 You should ... You shouldn't ... 句型提供一些建议。

【教学目标】

1. 在语境中学习、理解、运用 What's wrong with you? I have a ... 的新句型来询问对方身体状况。

2. 在语境中能用 You should... You shouldn't... 来提供他人恰当的建议，并能在情境中合理运用。

3. 培养学生养成良好的生活习惯，了解好习惯坏习惯对于疾病的影响，让学生学会健康生活。

【教学过程】

Procedure	Content	Method	Purpose
I. Pre-task preparation	1. A song *Trouble is a friend* 2. Ask and answer What do you do when you're in trouble? 3. Elicit the dialogue	1. Sing the song 2. Answer the question I _____, when I'm in trouble. 3. Listen to the dialogue	通过歌曲，使学生逐步进入语言学习的氛围。通过方老师的困扰引出Kitty、Peter生病的情景，引发学生的兴趣
II. While-task procedure	1. Teach: cough/sore throat 2. Teach: fever/ cold 3. Teach: What's wrong with you? 4. Teach: You should... 5. Teach: toothache, dentist	1. Learn: cough （1）Read the word （2）Read a rhyme （3）Read and act 2. Learn: fever （1）Read the word （2）Try to say 3. Learn: What's wrong with you? （1）Act and Say （2）A rhyme 4. Learn: You should... （1）Answer the question （2）Try to say （3）Ask and answer 5. Learn: toothache （1）Listen to the dialogue （2）Read the word: toothache （3）Read the word: dentist （4）A rhyme	通过对话，引出 cough、sore throat、fever、cold，在学习词汇的过程中，融入问答小练习以及儿歌来活跃气氛 能用所学有关疾病的单词和句型 You should... You shouldn't，来提供他人恰当的建议，并能在情境中合理运用

（续表）

Procedure	Content	Method	Purpose
II. While-task procedure	6. Teach: You shouldn't... 7. Review: A: What's wrong with you? B: I have a .... A: You should... It's good for your health. You shouldn't... It's bad for your health.	6. Learn: You shouldn't... (1) Read You shouldn't eat too many sweets. (2) Guess and say (3) Chose and answer 7. Learn: headache, earache, stomachache (1) Match and say (2) Fill in the dialogue	
III. Post-task activities	1. Review the words 2. Review: You should...You shouldn't... 3. A survey about living habits 4. A health report	1. Guessing game 2. T or F exercises Listen and enjoy 3. Some questions about living habits 4. Finish the report	通过猜一猜的游戏巩固所学的新单词 通过判断日常疾病小贴士正误的小练习进一步操练句型 通过完成生活习惯调查表和健康报告的练习，引出情感目标
IV. Homework	1. Read and spell the new words 2. Read the rhyme listen and enjoy 3. Do a survey about your parents' living habits and offer a health report to them		作业在听说读写方面加强巩固，在作业评价中体现分层性

（上海市浦东新区进才实验小学　唐佩玉）

本课时为M3U3 Seeing the doctor第二课时的教学，学生已了解相关如hospital，doctor，dentist内容，在第一课时中也初步接触了一些描述疾病的词汇和提供的一些建议。在接下来的学习中，逐步了解就医的过程，从语言的复述、运用，到尝试写话，在学习过程中进一步加强与完善，使其语言得到丰富、整合与拓展。

【教学目标】

1. 在语境中学习、理解、运用What should I do? What shouldn't I do?的新句型来征询建议，并能用You should... You shouldn't...来提供他人恰当的建议。

2. 在语境中理解下列日常用语：What's wrong with you? How do you feel? You will be better soon，并能在情境中合理运用。

3. 能结合新旧知识，通过Seeing a doctor的情景还原了解就医过程、合理描述自己的身体状况、模拟医生作出准确诊断、给出恰当的建议。

4. 培养学生在交流中体会学习英语的乐趣,在潜移默化中了解到好的生活习惯,学会健康生活。

【教学重难点】

学生能根据不同的病症给出恰当的建议。

【教学过程】

Procedure	Content	Method	Purpose
I. Pre-task preparation	Guessing game. Say and guess.	1.1 Guess Kitty's sickness. T: Who am I? I am Kitty. Oh, my nose is running. What's the matter with me? My throat is sore. Ough. What's the matter with me? Oh, I feel cold, but my body is hot. Tell me what sickness I have? Ouch. My tooth is aching. What's the matter with me? Ss: answer You have a ... 1.2 Spell the sickness. T: Oh, poor Kitty. How many sickness does she have? What are they?	通过症状描述复习单词,使学生逐步进入语言学习的氛围
II. While-task procedure	Kitty goes to the hospital. 1. Poor Kitty. 2. Doctor is asking about Kitty's symptom. 3. Doctor is diagnosing the illness.	T: 2 months ago, she fell into the river, her dog Sam saved her, but she had a fever, a cough, a cold . 1 month ago, she ate a lot of sweets and had a toothache. Today, she is sick again! So, Kitty goes to the hospital with her mum. Elicit the topic. Read it. 2. Listen to dialogue 1 2.1 T: Listen, doctor is asking about Kitty's symptom. # Teach What's wrong with you? I have a .... # Play a game—B&G ask and answer quickly. # Read Dialogue 3. Listen to Dialogue 2 3.1 T: What does Kitty have ? What should the doctor do next? Listen to Dialogue 2. 3.2 What does the doctor say? Elicit: Let me have a look. (Read it.) take your temperature. # Read and spell.	通过对话学习日常用语,使学生学会活用,也为本课时和下一课时做好铺垫 基于课本,在复现语篇中,习得新句型,并能在语境中理解运用,以及复述文本内容

(续表)

Procedure	Content	Method	Purpose
II. While-task procedure	4. Doctor is giving Kitty some advice.	# Read the passage. # Read the sentences together. # Who has a fever? 3.3 Act out the dialogue. 4. Listen to dialogue 3 4.1 T: Kitty has a cold. Listen, doctor is telling Kitty some advice. Listen to dialogue 3. 4.2 Listen and finish the doctor's order. Feedback. Elicit take some medicine. Teach it. 4.3 Pattern: What should I do? T: If I am Kitty, what should I do? Elicit the pattern. Read a rhyme—Quick response—group work. T: If I am Kitty, what shouldn't I do? Elicit the pattern. Read a rhyme—Quick response—group work. 4.4 T: If you are sick, you should pay attention to eating, drinking, wearing, doing. Read the phrases—B&G ask and answer—Pair work—feedback. 4.5 Read the passage by roles. 4.6 Teacher sums up. Listen and read the whole dialogue.	
III. Post-task activities	Kitty goes to the pets' hospital with Sam.	1.1 Listen, some days later, Kitty is better soon. But why is she crying? Guess. 1.2 T: Kitty's dog Sam is sick. Do you know Sam? Why is he sick? Let's listen. 1.3 Guess Sam's sickness. 1.4 Act out the dialogue. 1.5 If you are Kitty's mum, what should you say? Elicit topic. Say goodbye to bad living habits. Do you have a bad living habit?	学会就医,并能了解健康生活的好习惯
IV. Homework		• 1. Copy the words and read the text. • 2. Do the exercise book P63 G H. • 3. Try to finish the survey.	作业在听说读写方面加强巩固,为下一节课埋下伏笔

(上海市浦东新区进才实验小学　陶跃汝)

比较同一单元中的两个课时，我们不难看出：

课时	话题	情境	句型教学目标	教学方法	文本内容	情感体验
第一课时	Someone is not very well	班级中两位同学Kitty，Peter病假没来。老师分别打电话询问病情	You have a ... You should/shouldn't ...	1. 听说整体感知 2. 调查问卷 3. 游戏猜谜	以自我表述为主	培养学生养成良好的生活习惯，了解好习惯坏习惯对于疾病的影响，让学生学会健康生活，关心他人
第二课时	Kitty goes to see the doctor	Kitty 去医院看病	What's wrong with you? I have... What (else) should I do? What shouldn't you do? You will be better soon.	1. 听说整体感知 2. 表演运用 3. 游戏猜谜	以对话询问交流为主	了解就医过程、合理描述自己的身体状况、模拟医生做出准确诊断、给出恰当的建议 培养学生在交流中体会学习英语的乐趣，在潜移默化中了解到好的生活习惯，学会健康生活

总的来说，我们在教学中运用"单元整体教学法"要注意这么四个方面：

一是整体设计单元教学目标。目前我们所使用的小学英语新教材都是根据《英语课程标准》来编写的。教材是课程资源当中的核心资源，"单元"是教材中的最重要的单位，教师必须在认真钻研《英语课程标准》和教材的基础上，充分考虑学生的实际情况，以单元为整体来确定单元教学目标。这就要求我们要通盘考虑整个单元的教学，不能孤立地去看待教材中的某一个教学内容，而是要将局部教材和整体教材综合起来进行备课；将每个单元、每个课时，乃至每个知识点的教学目标联系起来。

二是整体组织教学内容，并突出单元中每一课型的特点和作用。在"单元整体教学目标设计"的基础上，教师要根据单元教学目标对教材的内容、编排顺序、教学方法等进行适当的取舍和调整；从整体上把握教材并突出单元中每一课型的特点和作用，促进课堂教学效益的提高。

三是整体设计教学方法，培养学生初步的语言综合运用能力。在"单元整体教学与评价"的实施中要求教师将语言知识放在语篇和情境中整体呈现，并将听与说、听与读、读与说、说与写等各项技能有机结合，同时渗透对学生技能策略和自主学习策略的培养,激发和调动学生参与的积极性,关注学生主动思维和课堂互动的多样性,促进学生英语学习能力的发展。

四是将评价和单元教学有效地融合。根据单元教学目标,教师整体设计单元评价的方案。通过形成性评价在单元整体教学中的运用,引导学生积极主动地学习,拓展课堂教学空间,弥补课堂教学时间的不足。

浅谈小学自然单元整体教学设计中的作业设计

上海市浦东新区进才实验小学　崔　萍

小学自然教学以培养学生的科学素养为宗旨，引领他们亲近自然，感受科学，养成热爱自然的情感和不断探究自然的兴趣；学习与周围世界有关的科学知识，逐步养成科学思维方式，发展科学思维能力；养成良好的学习习惯和科学的态度，体验科学、技术与社会的关系，发展应用科学知识解决日常生活中有关问题的能力，承担着对小学生进行科学启蒙教育的任务。

作业是课堂教学的巩固和延伸，是提高教与学效果的重要途径之一。纵观小学自然作业，师生都存在忽视作业的现象。教师常常在课堂教学设计上花很多时间和精力，而忽略了作业的价值。学生对作业不怎么感兴趣，加之他们要面对语数英沉重的作业负担，更是对自然作业缺乏积极性，久而久之，基本就是应付，有甚者连应付都懒得应付。教师要重新认识自然作业的价值与意义，作业不仅仅是课堂教学的巩固和延伸，还是学生科学探究的拓展，是学生科学学习的深入，特别是学生课前作业的反馈还能有效地成为教师新授课的起点。针对目前小学自然作业存在的问题：作业内容缺乏整体思考和逻辑关联；作业形式单一，忽视学生探索的过程，以笔者看，作业设计应立足于单元整体教学之中，以单元教学目标为基础进行单元作业设计。

一、单元作业设计原则

单元作业的设计要基于《小学自然课程标准》《小学自然教学基本要求》，依据单元教学目标和各年龄层学生的能力水平及学习需求设计。作业的内容除了要包含知识与技能维度的内容外，还要包含过程与方法、情感态度与价值观维度的内容，使学生完成作业后能感到自己的成长与进步，能激发他们持续的学习动力。为保证作业设计既科学又符合学科特点，需遵循以下原则。

（一）以单元目标为导向

单元教学目标在单元教学活动中处于核心位置，它决定着单元教学行为，同时也是单元作业内容的依据。所以单元作业内容的设定要与单元教学目标保持一致，不能高于单元教学目标，也不能低于单元教学目标。因此，应从单元教学目标出发，在此基础上选择并设计单元作业的内容。

（二）内容重开放与探究

《小学自然课程标准》明确指出以科学探究为核心的理念，改进学生的学习方式，让亲身经历探究活动成为小学生学习科学的主要途径，把课堂和课外紧密结合起来，给学生创造充分的自主探究的时间和空间。除保留部分传统型作业外，作业的内容要突出开放性和探究性，也就是说，学生解决问题时要有一定的思考，要体现他们的探究与实践过程。同时，作业的答案要有一定的迁移性、开放性。

（三）容量和难度要适切

作业容量的设计要考虑既不加重学生学习负担，又尽可能发挥学生的潜能。在安排基础性、统一作业的基础上，对学有余力或有特别兴趣的学生可以设计不同形式的作业，提出拓展性要求，以满足学生差异性学习要求和发展性学习需求，但要适当控制拓展作业的难度，努力发挥拓展作业的针对性、激励性、挑战性，以激发学生的学习兴趣、学习积极性、学习潜能，促使学生体验到学习的成功感，促进不同层次的学生在原有水平上得到发展。

（四）形式多样激发兴趣

设计不同形式的作业激发学生学习的兴趣，丰富学生的学习经历，满足学生的发展需求，突出科学核心素养的培养。作业设计要改变单一的文字式作业形式，可以设计一些制作、实验、口头完成的作业；可以在课堂内完成，也可以在课外完成；可以由个人独立完成，也可以由小组合作完成；鼓励学生选择课内外资源，设计自主实验。

二、单元作业设计分类

（一）课前作业

课前作业是指教师在课堂教学活动前布置的作业，可以是检测学生课前概念的作业，也可以是针对新授内容的预习作业。课前作业的意义在于能让老师了解学生的学习基础,有针对性地设计和学生认知相匹配的教学环节;让学生对即将学习的知识有一定的感知和准备。

(二)课中作业

课中作业是指学生在课堂教学过程中完成的作业,往往与教学过程紧密联系,如在教学过程中设计让学生对一些过程、数据、结论等方面内容进行记录、分析的作业。教师可通过及时检测学生完成课中作业的情况,反馈教学效果,促使学生加深对单元学习内容的理解。

(三)课后作业

课后作业可以是检测学生学习成果的作业,也可以是对某一内容拓展探究的作业,又可以分为短周期作业和长周期作业。短周期作业是指教师提供某一项作业,学生在短时间内完成,教师通过考查学生完成作业的质量和效果,评价学生某些方面的水平和能力。长周期作业是指教师布置作业任务,学生从设计、实施到完成可以经历一段时间(几天到几个月),其间教师应参与全程指导,根据学生的表现和完成情况对学生作出评价。

三、作业设计实施案例

以沪科教版小学自然教材,四年级下册第五单元《沉与浮》为例。

(一)确定作业目标

在解析单元教学目标和活动目标的基础上,厘清各个学习活动如何落实活动目标,结合四年级学生的实际情况,确定相应的单元作业目标,使单元作业目标与单元教学目标、活动目标、学习活动一致。见下表《沉和浮》作业目标生成表。

单元教学目标	活 动 目 标	单元作业目标
○说出在水中的物体无论沉或浮,都会受到浮力的作用 ○感受浸没在水中的部分越多,受到的浮力也就越大	1.1 通过动手操作,体验浮在水上的物体受到水的浮力 1.2 通过测量与比较,知道沉在水下的物体也受到水的浮力	1.1 动手操作,能体验到浮在水上的物体受到水的浮力,说出感受 1.2 测量与比较,记录同一物体在空气中和在水中的重量,分析得知沉在水下的物体也受到水的浮力

(续表)

单元教学目标	活动目标	单元作业目标
○体验基本的科学探究过程	1.3 通过实验探究,知道物体浸没在水中的部分越多,受到的浮力越大	1.3 实验探究,记录同一物体在空气中、一半在浸水中、完全浸没在水中的重量,思考物体浸没在水中的部分多少与受到浮力大小的关系
○知道当物体所受浮力足够大时,它就上浮;所受浮力不够大时,它就下沉 ○知道潜水艇沉浮的原理 ○体验科学探究的过程	2.1 通过针筒沉浮实验,知道在重力不变的情况下,物体的大小影响它在水中的沉浮状态 2.2 通过模拟潜水艇实验,知道在大小不变的情况下,物体在水中的沉浮状态与它的重力有关	2.1 操作针筒沉浮实验,记录在重力不变的情况下,水中物体体积大与小的重量变化,思考物体重力不变,其大小在水中的沉浮状态 2.2 模拟潜水艇实验,记录数据得知在大小不变的情况下,物体在水中的沉浮状态与它的重力有关
○知道同一物体浸没在盐水中受到的浮力比在清水中大 ○说出人们利用浮力使下沉的物体浮起来的例子 ○理解影响物体沉浮状态的因素 ○养成小组合作设计验证实验的能力和自主探究能力	3.1 通过利用多种方法使橡皮泥和马铃薯浮出水面,进一步理解影响物体的沉浮状态的因素,提高运用所学知识的能力 3.2 通过改变鸡蛋的沉浮,知道同一物体浸没在盐水中受到的浮力比浸没在清水中大 3.3 通过交流实例,了解人们如何利用浮力来工作	3.1 记录利用加盐的方法使马铃薯浮出水面,利用改变橡皮泥形状的方法使橡皮泥浮出水面,思考影响物体的沉浮状态的因素 3.2 记录鸡蛋在清水与盐水中的沉浮状况,思考同一物体浸没在盐水中受到的浮力比浸没在清水中大 3.3 看沉船打捞图,说一说人们如何利用浮力来工作
○知道物体在空气中也会受到浮力的作用 ○了解氢气球、飞艇能升空的原理 ○体验基本的科学探究过程	4.1 通过观察演示实验,知道物体在空气中也受到浮力的作用 4.2 通过吹泡泡,进一步体会空气浮力的作用	4.1 观察氢气球和飞艇图片,思考氢气球为什么能升上天空,飞艇为什么能在空中飞行,知道物体在空气中也受到浮力的作用 4.2 通过泡泡,思考空气浮力的作用

(二)编制作业题组

本单元作业实践性比较强,设计时可以突出作业的实践操作性,让每一个学生在完成作业的过程中有一定的思考和体验。针对教学要点,设计相对应的作业内容。本单元的教学要点是:一、知道物体在液体中都会受到浮力的作用;二、知道物体浸没在液体中的部分越多,受到的浮力越大;三、知道影响物体沉浮状态的因素;四、了解人们利用浮力工作的实例;五、知道物体在空气中也受到浮力的作用。设计时要考虑到四年级小学生的年龄特点,大多数学生都乐意去实践,并有一定的实践能力,因此在作业完成要求的设计上要强化学生的探究意愿和合作习惯的养成,让不同的学生都能体会成功的喜悦。

(三)作业设计结果

根据单元教学内容和单元作业目标,设计了本单元的作业题组,分为课前作业、课中作业和课后作业三个部分,具体如下。

1. 课前作业——贴近"兴趣与生活"

(1) 分别收集一些能沉在水底和浮在水上的小物品,比较它们有什么不同。

(2) 了解一下潜水艇的秘密,并和同学交流。

(3) 收集一些有关死海的故事,并和同学交流。

(4) 收集氢气球和汽艇的图片,思考它们为什么能浮在空中。

2. 课中作业——贴近"活动与难点"

(1) 活动Ⅰ:水的浮力

① 说说用手把泡沫塑料往水中压,手的感觉是怎样的?(　　)

　　A. 没感觉　　　　B. 被向上顶的感觉　　　　C. 被向下拉的感觉

② 记录钩码不同状况的重量。

	钩码在空气中	钩码在水中
钩码的称重(N)		
分析思考并得出结论		

③ 记录橡皮泥不同状况的重量。

	橡皮泥在空气中	橡皮泥一半浸没在水中,一半在空气中	橡皮泥完全浸没在水中
橡皮泥的称重(N)			
分析思考并得出结论			

(2) 活动Ⅱ:影响物体沉浮的因素

① 记录同一个针筒,大小(体积)不同时分别在水中的沉浮情况。

	推进的针筒（小）	拉开一部分的针筒（大）
在水中的状态		
分析思考并得出结论		

② 制作完小潜水艇后，说说潜水艇是怎样控制在水中的沉浮。

（3）活动Ⅲ：怎样使下沉的物体浮上来

① 把你使用的能成功把橡皮泥和马铃薯浮出水面的方法画出来。

物　体	第一种方法	第二种方法	……
橡皮泥			
马铃薯			

② 把使鸡蛋浮出水面的过程（方法）画出来，并思考鸡蛋由沉到浮的原因。

鸡蛋在清水里	鸡蛋在盐水里	思考鸡蛋由沉到浮的原因

（4）活动Ⅳ：空气的浮力

① 证明空气有浮力：记录天平的变化。

	弹簧夹夹住气球	松开弹簧夹
天平的状况		
分析思考并得出结论		

② 说说：用氢气吹肥皂泡的实验来解释飞艇能在空中自由飞翔的原因。

3. 课后作业——贴近"生活与拓展"

（1）（短周期）下面的物体在水中哪些会沉，哪些会浮？请用线连一连。

泡沫塑料块

蜡　　烛　　　　　　　　　　　上浮

盖好的空瓶　　　　　　　　　　下沉

普通小木块

(2)（短周期）下面三条一样大的船，请你看看哪条船装的货物最重（在括号中打√）。

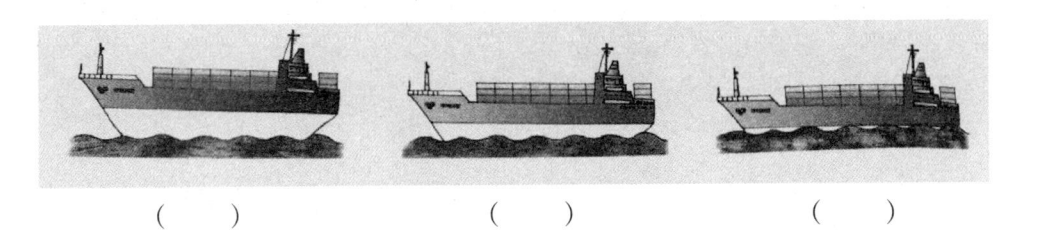

　　（　　）　　　　　　（　　）　　　　　　（　　）

(3)（短周期）人们想出办法让潜水艇在航行中沉浮自如，这与什么有关？（　　）

　　A. 改变轻重　　　　B. 改变高低　　　　C. 改变大小（体积）

(4) 一块橡皮泥放入水中是沉的，你有办法让它浮起来吗？

　　我的办法是：_____

(5) 一块泡沫放在水里是浮的，你有办法让它沉下去吗？

　　我的办法是：_____

(6) 一杯清水，一杯浓盐水，外观一样，不能尝，请用两种办法把它们区分开。

　　方法1：_____

　　方法2：_____

(7) 写出用氢气"吹"出的肥皂泡和用嘴吹出的肥皂泡各向哪里飘动，尝试解释原因。

方　　法	向哪里飘动	原因是什么
用氢气"吹"出的肥皂泡		
用嘴吹出的肥皂泡		

(8) 制作一个孔明灯，与小伙伴一起放飞，解释孔明灯能飞升天的原因。

"教者有心，学者得益。"自然作业是科学课堂的后续力量，作业的单元整体优化设计，可以让每个学生都享受到科学知识的逻辑关联和探究知识的乐趣，能更大地拓展学生的参与空间，丰富课余生活，发展独特个性……相信在自然科学教育新理念的指导下，把每一次自然单元作业变成一件艺术品来设计，多方位、多角度、多形式、多层次地设计，使学生积极参与到自主、生动、充满创新与情趣的个性化、多样化作业中来，让每一次自然作业都成为师生交流的平台，激励、唤醒学生的科学思维和潜在的创造力。

自然课中进行项目制学习的实践与研究

上海市浦东新区花木中心小学　朱佩清

2017年,PBL(Project-Based Learning)(项目制学习)成了热门话题,通过两年的学习与实践,我觉得这种创新的学习方式,有许多值得科学教师借鉴之处。

一、PBL与我们的小学科学课程

随着小学自然学科教研活动不断深入,我们正在探索运用创新的教学理念,去落实单元教学的设计和教学。例如:基于杜威的"做中学"教学模式、皮亚杰建构主义学习方法论为基础的探究式科学学习。这些探究式的科学学习,已经成为上海小学自然课堂上的常态。近年来,我们注重课堂的反思和评价,强调单元的整体设计,关注学生的核心素养,其目的,就是为学生提供更好的科学教育,提升学生科学素养。

这些创新的教学理论和教学工具有以下几个特点:

(一)针对科学核心概念的教学设计,注重学生对于科学概念的理解与运用。

(二)围绕学生的学习为中心,开展单元教学整体设计。

(三)注重学生重点知识的学习和科学素养的培养。

(四)重视学生的反思与评价。

这些又和近年来热门的PBL即基于项目的学习,有许多相同之处。PBL是一种教学方法,即学生通过一段时间内对真实的、复杂的问题进行探究,从中获得知识和技能,掌握核心概念,促进核心素养的发展。每个学生在项目学习过程中,围绕着核心概念(单元学习目标中的核心概念),可以探索有意思的话题,真正去解决某个现实中的问题,或者完成定下的挑战。

经过一段时间项目制学习的研究和实践,我发现项目制学习映射在小学自然课

程中,有以下相契合的地方,如:

(一)PBL强调围绕核心概念开展一个挑战性项目,通过项目的推进去深入学习。这和我们将单元教学整体设计类似,我们可以将一个单元或者跨单元之间进行"重组",形成一个项目,引发学生持续探究和深入学习。

(二)科学学科的PBL,重点知识的学习和核心概念的学习,这也适用于探究式科学学习。

(三)强调反思、评价,围绕学生核心素养开展教学活动。

PBL在科学教育中,更强调的是学术深度与严谨性,有三个方面的标准,与我们的自然课堂重合度很高,同时也有许多值得我们借鉴之处:

(一)学生的学习目标:包括重点知识的学习、"成功素养"的培养。

(二)项目设计的核心要素:有挑战性的问题,持续性的探究,项目的真实性,学生的发言权和选择权,反思、评价与修改,项目"产品"的公开展示。

(三)教师教学的核心要素:设计与计划、符合标准(核心概念、关键知识点)、建立文化、管理项目、支持学生学习、评估学生学习、参与辅导。

那么,PBL能否在普通的自然课堂上开展呢?是否真的能够促进学生的学习?是否真的有传说中的那么神奇呢?带着这些疑问,我尝试将项目制学习部分精华内容带入到自然课堂上,结合自然学科教研组提出的教研内容,有了许多惊奇的发现。

二、开启一个项目《树叶画册》

一年级《丰富多彩的植物》中,其中一个章节内容是《形形色色的叶子》。于是,我增加了一个项目制学习活动内容:制作我们的《树叶画册》。在这个活动中,孩子们来到校园,寻找自己喜欢的树叶,对它进行观察记录,做成卡片进行分享展

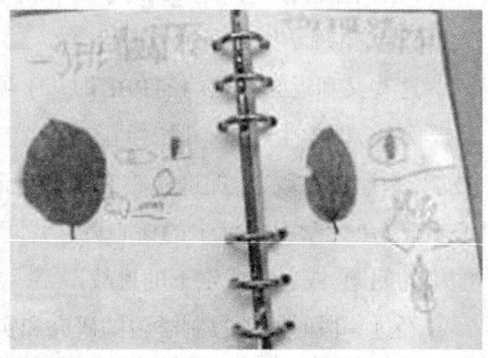

示,最后所有的作品将制作成一本《树叶画册》。

这个项目的实施,基于低年级科学探索的核心素养要求以及"生命科学"模块的评价目标,进行单元重组尝试。

科学探索中,低年级对于证据与推理的核心素养要求:"通过对周围事物的仔细观察来了解它们,如果能够动手做些工作或记录下发生的事情,就会学到更多的东西。""尽量准确地描述事物,这一点在科学方面很重要。因为它能使人们互相比较观察结果。"

在《小学低年级自然学科基于课程标准评价指南》中,"生命科学"模块低年级的评价目标为:

(一)能列举身边的常见动植物的名称,说出一些常见动植物的形态特征及其习性,对生命世界充满好奇心。

(二)能用口头表达、图画、符号、数据、文字、照片等方式记录种植、养殖活动,进行交流与展示,说出一些动植物的基本生长过程以及动植物维持生命的基本条件。

这本画册收录了所有孩子的记录,通过展示和分享,孩子们欣赏着大家的"作品",这本身就是最好的评价。

当项目一提出,孩子们就已经非常的兴奋,学习的热情和积极性充分调动了起来,仔细记住树叶记录的方法和制作方法。学生们来到校园,真实的场景下去观察身边的植物,尝试用自己的方法去观察"形形色色的叶",并且将自己的"作品"布置在教室的墙上,进行一次公开的分享和展示。为了做好树叶画册,每个同学都在积极努力做到自己的"最好作品",甚至有的学生做了多个"作品",在这种学生内在的学习驱动力作用下,每个孩子细心地观察周围的树叶,用自己的方法记录下树叶的不同特征。

三、创造一个不存在的植物

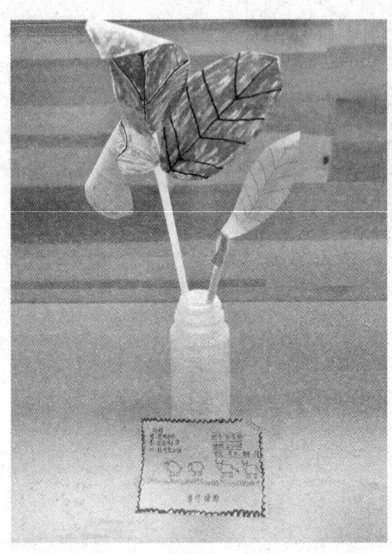

如何去理解核心概念？如何去理解单元整体设计？

《自然》三年级第一学期第一单元《植物的根、茎、叶》,有四个章节内容:① 根怎样生长;② 茎与阳光;③ 叶的光合作用;④ 叶的蒸腾作用。核心知识点和科学概念包括植物的感性运动和向性运动、光合作用等。在传统的课堂上,我们将四课内容孤立地一节一节上,虽然核心知识点都可以传达给学生,但是这些知识终究是零散的,缺乏主线。单元整体设计就是需要我们在这些课程中,寻找到一条主线,进行单元整体设计。

运用PBL进行单元教学设计中,我对于项目的设计原则是:围绕核心概念的主线,促进学生科学素养发展。

这一单元围绕的科学素养是生态系统中的物质流和能量流。只有理解植物的物质流与能量流这一概念,才能更好地学习:所有的生物体的存活和生长都要有"能量"的来源、各种动物的食物都可以追溯于植物,从而进一步学习生物链、生态系统……因此,我为这一个项目定的主线索为:水在植物体内传输。

项目挑战问题:创造一个不存在的植物,描述它的故事(生长环境、结构、水分如何传送、谁最喜欢吃它)。

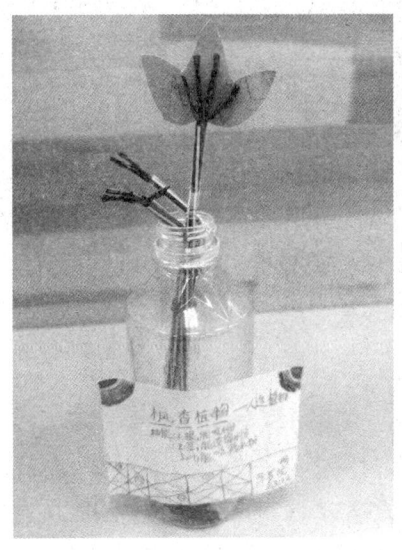

提出这个项目问题之后，所有的学生都惊呆了，一脸茫然。经过一次头脑风暴，大家梳理了植物的结构特征，根茎叶的功能和特点，又梳理了不同环境下植物的特点。这些都是以前学过的知识，有课内又有课外。学生们在课前，其实对植物的认知已经有了基础，但是这些零散的知识，亟须一条主线将它们融会贯通。我也抛出了以后课程的内容，为了做好这个项目，我们需要学习以下内容：① 植物的根如何生长；② 茎的作用和向光性；③ 叶的作用。这些内容不仅是学生完成项目必须的知识框架，也是单元教学的内容。

四节课结束，学生们都将自己的作品拿了出来。用餐巾纸做成的直根、用棉纱做成的须根、塑料吸管或者笔管做成的茎、海绵做成的叶子……

"这些植物能够传输水分吗？放在阳光下会怎样呢？"为了检验这些"人造植物"，我们在每个植物根部，放入了有颜料的水。结果发生了许多意外，有许多植物根本没办法将水分传输到叶片，原因是：茎里面是空的。

"茎里面是空的，怎么能够传送水分呢？"

"我应该在里面塞点餐巾纸。"

"根和茎连在一起不是更好吗？"

经过改造，孩子们的"人造植物"，又出现了新的问题。

"他们的叶片用了海绵，很容易吸水，颜色一下子就变了；可是我只用了卡纸，不容易吸水，我也要用海绵。"

"很简单，根、茎、叶，我用许多根棉线全部连接在一起，一次性搞定。"

"叶子里有许多叶脉,我多弄点餐巾纸,代替叶脉不就可以了吗?"

又经过一次新的改造,孩子们的植物都放入了颜料水,放在阳光下。神奇的一幕出现了,一节课时间,水全都蒸发完了。叶子的蒸腾作用?肯定是的!

完成项目后,我觉得一个PBL项目,可以很好地融入一个教学单元中,也可以很好地拆分入几个单元教学中。围绕的核心,就是单元学习的核心概念。概念为本的教学可以把信息压缩成核心概念,通过把这些知识与事实为本的可检索信息区分开来,教给学生们解决问题、改善生活的核心知识。

四、"令人惊喜者"

上海市教科院夏雪梅老师的《在学科中进行项目化学习:学生视角》一文中,提到了PBL中的"令人惊喜者"。"他们发现,一个学业上低成就而在PBL中做得更好的学生更倾向于发现式的、创造性的方式,而那些'发现惊喜者'的教师的学习风格更倾向于掌握序列性的事实性的知识。""那些令人惊喜的学生所拥有的学习方式并不适应于传统课堂中强调知识死记硬背的风格。这类学生要更多地接触PBL的学习环境。"

在进行《设计我们的海绵社区》PBL教学中,"令人惊喜者"不断涌现,他们身上,都有着许多"闪光时刻"。

(一)流金岁月的"自然梦"

如果让有些任课老师给杨同学画像,肯定是:皮,粗心,不认真,不懂事,整天嘻嘻哈哈,成绩中下。但是在《设计我们的海绵社区》PBL项目过程中,他表现出来的画像是:缜密的逻辑思维、细致的观察能力和记录能力、丰富的想象力和创造力。

数据地图单元,我只要求整理学校和社区中的一些数据,他大胆地进行了一次大数据的探索。

班主任老师对他的表现十分惊诧。很明显,PBL项目制学习中,杨同学更倾向于这种发现式的、创造性的学习方式。可能他不适应传统课堂上强调死记硬背与套路式学习风格,而在PBL这种项目制学习环境中如鱼得水。

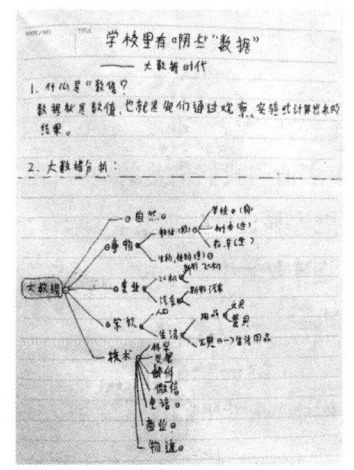

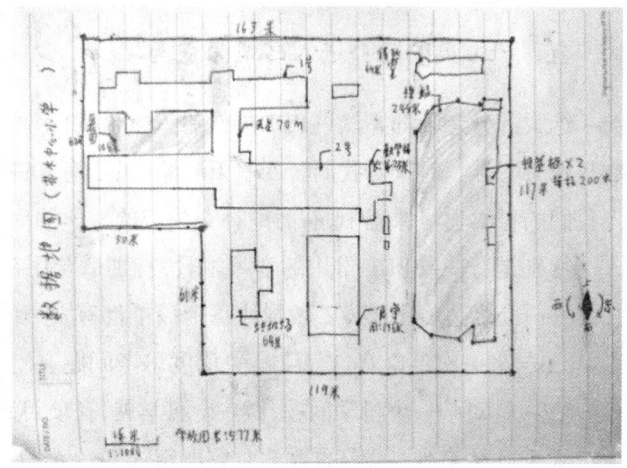

（二）被排挤到被接纳

在一些普通公办学校中，学生差异性比较大，有一类孩子最让班主任头痛。可能是家庭环境和生活环境的影响，这些孩子表现为：不合群，遭到排挤。这些孩子往往不注意言谈举止，也较粗鲁，不善于沟通，容易动怒，情绪容易崩溃，成绩往往比较差。这些孩子不是不想融入班级集体，他们缺少被认同，缺少发声的"舞台"。PBL就是一个所有学生都有机会展示自己的"舞台"，项目成果不会是一个标准化的内容，学生需要将自己的理解、自己的观点、自己的收获进行展示。

黎同学就是这样一个孩子，她的"舞台"终于来到了。

《社区里的神奇生物》要求孩子们去学校校园内，寻找生物的痕迹，发现这些生物的故事。并且进行公开展示。

黎同学将自己的发现以及自己的观点，记录了下来，勇敢地展示在同学们面前。丰富有趣的语言，让同学们哈哈大笑（虽然有一些不雅用语），获得了许多同学的五角星评分，贴在了她的作品上。课堂上，同学们还针对她的发现和问题，进行了讨论。

于是，在之后的PBL项目活动中，经常能够看到她活跃的身影。有一些自由组合的活动中，也有许多同学会主动邀请她。对她能力的认可，这就是最好的评价。

五、PBL 真的能够进入常规课堂吗？

绝大部分老师都不认可 PBL 能够进入常规的课堂，主要在于教学难度、学生的人数和课时安排。但只要我们转变一下思路，PBL 有许许多多值得我们借鉴的地方，融入我们的科学学习课程中，有力地补充我们的教学活动，更容易让学生接受。

特别是有一些 PBL 常用的学习工具，特别适合用在平时教学中。

（一）开展小组讨论，要做到让每个孩子都有发声的机会。

（二）来一次辩论赛、奇葩说，去深度思考问题。

（三）针对某一个科学问题，做一个科学展，在项目制作中，让学生们深入学习。

未来已经来到，我们的教学对象即将面对一个科技强化的时代，一个人工智能时代。我们如果还是采用知识与技能灌输式教学，如果不注重学习方法的教学，如果不注重核心素养的培养，这些孩子将输在未来的起跑线上。

参考文献

[1] 汤姆·马卡姆.PBL 项目学习[M].北京：光明日报出版社，2015.
[2] 上海市教育委员会教学研究院.小学自然单元教学设计指南[M].北京：人民教育出版社，2018.
[3] 上海市中小学课程教材改革委员会.上海市小学自然课程标准[M].上海：上海教育出版社，2004.

目标导向下的小学自然课堂活动设计
——以《显微镜下的物体》一课为例

上海市浦东新区罗山小学　潘晶靓

【摘　要】2013学年起上海市教委在全市推进小学"基于课程标准的教学与评价"工作,通过学习市教委的文件精神和领会总项目组的工作要求,市教研团队体会到要深入推进工作,必须抓住"基于课程标准""注重目标导向"这两个核心关键词。基于对这两个核心关键词的解读和研究,本文以《显微镜下的物体》一课为例,分享笔者是如何"基于课程标准""注重目标导向"来解决小学自然学科教学中学习目标的制定与落实、学习活动的设计与实施。

【关键词】学习目标　学习活动　课标　显微镜

"基于课程标准的教学与评价"的目的是引导教师深入思考"为什么教、教什么、怎么教、教到什么程度"等问题,而不仅限于教材的教学、浅层次地考虑教学设计、忽视教学评价等问题。因此笔者抓住"基于课程标准""注重目标导向"这两个核心关键词,以《显微镜下的物体》一课为例,进行了教学设计的优化。

一、基于课标　制定学习目标

学习目标是指学生在具体教学活动中所要达到的预期结果。清晰明了的学习目标是设计学生课堂活动和开展评价的重要依据。我们应根据课程标准的解读、教学内容的理解和学生实际情况的分析,制定相应的学习目标。

《显微镜下的物体》这节课是科教版小学自然四年级第二学期第二单元《显微镜下的世界》的第一课时。本节课对应的内容标准为课程标准一级主题"生命世界"下的二级主题"多样的生物"的第三个子主题"微生物"中第二阶段内容的第一条"知道在自然界中,除植物、动物外,还有微生物,微生物有不同的种类"。《显微镜下的物体》一课为这一条中的部分学习内容。

生物显微镜是一部非常精密的仪器。在本节课的学习之前,对于大多数学生来说,在日常生活中是不会使用和接触的。在这种情况下,显微镜对于学生来说是神秘的,观察到的景象则是更为奇特与神秘莫测的,所以学生对于显微镜的学习热情非常高昂,但显微镜的使用与观察对他们来说还是有一定的难度。因此需要教师正确指导学生学习如何使用显微镜观察物体。

根据本节课的主题"显微镜下的物体"和四年级学生的实际情况,参考教材涉及的基本概念,确定相关的学习内容为:在自然界中,除植物、动物外,还有微生物;细胞是生物的基本组成单位;显微镜的认识与初步使用。从学生实际出发,根据课标中对应的学习水平要求,可以确定本节课的学习目标如下:

① 通过比较用肉眼观察、用放大镜观察、用显微镜观察相同的物体,体会人类发明的工具能够延伸人类感官的功能。

② 通过实物观察,结合书本学习以及任务单的填写,认识显微镜的主要组成部分。

③ 通过用显微镜观察物体,初步学会使用简易显微镜,并能够描述显微镜下的发现。

④ 通过用显微镜观察黑藻叶子,知道细胞是生物的基本组成单位,激发探索微观世界的兴趣。

二、目标导向 设计学习活动

确定了学习目标后,教学就有了方向。根据目标导向,精心设计课堂学习活动,分析学生课堂活动与学习目标的对应关系,得表1。

表1 学生课堂活动与学习目标的对应关系

序号	学生课堂活动	对应的目标
1	活动一:认识显微镜 结合实物和书本,观察显微镜,完成实验记录单	①②
2	活动二:用显微镜观察纸巾 使用显微镜,观察显微镜下的纸巾	①③
3	活动三:用显微镜观察黑藻叶子 制作黑藻叶子临时装片,并用显微镜观察,绘制观察结果	①③④
4	拓展:细胞 胡克的发现,欣赏不同生物的细胞图	④

在本课的学习活动中，学生要利用显微镜对微观世界进行观察。通过亲身体验，学生能初步认识到显微镜的作用，感受到科学技术的发展能帮助人类认识事物。通过观察显微镜下的黑藻叶子以及了解细胞的发现史，学生可以初步认识到细胞是组成生物的基本单位，体验科学家利用显微镜对微观生命世界的探索。

活动设计主要围绕"教什么""怎么教""教学效果如何"三大问题。"教什么"在制定学习目标时已经确定。"怎么教"和"教学效果如何"是笔者在设计学习活动时反复思考的两大问题。

本节课的第一个活动必然是先认识显微镜，知道显微镜的各个组成部分，才能为后面的学习内容服务。显微镜的结构并不复杂，因此活动设计要求学生自己结合实物和书本学习，说出显微镜各部分的名称，并随后交流介绍显微镜的各个主要组成部分。教师在这个活动环节起到辅助的作用，体现学生学习的自主性，并通过任务单（如图1所示）的填写加深巩固。

▲活动一　认识显微镜

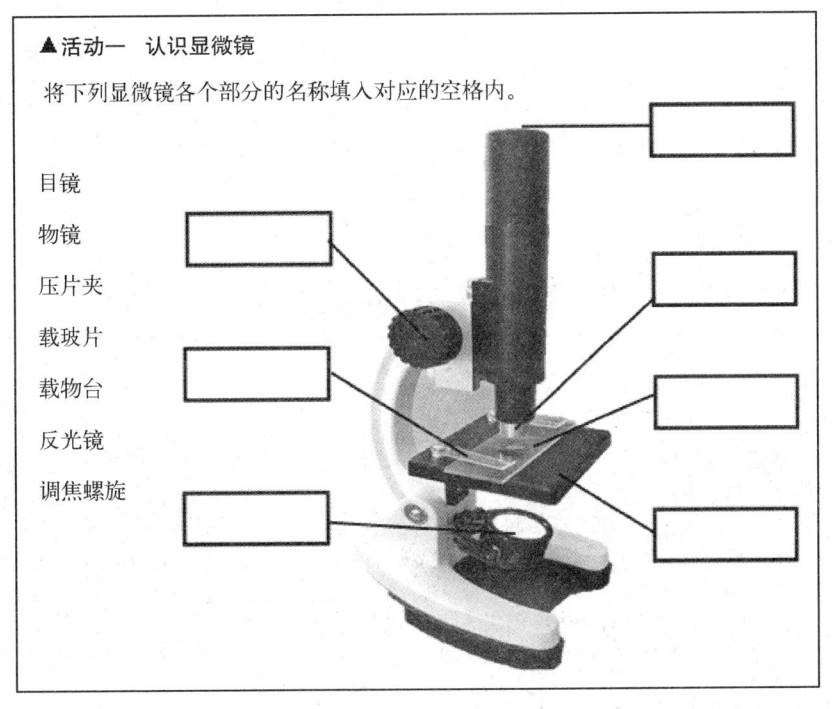

将下列显微镜各个部分的名称填入对应的空格内。

目镜
物镜
压片夹
载玻片
载物台
反光镜
调焦螺旋

图1　显微镜各部分名称学习单

认识了显微镜的结构并初步了解如何使用显微镜后，就能用显微镜观察物体了。因此笔者设计了"活动一：认识显微镜"后，接着就是"活动二：用显微镜观察黑藻叶子"。笔者最初想当然地认为学生在了解显微镜的使用方法后，必定能够使用显微镜观察到黑藻叶子。但实际却是试教的班级中有三分之二的学生都未能正确使用显微镜，并且错误地将显微镜下的其他物体看作是黑藻叶子，或是将模糊的黑藻叶子误以为是正确的。笔者这才意识到显微镜的使用对学生来说是非常有难度的，简单的教学无法达成预定的学习目标（③④）。

于是，笔者改进活动设计，夯实"活动一：认识显微镜"，更详细地讲解如何使用显微镜，提醒学生哪些操作需要特别注意。第二次试教时，确实大部分的学生都能够正确使用显微镜了，但仍然没能成功地观察到黑藻叶子。通过向学生询问了解为何没有观察到黑藻叶子，笔者得知主要原因是学生根本不知道究竟应该在显微镜下观察到怎么样的黑藻叶子。

笔者再次改进，在原来的"活动一：认识显微镜"和"活动二：用显微镜观察黑藻叶子"之间多加了一个"活动：用显微镜观察纸巾"（见表2）。观察纸巾的意图是为了让学生能够初步感受显微镜。一方面加深了对显微镜主要结构的认识，另一方面为后面学会使用显微镜做铺垫，起到承上启下的作用，使"活动：用显微镜观察黑藻叶子"成为一个递进的过程。此外，在用显微镜观察黑藻叶子时，先出示显微镜下观察到的黑藻叶子细胞图，让学生了解到利用显微镜应该观察到怎样的黑藻叶子，再让学生利用显微镜观察黑藻叶子。通过改进后，至少有一半的小组成功观察到了由小格组成的黑藻叶子。

表2　活动二　用显微镜观察纸巾

学　生　活　动	教　师　活　动	设　计　意　图
1. 观察显微镜下的纸巾 2. 描述显微镜下的发现 3. 对比两次观察的不同	1. 强调实验要求 2. 提问：显微镜下的纸巾是什么样的 3. 提问：调节调焦螺旋后，显微镜下纸巾和你原本观察到的有什么区别 4. 小结：调焦螺旋的作用	▲观察纸巾的意图是为了让学生能够初步感受显微镜。一方面加深了对显微镜主要结构的认识，一方面为后面学会使用显微镜做铺垫，起到承上启下的作用

在反复的磨课中，笔者不断尝试解决"怎么教"和"教学效果如何"这两大问题。改进过程中发现，在目标导向下的学习活动设计，只有反复琢磨"怎么教"才能使"教学效果"更优化，最终达到学生通过科学探究，学习科学知识，培养科学态度，注重理论联系实际，提高科学素养的目的。

三、重视评价　达成学习目标

课堂上的学习活动对于达成学习目标具有关键性作用,同时还要对学生课堂活动的评价进行设计,从而实现学习目标、课堂教学、教学评价的一致性。

课标要求从培养学生的科学素养和关注学生自身成长的需要出发,建立评价主体多元、评价内容全面、评价方式多样、评价时间全程的评价体系;将评价活动融合到学生学习的过程之中,关注学生在学习过程中的发展和变化,把兴趣、动机、自信等情感因素也作为评价的内容。发挥评价的激励作用,积极探索学生参与自我评价、同伴评价的途径和方法。

基于课标要求,并结合本课的学习目标,笔者在本节课总结时出示了以下评价表(如图2所示),让学生以小组形式根据评价内容开展自评与互评。在交流时,对于评价内容,学生都能够理解,并且能够客观地进行评价,指出自己的优缺点,指出伙伴的优缺点。虽然只是一个简单的评价活动,但对学生来说是一个很好的自我认识过程,对教师来说能够了解到每一个学生的变化和发展,有利于"基于课程标准"改进学习目标,有利于"注重目标导向"改进学习活动。

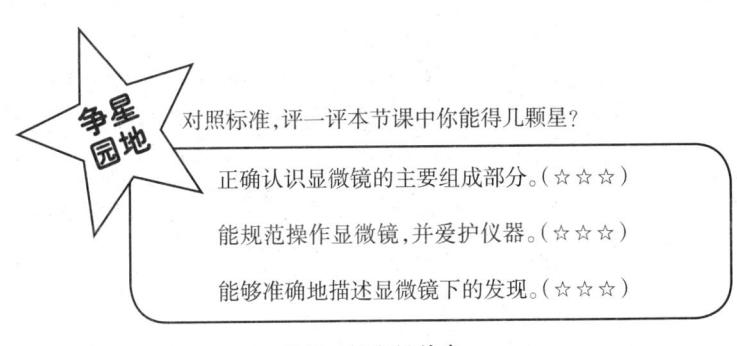

争星园地 对照标准,评一评本节课中你能得几颗星?
- 正确认识显微镜的主要组成部分。(☆☆☆)
- 能规范操作显微镜,并爱护仪器。(☆☆☆)
- 能够准确地描述显微镜下的发现。(☆☆☆)

图2　课程评价表

四、总结反思　优化课堂教学

本节课以显微镜为载体,开展教学活动,让学生对微小生物展开探究,从而对微生物等有一定的了解。显微镜同时也是本节课的难点,显微镜的使用与观察对四年级的学生来说是陌生的,有一定难度。这些问题使得在制定学习目标和设计学习活动过程中产生了许多困难。

根据课标对应的学习内容,本节课需要达到的目标是"知道在自然界中,除植物、动物外,还有微生物,微生物有不同的种类"。而对于显微镜的认识、显微镜的使用等内容都没有做相应的要求,但要了解微生物,必须借助显微镜这个载体,那么学生务必要认识显微镜,学会使用显微镜,才可以开展本节课的学习,因此笔者在制定学习目标时产生了困惑。在反复推敲下,根据教学内容、学生特点以及与教研员的沟通讨论后,制定出了最终的学习目标。

根据制定的学习目标,设计学习活动也经过多次的推敲和改进。从起初的只用显微镜观察黑藻叶子,到后来用显微镜观察各种玻片标本,最终决定用显微镜先观察纸巾再观察黑藻叶子,这期间一次次的活动设计,都是经过了试验、磨课、思考、讨论逐步形成的。最终呈现的四个学习活动也未必是最佳的,还存在很多不足和可改进的地方。

综上,笔者以《显微镜下的物体》一课为例,在不断的磨课中,基于课程标准,制定学习目标;注重目标导向,设计学习活动,优化了教学设计。始终围绕"基于课程标准的教学与评价"这一主题展开,提高了课堂教学的效果。

参考文献

[1] 赵伟新.基于课程标准,注重目标导向——小学自然学科"目标导向下的学生课堂活动设计"主题研修初探[J].上海课程教学研究,2016,(12).

[2] 上海市教育委员会.上海市小学自然课程标准(试行稿)[M].上海:上海教育出版社,2014.

[3] 陆伯鸿.课堂教学设计:基于课程标准,注重目标导向[J].上海教育,2015,(4).

"体验蜡染"单元活动探究

上海市浦东新区由由小学　李　秀

一、研究背景

关于小学美术教学中的蜡染学习,在上海教育出版社出版的《美术(二年级第二学期)》第七单元中开始出现,本单元的主题为"感受民间艺术",该单元的第二课名为《学学做蜡染》。其实,蜡染作为我国古代三大印花技艺之一,具有很高的研究价值。在我国贵州、云南苗族、布依族等民族都擅长蜡染。蜡染图案丰富,色调素雅,风格独特,用蜡染制作的布料可用于制作服装服饰和各种生活实用品,其风格朴实大方、清新悦目,富有极强的民族特色。它是人类文明进步的体现,是染织工艺成熟的展现。虽然在本教材中与"扎染和编织"共为一个单元,但是,为了能使学生更好地认识蜡染,笔者对本单元进行了挖掘研究:拟定了以小组形式进行"体验蜡染"子单元活动探究。希望在这次单元探究活动中能使学生更深层次地走进蜡染艺术,了解蜡染爱上蜡染,进而感受我国民间艺术的魅力。

二、单元活动过程

(一)前期准备

老师帮助学生组建了一个"体验蜡染"探究小组,探究小组的学生们首先进行了探究活动计划设计:

1. 活动安排

第一阶段:准备阶段

第二阶段:实施阶段

第三阶段:总结阶段

2. 小组成员分工(学生经过讨论选出组长并对每个岗位进行了分工)

组长：杜言

记录：葛欣妍

汇报：季涵宇

美化：陈臻禾

拍照：陈诗瑶

资料整理：施依程　严皓宸

材料准备：马天一　俞睿妍

(二) 认识蜡染

为了后期更好地体验蜡染工艺,探究小组的同学选择先进行蜡染知识的网络探究和实践考察,并进行蜡染知识探究的分享,为之后的体验蜡染做好更充分的准备。

1. 设计探究内容

(1) 什么是蜡染？蜡染和扎染的区别。

(2) 有关蜡染起源。

(3) 蜡染的制作流程,需要哪些工具？

(4) 蜡染工艺的图案,包括哪些方面的题材？

(5) 蜡染的文化价值。

2. 探究方法

(1) 上网查阅资料。

(2) 收集生活中的蜡染工艺品。

(3) 走访上海纺织博物馆。

(4) DIY制作蜡染手帕。

3. 探究成果

(1) 蜡染知识小报。

(2) 蜡染知识PPT。

(3) 蜡染手帕。

探究小组通过前期认真的资料搜集和走访博物馆,对蜡染知识有了初步认识。每位同学不仅交流了网络查阅的资料,还谈了自己的感受。有些同学把重要的蜡染知识做成了电子小报,并贴于教室墙报上给全班同学分享。有的同学制作了PPT,

在全班同学面前讲解了蜡染知识,使各位同学对蜡染有了更深刻的认识。

姓　　名	蜡染探究资料分享
季涵宇	原来蜡染艺术出现在中国,历史悠久,秦汉间已有染缬,六朝时开始流行,隋代宫廷特别喜爱蜡染的手工艺品。蜡染在唐代尤为盛行,技术也更为成熟,自宋代开始衰退,而在同时的南洋各地(尤其爪哇、苏门答腊等岛)却大为盛行。至今,印度尼西亚与马来西亚人的平常衣服几乎都以蜡染布料制造(分享家里的蜡染工艺品)
严皓宸	蜡染可分为两种:单色染与复色染;复色染可以套色四五种之多(分享小报)
陈诗瑶	蜡染对面料没有特殊要求,棉、麻、丝、毛织物都能采用
陈臻禾	染色一般是植物染色,以靛蓝为主。从范围来看,蜡染技术存在于世界上很多地方,风格和使用方式也多种多样(分享家里的蜡染工艺品)
施依程	由于受地理和气候的影响,北方寒冷地区不宜进行蜡染,因此蜡染分布于热带和亚热带地区(分享小报)
马天一	蜡染在保养方面应注意防潮、防腐蚀,以免发霉长虫。买回来后应定期取出晾干(分享小报)
杜言	蜡染的图案形式丰富,有花卉、鱼虫、人物等
葛欣妍	精心制作了PPT,使大家对蜡染有了更深的印象

(三)体验蜡染

1. 探秘民间纹样

在探究蜡染艺术过程中,学生们发现蜡染作品的图案很丰富,但这些图案样式与我们普通服饰上花纹不同。于是就有学生问老师:"老师,蜡染上面奇怪的图案是什么意思呢?这些图案有没有自己的名字呢?"

老师说:"这种图案来自民间,所以叫民间纹样,在你们家里肯定能找到。如果有兴趣,大家先到家里找一找吧!也可以问问爸爸妈妈这些花纹有什么特殊的意义?"

于是,带着问题,探究小组的学生们回家各自寻找带有"民间纹样"的物品。过几天,大家真的带来了自己的收集。

陈诗瑶:"我带来一个无锡泥娃娃,妈妈告诉我上面有个麒麟的图案,大概代表吉祥的含义吧。"

季涵宇:"这是我家里的一幅剪纸,姐姐说这是一马当先的意思。"

陈臻禾:"这是一个手机包,它是一件中国旗袍,上面的花纹也许就是民间纹样。"

杜言:"这是我的压岁包,上面有个金元宝,肯定是恭喜发财的意思吧。"

马天一:"端午节到了,妈妈在我房间里放了一个香袋,上面有个中国结,应该是吉祥如意的意思吧!"

老师:"同学们收集的物品都非常好,但有谁在网上查过中国民间纹样呢?"

组长杜言说:"我在网上查了一下。网上说民间纹样是认识中国民间文化的基础之一,它是中国传统文化重要的组成部分,具有特殊的图案语言。看懂它们就可以帮助我们很好解读蜡染图案的内涵。民间纹样中以'吉祥纹样'最受人们喜爱,在几千年的岁月变迁中,已形成了鲜明的中国民族艺术特点。民间吉祥纹样主要围绕'福、禄、寿、喜、财'五大主题。"

老师:"杜言说得非常好。老师这里有很多民间纹样,大家不妨先来读一读,也许能找到民间纹样含义的一些秘密!"

学生们饶有兴趣的读了老师准备的民间纹样。有的学生读了好几遍,但还是没有找到答案,读着读着,有学生说:"蝴蝶结、橘子都有一个字的发音字母为J,和吉祥的第一个字母发音一样,使用它们大概都是吉祥的意思吧?"

"是的,那桂花、佛手、蝙蝠呢?"

"桂花的桂与贵发音相似,应该是富贵的意思吧!佛手的佛与福、手与寿都是谐音,所以它们是幸福长寿的意思吧!"

"那么蝙蝠虽然很丑,但也是幸福的意思喽!"

"原来民间纹样里还有这么多秘密,真是太有趣了。"

老师:"认真探究中国民间纹样,的确非常有意思。当然解读民间纹样的途径还有许多,如果大家有兴趣,还可以在以后的学习中继续探究下去。"

"老师,我们在制作蜡染作品中,是否能用自己喜欢的民间纹样呢?"

"当然可以,这样才更有意义。"

2. 制作简易蜡染

学生对蜡染上的民间纹样进行了浅浅的探究后,开始尝试制作蜡染。有学生搜集了蜡染的制作方法,并和大家一起分享:

"传统蜡染工艺制作:是用蜡刀蘸熔蜡绘花于布后以蓝靛浸染,然后用特殊工艺去蜡,布面就呈现出蓝底白花或白底蓝花的多种图案。"

但也有学生说:"网上查到的蜡染制作方法很复杂,使用的工具更是奇奇怪怪,我们没有这些工具,怎么做呢?"

"没关系,我们不妨用现成的美术学习用品先做一个简易的蜡染手帕小实验吧!"老师为大家出了一个主意。

模拟蜡染手帕实验过程：

（1）材料准备：

马天一和俞睿妍同学在活动前为大家做好了充分的实验准备：蓝色墨水、调色盘、大毛笔、旧报纸、彩铅、水彩笔、油画棒、铅画纸。

（2）探究过程：

① 水彩笔与蓝墨水的实验

学生先用水彩笔画一个图案，然后用蓝墨水涂色，接着观察图案的变化。有学生说："哎呀，蝴蝶被蓝墨水遮盖了。"

"好像没有蜡染的效果。"

实验总结：用水彩笔和蓝墨水进行重叠涂色，不能表现出蜡染的效果。

② 彩铅与蓝墨水的实验

学生先用彩铅画了一束花，然后再用蓝墨水涂色。有学生发现："细细的线条会被蓝墨水遮盖掉。"

"能稍微看出花朵的影子，这是为什么呢？"

"大概花朵涂得重，而且涂的面积大，所以能被看见。"

"可是这个离蜡染效果还是很远啊！"

老师说："你们用的是油性彩铅，所以可以看到一些图案的影子。如果你们用更油的油画棒试一试，看看会是什么效果呢？"

实验总结：用彩铅与蓝墨水进行重叠涂色，能看到一点点蜡染效果，但不明显。

③ 油画棒与蓝墨水的实验

学生用油画棒画花纹，然后继续用蓝墨水涂色，效果果然不同。有的同学高兴地对老师说："是不是因为油画棒里有很多油，它们不能和墨水混在一起，所以，我们怎么刷，那些花纹都刷不掉呢？"

"是的，蜡染最大的秘密大概就是油水分离的奥秘。我们的祖先实在太聪明了，在很早以前就发现了这个秘密，所以才有了现在这些美丽的蜡染花布。"

"这次实验出的画真的很像一幅蜡染画呀！"

"老师，我以前以为蜡染和扎染是差不多的，原来两种染色方法完全不同哦！"

"是的，我们曾经在纺织博物馆学习的扎染和蜡染存在很大差别，你们以后可以把这个知识告诉你周围的人，别让更多的人搞错了！"

接着，探究小组的每位同学用油画棒和墨水结合的方法各自创作一幅蜡染小手帕。这次蜡染手帕实验给每位学生留下深刻的印象,只有更多实践和尝试才能让学生们真正领悟蜡染艺术的奥秘与魅力。

实验总结: 用油画棒与蓝墨水进行重叠涂色,能较好地表现出蜡染的效果。

总结以上三个实验说明:只有油性很强的绘画材料和蓝色墨水结合在一起才能达到类似蜡染的实验效果。实验充分说明了民间蜡染中水油分离法对图案形成的重要性。

三、单元活动探究反思

通过"体验蜡染"单元设计的探究,学生对中国蜡染艺术的确有了更深的认识。在该单元活动中,学生们不仅得到了探究成果,还作了详细的互动评价,老师也给每个学生写下评价语。在面对中国非物质文化遗产之一的蜡染时,学生的单元探究能力虽然还不是很成熟,但是,这种以小组分工形式进行探究的方法还是比较适合小学阶段的学生。学生通过精准到位的小组工作分工,使每位参与者都有事情做。学生在单元活动中可以根据自己的特长选择适合自己的任务。例如摄影工作中,陈诗瑶同学拿出家里的数码相机,把本次活动的影像一一记录下来。葛欣妍是班中的小书法家,她能每次用优美的文字记录下具体的内容。杜言的画画本领有目共睹,所以在实验中她主动为大家做展示。施依程、严皓宸的小报做得很精美,为大家展示了很多蜡染知识。马天一很热心,在材料准备环节中做得很棒。季涵宇善于思考,她收集的材料总是比别人更具体更有科学性。在"体验蜡染"单元活动探究结束之时,学生们除了感受到蜡染的魅力,学习到蜡染的知识之外,更是得到了如何探究知识文化能力的学习。相信这种能力会随着学生的成长,变成他们适应社会的资本。回看教材,每一单元的设计都非常详细和具有科学性,在此大方向的基础上如果能进行子单元设计探究,相信我们的美术课堂会变得更生动更扎实。

幼小衔接期儿童美术教学的策略研究

上海市浦东新区进才实验小学　龚丽英

【摘　要】幼小衔接期的美术学习是从零到有的过程,也称准备期,对儿童的美术能力养成影响深远。儿童在心理上能否平稳过渡,顺利适应小学课堂教学模式,关键在于该时期的教学能否适应其身心特征,逐步推进并达成教学目标。结合美术新课标,在美术活动中激发儿童对美术的兴趣和创新能力,并围绕这一点展开具体的教学实施是该时期教学最主要的任务。因此,在具体实施中,须了解幼小衔接期儿童的身心特点及其美术表现,建立对话模式,创造性地实施有效教学策略,创新评价方式,以便开启教学新思路。

【关键词】幼小衔接期特点　有效教学策略　创新评价方式

现实问题:从幼儿园进入小学1—2年级是儿童成长的幼小衔接期。在这一时期,有些儿童因为多学科学习压力陡增,导致对绘画的兴趣有所减弱;有些儿童则是认知提高后出现"眼高手低"现象,认为自己画的和真实物体形象差距太大,感觉画不好就会陷入自我否定,不愿绘画。这种情况是儿童从幼儿时期进入学龄时期的过程中比较常见的。还有一种情况是,由于缺乏正确的引导,某些家长或教师以成人的眼光和一种模式去评价儿童的绘画作品,打击了儿童的创作积极性和自信心,让他们与绘画越走越远,甚至会连带今后也不喜欢美术这门学科。

如何解决:

一、了解儿童身心特征,理解其美术表现

研究显示,幼小衔接期的儿童已进入皮亚杰的具体操作期,对事物的思考方式已有一定逻辑性。此阶段儿童表现的绘画特质:一是X光的画法,也就是透明式的

画法；二是展开式的画法，从一个点向上下左右展开添画的表现技巧；三是基底线的画法，意识到空间关系，如画一条地平线区分天和地，开始有秩序与情境感；四是并列式画法，如把事物都排列在一起的画法；五是强调式的画法，将认为最重要的部分表现得特别突出。

学习理论，作为教师的我们要理解这一时期儿童的美术表现特质，肯定和表扬这个阶段儿童画中的"闪光点"，让孩子更勇于表现自己的"孩子气"。结合实践，在具体教学的过程中，观察儿童的绘画创作过程，分析儿童的画作，就能发现：儿童个体之间的生理发育进度有差距，手指手掌肌肉控制力不同，实际心理年龄和个性差异大。他们有其独特的观察方式，超常的表现手法，可以说这个阶段大多数孩子都是一个极具创造力的"灵魂小画家"，画的是他们自己心中的世界，往往能画出打破寻常思维，真实有创意的作品。当然，在一个群体中也会出现那种荒诞怪异不太正面的画作，教师可以尝试先了解其人其家庭环境，再理解其画，不指责批评，找出原因，给予正面引导来解决问题。另外，对于迟迟不肯落笔的个别困难学生，须耐心理解儿童这种在美术表现上的差异性，因材施教，特殊案例要创造性地去对待和解决。同时，作业设置分层要求更符合实际，要灵活地为不同学习能力的学生设置够一够能够到的作业要求，以免有些学生因畏难怕画不好等原因"自暴自弃"。好的美术教育是播洒阳光的教育，润物细无声却可以激励人前行。

二、建立对话模式，助推儿童成为学习主体

教育即对话。在幼小衔接期，懵懂幼小的孩子尤其需要教师善于引导的对话式教学。这种对话可以发生在课堂教学过程中，作业实践练习时，或者课后。一旦建立这种对话模式，师生间良性的互动，可以助推儿童成为学习主体。

将对话模式贯穿于整个美术教育教学的过程中，创造性地实施以下几种有效的教学方法和策略，能激发孩子们学习美术的兴趣，帮助孩子们较为顺利地度过幼小衔接期。

（一）涂鸦说画——保护童心，尊重童趣，建立大胆绘画和表达的信心

儿童画的原始状态是自由的涂鸦，用线条或者色彩在纸上、地上甚至墙上"涂鸦"。幼儿涂鸦期的绘画又可以分为四个阶段，一无秩序的涂鸦，二纵横线条的涂鸦，三圆圈涂鸦，四命名涂鸦。孩子的涂鸦，有时仅仅是和哭笑一样，是表达心情的一种方式，有时用于记录表达自己的所见所想。幼小衔接期处于涂鸦绘画的第四个阶段

"命名涂鸦"，自由的单线条、轻松的符号化形象，容易表达。虽然看上去幼稚和笨拙，却是儿童真实精神世界和创造思维的萌芽。

打开师生对话之门的钥匙就是教师如何解读这些画作。教师要做的首先是共情，也就是你先要站在他的角度去理解他，让他们表达自己在画什么，为什么要这么画，学会耐心倾听，理解之后还要顺势引导延伸创作，有效的建议、及时的鼓励和适当的赞扬三者根据个体情况来切换。保护童心，尊重童趣，让他们用自己的心来说"画"，用自己的笔来画"画"，用自己的眼光来欣赏"画"，自然而然，他们会日渐成熟。

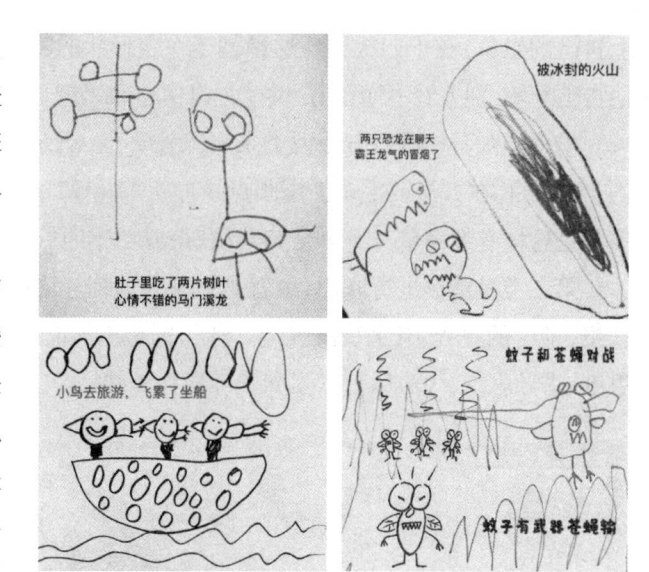

例如：每节课上孩子们绘画的速度有快慢差异，作业完成后有些碎片时间我会让孩子们掏出随身携带的绘画本，自由涂鸦，凡是他觉得值得记录下来的，都可以成为涂鸦的主题。这些涂鸦作品既可以作为美术微课程两分钟演讲的内容，也可以作为平日的小练笔，虽然点点滴滴貌似不起眼，但是长期积累下来，涂鸦虽小，效果却不小。

刚开始，零基础孩子们的涂鸦明显是比较稚拙的，抖动的线条，简单省略的造型，甚至有些抽象。配上他们自说自话的解说，就是天马行空的点睛之笔。经过一段时间的涂鸦积累，孩子们对点、线、形的熟练程度增加，信心逐步建立，绘画能力普遍会有所增长，涂鸦会越画越精细和复杂，也体现出其思维能力的进步。

（二）借形添画——鼓励想象，借题发挥，用"形"助力前行

刚刚学会画线条的儿童，对画画的兴趣很高，但是对自己画出来的形象却不满意。这样的落差之下，会出现两种情况，一种是勇敢而粗糙的孩子，不管三七二十一还是大胆地去画，虽然画得乱糟糟，但是他在不断自我修炼，画的过程他很满足。第二种是精致却胆怯的孩子，不敢画，怕画不好，止步不前。针对这些对自己要求很高的孩子，借形添画也是个好办法。借用各种形状，既让点线面练习不再枯燥，又能加

上自己的想象，孩子们很喜欢这种基于一定形状的添画。这样出来的画不至于只能他自己理解，别人看不懂，能帮助建立自信心和兴趣，而且他自己更容易获得成功感。

　　借形添画具体可以分成两类来实施教学：一类是借形练习点线面基础。比如课例：花手帕，在方形纸手帕上添画点线形状等花纹；小围巾，圣诞树，大蛋糕，画叶子等都是这样有趣简单又有创意，容易获得成功感的点线形状之类的基础训练课。

　　第二类是借形进行联想，也就是想象力训练。比如课例：小石子变形记，手形的联想，梳子的旅程，开关变变变等。孩子的想象力能得以尽情发挥，加强培养发散性思维、求异思维，为今后美术素养的养成作铺垫。

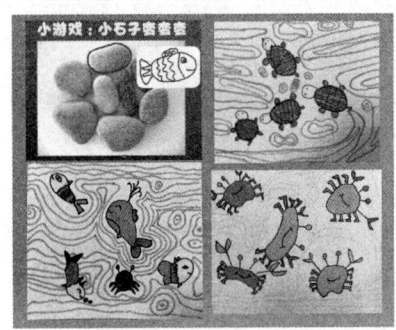

　　例如我设计的一年级课前两分钟演讲的接画游戏。请演讲者想好一个形状，然后请同学上来接着添画，可以猜猜这画的是什么？接下去怎么画？孩子们接画猜画的过程中欢声笑语，气氛非常活跃，最终呈现的形象往往充满了意外和惊喜。最后演讲者即兴评讲一下这个集体的添画作品，说一说大家画得有意思的地方。在此过程中，从视觉上的图形到思维上的想象到手上的添画，眼、脑、手都得以调动起来。此类发散性思维训练也可以在平时课上有意识加强。如在黑板上每组给一个形状，然后各小组比赛，看谁的作品，更具有想象力，孩子们非常乐于参与这样的游戏。如下图所示：一个像月牙似的形状变成了婴儿车，变成了海底探测艇，变成大吊车的钩子等。一个领结样的形状变成了蝴蝶，漂亮的靴子，螃蟹的大钳子。一个小男生把它旋转了角度变成了做操的爸爸的脸，两个尖尖的地方正好当作牙齿，让人印象深刻，出人意料。

　　开关和梳子这类课来源于生活。生活中常见的一些形象都可以成为我们借用的形状，如饭勺、叉子、瓶子，等等。孩子们非常熟悉这些物品的造型特点，在此基础上展开因形联想，想象并表现成有趣的创意作品。久而久之，儿童的智力得到了开发，创新意识也就培养起来了。

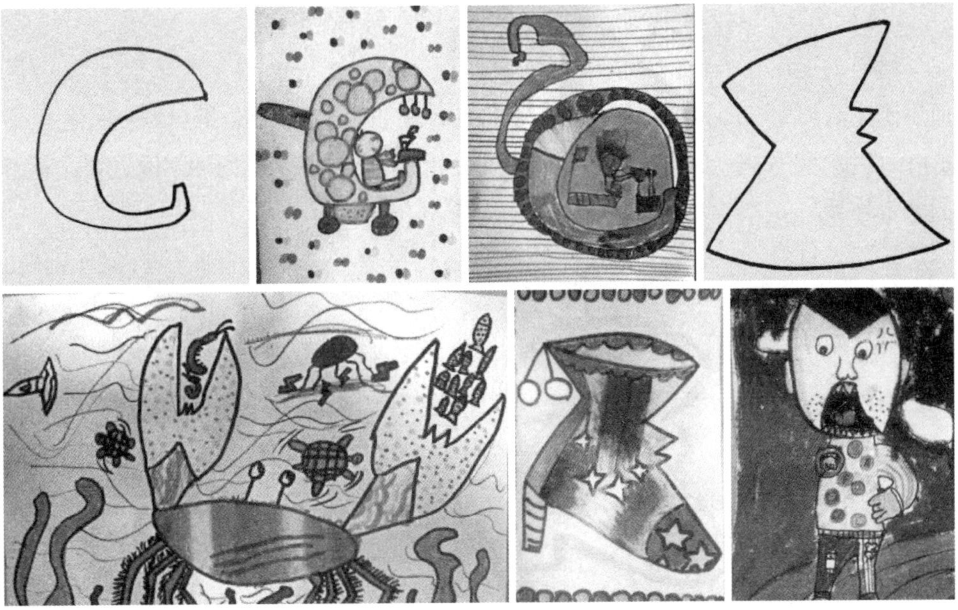

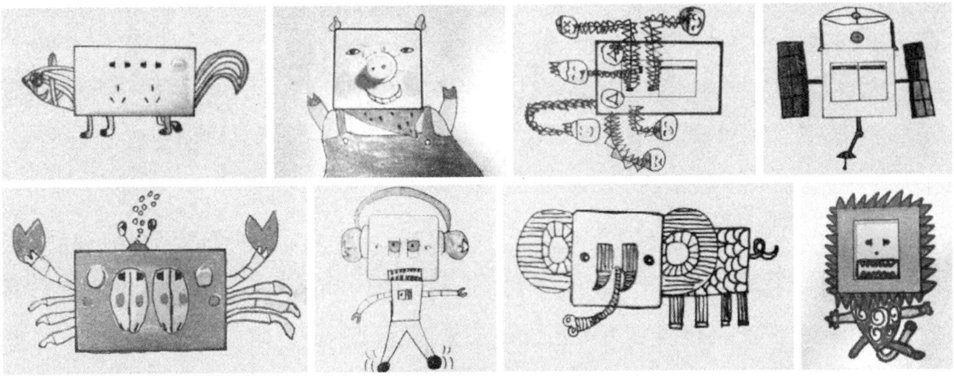

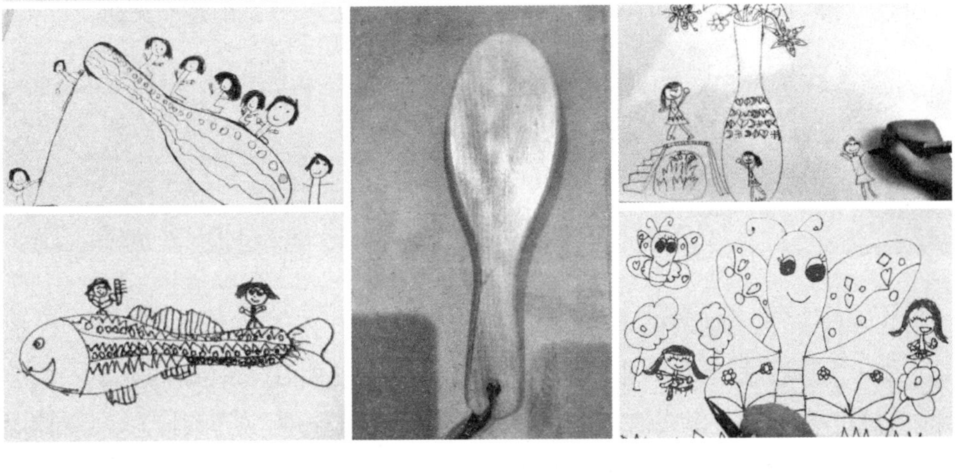

(三)巧"玩"材料——动手动脑,在"玩"中学,开启创新之路

材料的运用在当代艺术中应用得非常多,特别是综合材料。实际上,生活中任何用于生活和生产的材料都可用于艺术创造。比如包装盒、广告纸、饮料瓶,甚至是落叶、树枝、麻绳、石子、旧光盘等材料,将无用之物通过艺术性的加工改造变成有用的艺术作品。

玩玩新材料,尝试新方法,这种艺术改造的过程可以促进手脑发育,激发创新。幼童好奇心重,对材料、方法的探究心理,也是学习的内部动力。国内外一些艺术大师也喜欢"玩"材料,使用综合材料或新材料和工具可以排除固定观念和模式,从而"玩"出新境界。教师要做个有心人,可以增加这些艺术大师的材料创意作品欣赏,网络上、美术场馆内一些最新的现当代美展也时常可见,都是此类课堂上极佳的教学资源。在用新材料进行造型活动时,折、剪、画、拼、贴多种方法并用,不同材质的触感可以唤起新的感受,会刺激想象,形成创造力。

例如,在《会动的玩具》这一课上,孩子们利用小彩纸、扭扭棒、彩泥和弹簧,"玩"出了各种有意思的小玩具,甚至做完一个,纷纷利用剩下的材料再做第2个第3个,互相探讨谁的小玩具更可爱更能动起来。这课不论色彩的搭配还是材质的搭配,孩子们都在教师引导和自主选择的情况下完成得很好,作品有趣而灵动。

在我自编的《有趣的树叶贴画》一课中,课前让孩子们搜集各种各样的树叶,在课上做了大量启发,欣赏中外艺术家的树叶作品,引导他们联系生活当中的一些形象,打破雷同的造型,最终他们做出了造型各异的树叶贴画,创造力惊人,处处体现

着童趣。本课我曾带往云南边陲城镇支教,当时执教对象分别是两个城镇两所不同学校的学生。通过课堂实践和作品对比发现,那里的孩子普遍动手能力较强,但是创意却比不上我们的学生,在短时间内创作,呈现出的效果模仿教师范作较多,造型单一,课堂中想象困难。经过了解得知,这两地学生,一方面可能是成长环境相对上海封闭,所见所闻相对少;另一方面可能就是平时很少接触这种想象力的训练课,思维趋向固化。事实证明,经过长期思维创意训练的孩子,在想象力方面明显强于未经此类训练的孩子。如下图是我平日所带自己学校学生的树叶贴画作品,举一反三的能力、思维的广度和表现力都令人惊喜。由此可见,在幼小衔接阶段想象力的培养创新思维的开发,对孩子的成长影响是非常重大的。

三、创新评价方式,尊重个体差异

关于建立评价体系,多元化有助于全面评价学生的美术学习表现。除了平时美术课堂上传统常用的三种模式:生生互评,学生自评,教师点评之外,还可以加入家长和学校的力量。同时创新评价方式,扩大影响面,容易激发学生的成就感。比如学生作业制作的微视频以网上美术作品展的形式呈现,学生、朋友、家长和老师来观展,点赞、留言和投票评选。另外还有艺术节项目的现场交流,校园走廊美术作品展的互动评价,等等。

对于低龄的幼小衔接期儿童来说,即时评价非常重要,特别要注重评价的时效性。一节课上要当场评价他们的表现,在课堂实践的过程中,有过程性的评价,课上完有总结性评价,同时有相应的奖励措施,如用小星星、小太阳贴纸或者积分,等等。凡是能有效激励孩子,给予及时评价的措施都值得一用。儿童年纪越小越容易兴奋,也越容易被激励,每节课的章、奖券、积分每积攒到一定数量可以兑换更高级别的奖励。这样,就有一个学习的目标和动力能促进他持续地主动学习,提高学习的专注度。

另外,无论是不是特殊的时期,教师都要善于利用新的网上教学平台来进行评价和交流。如在"晓黑板"建立作业讨论区,学生将作业拍照上传,根据评价标准,

来对应自己的作业进行调整修改，并给自己打星或给同伴提交的作业打星，或留言评价。基于课程标准的教师评价，要注意评价语言带有引导性，我个人觉得尽量做到以语音和文字的形式点评，这样有温度的回应能带给学生更多激励，让孩子们保持热情去参与美术活动。同时，网上评价这种创新模式，又对课堂教学起了延续和补充的作用。每节课的时间有限，传统课上因为时间关系在展评作业环节，可能只有几个学生有机会介绍和评价"以点带面"，而网上讨论区就可以实现"以点对点"，每个人只要愿意分享自己的作品，就可以来介绍和评价，也能收获相应的点评。如：有个学生在我280人的美术空中大教室里首次以视频的形式，生动地介绍了自己的作品，清晰表达了自己的思维过程，结果一举成名，收到了大量赞美的评论。有意思的是，当第一个孩子以视频方式主播介绍自己的作品之后，就有第二个，第三个，特别是像上到《会动的玩具》那课，全员变成了激动的小主播，一个比一个认真。由此可见，到位的教师评价和生生互评会提升学习兴趣，有利于帮助学生克服美术课的疲劳期，提高学生的参与度。

在评价的过程中，要尊重个体之间的差异。每个孩子的身心发展有快有慢，心智成熟度并不一致，这样势必导致他们的作业效果不在一个程度上。教师可以从不同的角度来尽量发掘他们作业中的优点，或者是从美术学习活动的参与度、学习习惯、合作的态度等方面发掘他们的优点。特别对于那些内向自卑、发育比较迟缓的孩子，行为有些偏差的孩子，他们的表现更加需要鼓励，对他们信心的建立更加有帮助。引导他们跟过去的自己比，今天的自己是不是进步了，哪里做得更好了，而非和其他优秀的孩子进行平行比较。每个儿童在被公正对待，被爱心关注，被及时肯定之后，他大概率会有所改变，变得更好。

综上所述，做好幼小衔接期的儿童美术教学，对儿童整个小学阶段以及后续的美术能力成长具有深远意义。所以笔者作为一名基层美术教师一直在学习思考和总结经验，在实践中摸索合适的教学方法和策略，有创新地教，宗旨是为了要培养有审美能力，有创新意识，有创造力的会学习的孩子。在教学实践的过程中当然也会遇到其他困惑，只能在今后的教学中进一步深入研究和学习思考。

参考文献

[1] 网页.图画心理分析[DB].https://max.book118.com/html/2017/0627/118375336.shtm.2019.6.
[2] 王香芹.小学美术欣赏教学课堂对话的案例研究[D].浙江师范大学,2012.
[3] 尹少淳.美术课程标准（实践稿）解读[M].北京：北京师范大学出版社,2002：149.

让音乐复习课堂绽放新的光彩
——音乐小剧融入小学音乐单元复习课的策略探究

上海市浦东新区进才实验小学　李　洁

经济和信息社会的快速发展,将具有合作精神的创新品质作为我国新时代"人才培养观"的核心内容。音乐教育作为美育的一项重要范畴,着眼于培养学生的审美素养、艺术爱好,在艺术熏陶中启迪思想、温润心灵、陶冶人生。音乐复习课作为一种综合课型,具有复习、巩固、迁移、提高的功能。如何在音乐复习课中让单一重复的复习课堂绽放新的光彩,从而培养学生的音乐感知力、理解力、想象力、表演能力、创新实践能力与合作精神,发挥以美育德、以美启智的作用,无疑是小学音乐复习课的教学目标。现以音乐小剧融入小学音乐单元复习课的策略为例,谈谈笔者的探究与思考。

一、传统小学音乐复习课的利弊分析

在音乐复习课堂上,经常会看到这样的情景,老师站在讲台上说:"这学期的新课已经全部上完了,接下来我们进行总复习。"然后学生跟着老师从第一单元开始,一首歌接着一首歌地唱,一首乐曲跟着一首乐曲地听,最后老师把所有音乐知识再逐个讲解一遍。一学期的复习课最多两个课时便可以完成。

这种复习模式最大的好处在于教师可以完全把控复习的进度,且面向全班学生,能用最少的时间进行音乐知识与技能的回顾。学生只需跟着教师反复听、反复唱,可以对所学知识起到一定的强化作用。然而《音乐课程标准》中明确提出,音乐课要凸显人文性、审美性和实践性;课程基本理念要突出以审美为核心;强调音乐实践,鼓励音乐创造;突出音乐特点,关注学科综合;面向全体学生,注重个性发展。且二期课改以来,小学音乐课堂(新授课)也越来越关注学生的审美体验与音乐创造,学生或多或少地也积累了一定的音乐表演能力,但上述这种单向

机械的复习模式又将学生带进了被动学习的牢笼,背离了音乐课程的基本理念,存在以下弊端:

(一)忽视审美体验

音乐审美指的是对音乐艺术美感的体验、感悟、沟通、交流以及对不同音乐文化语境和人文内涵的认知。但教师在教学中往往只关注识记性音乐知识与内容的目标落实,比如背唱歌曲、根据旋律写曲名、重复讲解乐理知识等,不重视情感、态度、价值观教育,不重视审美体验和学科素养的渗透。

(二)忽视学科综合与音乐创造

复习只关注单个音乐内容的回忆与重复,表现形式仅局限于歌唱和听赏,并没有建立起与音乐课程不同教学领域之间的综合,如音乐与朗诵、舞蹈、戏剧、美术等不同艺术门类的综合。而且学生处于被动的学习地位,教师没有为学生设定生动有趣的创造性活动内容、形式和情境,阻碍了学生的想象力和创造力发挥。

(三)忽视单元复习

大部分教师喜欢进行全册书的总复习,不重视单元复习。现行的二期课改教材中每册书由4—6个主题单元组成,每一个主题单元都是按照主题线索将相关的教学内容组合在一起。单元复习可以帮助学生将所学音乐内容建立起横向联系,学习更加系统化,而且相对于整册书的复习,范围更小,更加及时,复习效果更佳。

二、音乐小剧的基本含义和基本特征

音乐小剧,即小型化、简单化的音乐剧,旨在借用音乐剧的核心表演形式(歌唱、舞蹈、表演)来表达一个主题的情景或故事。班级学生全员参与其中,时长在20分钟以内。

音乐小剧融入小学音乐单元复习,是指因地制宜地将教材中的主题单元内容以剧本的形式串联成有情节的小故事,并以歌、舞、表演、台词等形式表演出来,以起到巩固知识与技能、展示学习成果、加深审美体验、提高学习效率、培养学生合作精神和创新意识的作用。

音乐小剧具有以下基本特征:

（一）综合性：不再坚持单一的艺术形式，将音乐、歌唱、舞蹈、表演、对白等各种艺术形式有机结合，题材不限、形式不限、风格不限，为学生感受音乐、表现音乐，以及想象力、创造力的发挥，提供了广阔而自由的空间。

（二）故事性：剧本创作应以一条线索串起这一主题单元所有教学内容，形成一个相对完整的故事，有故事情节甚至矛盾冲突。这就需要学生对单元内的各音乐元素进行联系和想象，并借助合适的表现形式来呈现，进行音乐二次创作。

（三）全员参与性：从剧本的创作、排练到最后的呈现，教师要鼓励全体学生都参与进来，并根据每个学生的不同音乐特长和喜好选择适当的角色。如：头脑灵活、有想法的学生担任编剧；歌唱好的学生担任演唱；喜欢跳舞的学生担任舞蹈部分的表演；朗诵好的学生担任旁白等。每个学生都能积极承担在音乐小剧中的任务，以促进个体发展。

（四）合作性：一部音乐小剧的完成需要学生间的相互配合、相互弥补、有效讨论与排练，这就需要学生具有合作意识。当出现问题时，大家共同寻求解决的策略，不断促进合作的成功。

三、音乐小剧融入小学音乐单元复习课的策略实施

在教学设计中，教师如何将音乐小剧融入小学音乐单元复习课，从而提高教学效率、促进学生发展呢？

（一）引导了解，激发兴趣

世界最负盛名的音乐剧主要来自英国伦敦西区和美国百老汇，亚洲最著名的"产地"便是日本四季剧团。我国的音乐剧起步较晚，普及程度不高，学生对音乐剧的认识十分有限。教师可以在每节课预留5分钟时间，向学生介绍著名的音乐剧以及相关知识，并推荐一些适合学生观看的音乐剧，引导学生在课后进行观赏，让学生逐步了解音乐剧，激发他们创作和表演的欲望，也为今后提供可借鉴之处。笔者通过近年来对音乐剧的关注和研究，整理出一些适合学生观看的音乐剧，见下表：

剧　名	观　赏　点
《猫》 Cats	这部音乐剧除了爱与宽容的主题，最好玩的地方在于创造了很多个性鲜明的猫形象：领袖猫、迷人猫、魅力猫，还有富贵猫、保姆猫、剧院猫、摇滚猫、犯罪猫、英雄猫、超人猫、魔术猫等

（续表）

剧　名	观　赏　点
《狮子王》 The Lion King	该剧充分融合了非洲艺术元素和百老汇的音乐剧制作工艺，设计了惟妙惟肖的动物角色和数百个栩栩如生的动物面具、木偶。壮观的舞台和灯光效果、华丽的服装，令观众仿佛置身于非洲大草原
《音乐之声》 The Sound of Music	动人的故事情节、优美的音乐旋律，都会让孩子们喜欢上它。一些脍炙人口的歌曲《哆来咪》《孤独的牧羊人》《雪绒花》等都出自于此，有些还被收录于现行教材中，给学生以亲切感
《安妮》 Annie	荣获最佳音乐剧、最佳曲谱、最佳编剧等7项大奖，其广为传诵的歌曲旋律朗朗上口，歌词充满正能量，传递着积极乐观的人生态度。主题曲《Tomorrow》在美国风靡大街小巷，传唱度仅次于国歌
《绿野仙踪》 The Wizard of OZ	《绿野仙踪》的台词和引用常常出现在各种电影、音乐和情境喜剧的创作中。脍炙人口的《over the rainbow》孩子一定不会陌生，在美国，《绿野仙踪》就如同中国的《西游记》
《魔法坏女巫》 Wicked	百老汇殿堂级原版音乐剧，是《绿野仙踪》的前传。获得六个百老汇戏剧舞台奖，音乐剧曲目还捧得一座格莱美奖，多次蝉联百老汇最卖座的剧目，并且被英国《泰晤士报》评为"自《歌剧魅影》后最伟大的作品"
《玛蒂尔达》 Matilda	是为数不多的以孩子为第一主角的儿童剧，贴近孩子们的生活，故事情节引人入胜，制作精美，可看性很强
《怪物史瑞克》 Shrek	根据动画片《怪物史瑞克》改编创作，剧情和动画片《怪物史瑞克1》一样，只不过是在舞台上让真人演员来扮演。剧情讲述了外表丑陋、内心善良的怪物史瑞克与朋友经历了种种危险，英雄救美抱得美人归的故事，反映了友谊与爱情的真谛
《小美人鱼》 The Little Mermaid	根据丹麦作家安徒生的童话《海的女儿》改编，在2008年再次搬上百老汇，传承迪士尼的欢乐精神，运用到原电影《小美人鱼》(1989)的经典的音乐并重新编曲，结合更多欢乐分子，让观众完全融入这个充满梦幻的深海
《素敌小魔女》	这是一部日本家庭音乐剧，主人公是"魔女"，因此令人惊叹的魔幻场面成为该剧的一大看点。《素敌小魔女》精彩的舞台效果不仅可以让演员在舞台上随时随地自由飞翔，而且还引用歌舞伎的手法，可以一瞬间让服装变得褴褛破旧

（二）日常渗透，奠定基础

完成一个音乐小剧不是一蹴而就的，而是需要在日常教学中逐步渗透，打好基础，最终才能水到渠成、完美呈现。例如：三年级下册《夕阳》单元，教学内容为：听《星星月亮太阳》《黄昏放牛》；唱《黄昏》《晚风》；学"人声的分类""轮唱""重唱""演唱形式"。在新歌教学《黄昏》时，教师就要引导学生在歌唱时，想象夕阳西下的美好画面,用优美的音色、带着对黄昏的无限赞美来演唱,并鼓励学生通过扮演黄昏中的大树、太阳、微风、远方的钟楼等来创设情境,歌唱的同学有的站立、有的坐在凳子上、有的背靠背坐在地上,用自己的歌声、体态造型、音乐律动营造出一幅黄昏的美丽画卷。这样的情境表演可以很自然地移植到后续音乐小剧的创作与表演中。如果在新歌教学时,教学目标仅仅停留在学生学会演唱歌曲,那么在音乐小剧的创作与表演中就要花费大量时间去排练,这样反而加重了学生的负担。

(三) 合理分工,鼓励创作

一般来说,在音乐课堂,总有一部分学生积极性较高,一部分学生显得被动,在进行音乐小剧的创作与表演时,这个现象尤为突出。陶行知先生曾说过:"处处是创造之地,天天是创造之时,人人是创造之人。"在实际的教学中,教师要照顾每一位学生,特别关照平时害羞、不爱说话、不爱表现的学生。教师要善于发现每个学生的艺术特长,然后分配其承担适合的任务或角色。音乐小剧可以分成以下小组:歌唱组、舞蹈组、配音组、编导组(高年级)。擅长唱歌的学生们可以担任剧中的歌曲演唱部分;擅长朗诵的、语言功底好的学生可以读白或配音;爱跳舞的同学可以为歌曲伴舞,或者用律动来衔接剧情;有的学生实在没有特长,可以用自己的体态造型为小剧创设背景,或者根据需要来扮演一些简单的角色。总之,要让每个学生都在小剧中找到自己的位置,从而培养他们的艺术表现力和自信心。

在进行小剧创作和排练时,教师还应遵循"扶着走""陪着走""放手走"三个"走"原则。低年级学生由教师"扶着走",创作剧本时教师要帮助学生找到剧情主线,然后引导学生在此基础上添枝加叶,大家畅所欲言,共同打造一个剧本。之后,教师鼓励学生借助自己在音乐课上习得的音乐技能进行排练,这时教师要在一旁观察,及时指导,甚至可以加入其中一起表演,这样大大鼓励了学生的自信心,也为成功表演奠定基础。例如:一年级下册第三单元《星光亮》单元,教学内容为:听《小星星变奏曲》《遥望我的蓝色星球》;唱《月儿弯弯》《摇篮》;玩"听听唱唱""拍拍唱唱";创编"歌词"。师生合作创作剧本过程如下:

教师先把各教学内容做成单独的板书,打乱顺序贴在黑板左侧。
(师)今天老师请来了我们的好朋友,星星家族的兄弟们和月亮姐姐。它们将和我们一起讲述一个有趣的音乐故事。最近我们听了一首有关星星家族兄弟的歌曲《遥望我的蓝色星球》,让我们认识了许多不同的星星。(教师可以播

放一小段音乐,让学生进行简单的回忆)

其中有几个小星星特别淘气,跳来跳去,一起来唱出它们的名字吧。(学生一起来玩"听听唱唱""拍拍唱唱"环节)

听!集合的哨声吹响了,随后响起了《小星星变奏曲》,你猜星星们在做什么?你能为它们选一首伴奏音乐吗?

(生)星星们先是排起了整齐的队伍行走,一会又跳起了舞蹈,一会又嬉戏打闹,好热闹啊!

(师)这时月亮姐姐来了,它为星星们唱了一首什么歌?

(生)《月儿弯弯》。

(师)在听了月亮姐姐的歌曲后,星星们安静了下来,它们也累了,要睡觉了。你最想为它们唱什么歌?

(生)《摇篮》。

(师)我们还可以改编歌词。谁已经想好了,为大家唱一唱吧。(完成"创编歌词")

最后,教师请一位学生按照刚才的故事情节把这些教学内容进行排序,并贴在黑板上;再请一至两位同学把这个故事讲一遍,一个简单的剧本雏形就完成了。

中年级学生由教师"陪着走"。由于学生积累了一定的经验,这时的剧本创作可以请学生们讨论确定剧情线索,教师要扮演好促进者的角色,适时帮助学生进行调整,使小剧的创作和排练更加高效。随着高年级学生学习能力的不断加强,教师完全可以放开手让学生自己完成音乐小剧,从创作、排练、到表演,这时教师是个欣赏者,要用欣赏的眼光去肯定、鼓励学生,要包容他们出现的问题,可以在后续的评价阶段让学生自己去分析并优化。

(四)优化环境,配合表演

教师要努力为学生创设一个轻松、和谐的学习氛围,其中参与音乐小剧的表演非常重要,可以让学生体会到教师不仅仅是他们活动的组织者,更是他们合作的亲密伙伴,让他们在极其轻松自在的环境下去创作、想象,并实践。

比如在复习一年级《亲又亲》单元时,教师可以扮演"妈妈"的角色,既降低了学生表演的难度,又为学生提供了表演的范本,更能使学生在宽松、欢乐的环境中愉快地表演、学习。教师参与音乐小剧的表演,让学生体验到成功的喜悦,会更大地调动学生的积极性,复习效果更好。

(五)有效评价,提高完善

评价阶段既要对学生积极主动参与给予充分肯定,也要接受学生创作与表演中的瑕疵。可以通过自评、生生互评、师生互评等方式,帮助学生发现问题、分析问题、解决问题,并做好总结,为学生今后解决类似问题导向指路。

四、对增强小学音乐复习课效能的深入思考

复习课的功能在于回忆、巩固、迁移、提高。对学生而言,创作和表演音乐小剧是一种学习方式,对教师而言则是一种教学策略,它代表着进步的教学理念,即教师与学生之间的关系是相互尊重、相互合作的人际关系,学生是课堂真正的主人,复习过程不仅是学生温故而知新的过程,也是深化审美体验、培养合作能力与创新精神的过程。将音乐小剧融入小学音乐单元复习课,对增强音乐复习课的效能有着重要意义。

(一)复习过程共生

美国创造学的奠基人奥斯本在他提出的"大脑风暴法"中指出,小组技术比个人更重要。在音乐小剧融入单元复习课的实践中,学生之间的交流和交往是最基本的因素,创造型人才就是通过相互交往而形成的。在创作剧本的阶段,学生们相互讨论,在讨论中发表自己对音乐的想象,表达表现自己创编的小故事,大家相互补充启发,从而提高了分析、理解、鉴赏音乐的能力。音乐小剧还采用分工合作的方式进行创作与表演,既可以发挥学生各自特长,又可以让优秀生带动学困生,以集体能力促进个体发展,使每位学生都能大胆想象、积极构思、乐于表现,创造出新颖、独特的作品,由此提升其在音乐学习上的自信和快乐。

(二)评价标准多元

复习秉持"不求人人成功,但求人人进步"的理念,同时也是教学评价的最终目标。小学音乐课着眼于提升审美素养、培养艺术爱好,不同于追求专业艺术水准的声乐课、舞蹈课、表演课,应根据学生的个体差异,制定新的评价模式,摒弃单一的评价标准。复习课的评价不仅仅要看音乐知识技能的提高程度,更重要的是对情感、

态度发生了怎样的变化做出评价。还要把着力点定位在自己在集体中的表现。是否积极参与了讨论？是否积极献言献策？是否为大家提供了帮助？这种评价模式激活了学生的学习潜能，极大地鼓励了学生的自信心，从而实现了促进发展的功能。

（三）师生关系平等

在复习中，教师不以权威者、知识拥有者自居，而是以引导者、促进者、欣赏者的身份出现，与学生一起参与音乐小剧的创作甚至表演，兼编剧、导演、演员为一体，为学生创设民主、轻松、自由的创作表演氛围。学生也不再单纯是音乐复习的被动接受者，而是一个思考者、主动参与者、创新实践者、合作学习者。教师在师生之间、学生之间打开广泛合作的渠道，并努力在课堂创造一种自由、融洽的师生关系，师生双方处于一种平等的地位。师生双方敞开自己的心扉互相接纳，彼此交流和沟通建立一种相互信赖的友情。在实施该教学策略时，教师还应把大量的课堂时间留给学生，这样也有利于学生进行自我管理、合作学习与交往。对于培养学生的责任心、意志力、开拓创新精神、组织能力等都有意想不到的效果，所以此教学策略有很强的实用性。

总之，复习课的教学不仅是巩固知识和技能的过程，也是对音乐审美对象的重复过程，重复的美学意义在于对审美对象的印象加深，并不断产生进一步的认识和理解，这也是温故而知新的真正内涵。教育现代化背景下，音乐教学要融合国内外先进的教学理念，不断发展学生的学习能力。将音乐小剧融入小学音乐单元复习课，让复习也弥漫着浓郁的艺术气息，学生们创作了一个又一个属于他们的音乐小剧，这个过程充满了音乐表现与创造，师生获得了音乐审美的快乐与愉悦，复习课绽放了新的光彩。

参考文献：

[1] 郑莉.小学音乐教学策略[M].北京：北京师范大学出版集团,2010.
[2] 哈雷.让儿童音乐剧走进小学音乐课堂[OL].中小学音乐教育网,2019-10.
[3] 叶娟英.昨日重现——不亦说乎[J].学生之友（小学版）,2011,(5).

如何让小学音乐课堂教学更加精彩和高效

上海市浦东新区进才实验小学　朱凌嘉

【摘　要】课堂教学是课程实施的基本途径,也是师生、生生之间沟通、交流和互动的平台,课堂教学的有效与否直接影响着学生知识的获取和能力的发展。所以如何构建精彩高效的课堂是新课程改革研究的热门课题,广大小学音乐教师也应该关注课堂,积极寻求科学有效的方法来推动音乐课堂教学改革,以落实新课改基本理念。

对此,我将从营造和谐课堂氛围、激发学生学习兴趣、改进课堂教学方法三个方面出发,系统地分析构建小学音乐高效课堂的有效方法和基本策略,阐述我自己的见解和思路,希望能为广大小学音乐教师提供有益的教学参考。

一、基础：营造和谐课堂氛围,让课堂教学更加精彩

课堂氛围是直接影响学生学习情绪、心理和态度的外部因素,只有营造和谐的课堂教学氛围,才能让学生放松原本紧张和抵触的情绪,为课堂教学的高效进行奠定基础。

（一）创设良好师生关系,优化课堂氛围

教师是沟通学生与知识之间的桥梁,良好师生关系的建立有利于课堂学习氛围的优化。所以,在小学音乐课堂教学过程中,音乐教师必须要转变过去教师本位的观念和高高在上的姿态,充分尊重每一位学生,以真诚的态度与学生展开沟通和交流,时刻关注学生学习和心理状况,及时对学生学习进行科学的指导,使学生能够感受到教师的关心,创设良好的师生关系,营造出自由、民主、平等、和谐的课堂教学氛围,促使学生能够敢于提问和质疑,促进学生的自主、主动学习。

例如,为了促进学生们的自主学习,先得为学生们构建和谐的课堂氛围,让学生

们有机会在课堂中多表现、多表达、多参与。如,在教学过程中,首先会观察学生们在课堂中的表情与动作,当发现学生们感兴趣的地方后,我会给予他们充分的时间进行表达,让他们参与到课堂活动中。同时,当学生们遇到不懂的问题时,我也会鼓励学生大胆提出自己的疑问,在课堂中畅所欲言。这样一来,就通过创设良好师生关系,有效优化了课堂的氛围。

(二)合理运用音乐器材,带动课堂气氛

音乐通常是通过乐器表现出来的,所以课堂教学中乐器的合理运用能够充分有效地激发学生的学习兴趣,增强学生的节奏感,带动课堂教学的气氛。因此,在学生学习音乐曲目的过程当中,小学音乐教师便可以充分利用一些强烈而且富有节奏感的乐器来进行课堂辅助教学,让学生认识这些乐器并了解它们的节奏特点和演奏方法。同时,教师也必须要指导学生使用这些乐器,使学生能够在实践中感悟和体会音乐的节奏,在带动和活跃课堂气氛的同时,也可以有效地引起学生的好奇心和兴趣,从而引导学生将对乐器的兴趣转移到音乐知识学习过程中。

例如,为了带动起课堂的气氛,在教学过程中,我会结合一些乐器展开课堂教学,每次上课前,都会预先备课,准备好与本节课相关的乐器。上课后拿出事先准备好的乐器进行表演,吸引学生们的注意力,伴随着乐器带来的美妙音乐,课堂的教学氛围开始变得活跃,学生们更加主动地参与到了课堂活动。这样一来,也就带动了课堂的教学气氛。

二、前提:激发学生学习兴趣,调动学生学习积极性

兴趣是学生主动学习的动力和催化剂。只有激发起学生对学习的兴趣,才能充分调动学生学习的积极性,进而让课堂教学变得更加精彩、更加高效。

(一)创设情境,激发学生学习兴趣

情境教学是一种创新型教学方法,符合小学生的心理活动发展和认知特点,能够有效激发学生内心的情感态度体验,培养和增强学生对学习的浓厚兴趣。因此,小学音乐教师在课堂中应该注重利用多媒体等多种先进的教学手段来创设直观生动的教学情境,以图像、动画、视频等方式将抽象的音乐变得更加具体化、形象化、戏剧化,构建视听合一的小学音乐课堂,充分丰富学生的视觉和听觉感知,吸引学生的好奇心,激发起学生对音乐的兴趣和热情。

例如,在教授《蓝猫淘气三千问》这首歌曲时,为了激发学生们的学习兴趣,借助多媒体为学生们创设了直观的情境。首先,在上课前,笔者通过互联网为学生们下载了一段蓝猫淘气三千问的动画短片,然后将动画短片与歌曲融合,上课后,笔者利用多媒体为学生们进行播放。通过视频与歌曲的结合,学生们的注意力更加专注,就有效激发了学生的学习兴趣。

(二)寓教于乐,点燃学生学习热情

寓教于乐是新课程改革所强调的基本理念,主张将教育教学寓于游戏活动之中,赋予教育的娱乐性和趣味性。所以,小学音乐教师可以落实和渗透寓教于乐的基本理念,根据具体的教学内容和学生的兴趣爱好来组织开展形式丰富多样的游戏活动、表演活动、竞赛活动,让各种活动与音乐教学相辅相成,这样能够让学生保持积极的学习态度和情绪,主动参与到课堂活动当中,在活动中自觉的学习、接受和吸收音乐知识,充分感受到学习音乐的乐趣所在,产生对音乐学习的热情。

例如,在教授《星星舞会》这首歌曲时,为了点燃学生们的学习热情,我会结合教学内容为学生开展游戏活动。首先,我先给学生们布置了与歌曲对应的小舞台,然后组织学生们来到舞台中,当音乐响起后,学生们伴随着音乐翩翩起舞。在这一过程中,学生们欢快的舞蹈,欢乐声充满了整个课堂。这样一来,就有效点燃了学生的学习热情。

三、核心:革新课堂教学方法,让课堂教学更加高效

(一)正确引导,促进学生自主学习

教师是学生学习的引导者和指路人,学生自身才是学习的主人。促进学生的自主学习才能保证学生的学习效率。因此,小学音乐教师要明确自身的职责和角色,充分发挥自身的引导作用,指导学生全身心地投入学习。具体来说,教师可以根据音乐知识的重难点和学生的认知结构来精心设计问题,以向学生提出合理性、启发性的音乐问题,充分调动学生的思考动机、触发学生的求知欲望,并给予学生充足的时间和空间,使得学生能够主动对问题展开思考、分析和探究,实现自主学习。

例如,在教授《行进到普勒多利亚》这首歌曲时,为了促进学生们的自主学习,先为学生们播放了一遍这首歌曲,让学生们感受歌曲的情感与音乐的节奏,然后笔者再结合教学内容,对学生们进行引导,让学生们更加准确地掌握歌曲的演唱方式。这样一来,通过正确引导,就能有效促进学生的自主学习。

(二) 小组合作,提高学生课堂参与度

合作学习是新课程改革中所强调和倡导的基本理念,能够打破学生之间原本的个体竞争关系,促进学生的相互学习、互动与交流,提高学生的课堂参与度。所以,小学音乐教师应该落实新课程改革的基本理念,按照科学的标准以及各班实际人数情况,将全班学生分为6—9人一组的学习小组,并对组内成员进行合理的分工,确保每个学生都能有自我表现和参与的机会;其次,教师需要创设合作学习情境,激发学生合作的动机,促使学生们主动以小组为单位展开沟通、互动、讨论与交流,提高学生的课堂参与度,实现互帮互助和思维互补,从而促进课堂教学效率的提升。

例如,在教授《竹子冒尖尖》这首歌曲时,为了提高学生们的课堂参与度,我开展了小组合作式学习活动。在活动开始前,先将学生们分成了若干个小组,每个小组5人,小组成员分配好后,组织各小组展开对歌曲的学习。在这一过程中,各组成员积极参与课堂活动,将自己不懂的地方与其他成员进行讨论,经过学生们的激烈讨论后,学生们对这首歌曲掌握得更加深刻。这样一来,通过小组合作,锻炼了学生的团队配合能力,提高了学生课堂参与度。

(三) 分层教学,促进全体学生发展

面向全体学生并关注学生的个体差异是新课程改革对广大教师教学提出的全新要求,分层教学则是实现这一要求的直接途径和有效方式,能够强化高效学习的落实。所以,小学音乐教师首先应该全面了解学生们在学习能力、学习态度、兴趣爱好与基础素养等各个方面的具体情况和差异,以此为根据将学生分为三个层次,并依据不同学生的层次来提出差异化的学习要求、运用分层化的教学方法,从而让不同层次学生的认知结构、个性品质能得到适应性的发展,让小学音乐课堂也因此变得更加精彩、更加高效。

总而言之,高效教学是新课程改革背景下每一位小学音乐教师都必须追寻的目标,也是更进一步推进素质教育发展的关键所在。因此,我们应该顺应时代和课程改革的趋势,不断更新教学观念和思想,并以营造和谐课堂氛围、激发学生学习兴趣、改进课堂教学手段,激发学生的学习潜能,增加学生的学习动力,促进学生的主体探究和深入学习,最终让小学音乐课堂更加高效、更加精彩纷呈,有效促进学生审美素养和艺术能力的发展。

浅谈提升小学体育趣味教学策略

上海市浦东新区罗山小学　方雅婷

【摘　要】《体育与健康课程标准》的颁布将激发学生学习的兴趣和培养学生养成积极锻炼的习惯。为了增加课堂的趣味性，教师在教学的过程中要重视教学方法和教学艺术的使用，增强教学的灵活性，只有这样，才能够提高学生学习的兴趣。现代教育的重点就在于培养学生学习的兴趣，在教学中要以学生为中心。在进行小学体育的教学过程中，要结合学生爱玩的天性，寓教于乐，这不仅能够加强小学体育教学的效果，而且能够推动小学体育教学的改革。

【关键词】小学体育　趣味教学　实践

一、引言

在体育教学的过程中，学生大部分时间都是在运动的，所以怎样培养学生参加体育运动的积极性和创造性，充分开展体育实践活动，将学生内在的潜力发挥出来，就需要教师根据学生的爱好和学生的需求在尊重教材的基础上进行灵活的教学，将教学内容用学生感兴趣的形式表现出来。

儿童的天性中有一个部分就是爱玩和好动。在小学的时候，学生的兴趣十分广泛，对外界有着强烈的好奇心，在学习中的直接动力就是学生的直接兴趣。这一阶段学生的特点要求教师在进行教学的过程中必须以学生的兴趣爱好为出发点进行教学。小学生正处在身体发育阶段，身体各方面素质都较差，不能进行大运动量负荷的练习，否则会给他们的身体健康造成不利影响。小学生的认知水平使得体育教学应该将学生的兴趣与玩相结合，在教学过程中多使用游戏教学法。在小学生课程标准中明确指出：体育课程教学要能够激发学生运动的兴趣，积极养成爱好运动的习惯。所以，在进行体育教学的过程中应该要将学生的兴趣充分地激发出来，寓教于乐。

二、活化小学体育课堂

(一) 玩中学,感受体育课堂的乐趣

新的课程标准把课程分成了运动参与、运动技能、身体健康、心理健康和社会适应五个方面的内容。这五个教学领域之间不是孤立存在的,而是具有紧密的联系,而且每一个学习领域中的学习目标都要通过身体的训练才能够达成,所以在进行教学的过程中要将这五个部分结合起来,不能孤立地进行教学。小学体育教育的主要内容是要让学生感受到体育教育和体育活动的趣味性;在教学的过程中学会一些基本的运动技能和基本的运动知识;培养学生养成正确的身体姿势,保证学生的体能;能让学生在进行体育活动的同时学会与他人合作,重视团队精神的培养。这些内容的学习都需要在一个比较放松的环境中进行,但是这个过程并不是要求学生盲目地跟随教师进行训练,而是学生要在实践中进行自主的训练,自主地进行体育活动和体育实践。在这一过程中,"玩"是非常重要的,但是这种"玩"是有目的的有计划的有步骤的,是要在"玩"中学到一些知识和一些技巧。这就要求教师在进行体育教学的过程中能够充分的挖掘出教材中的内容,进行灵活性的教学。例如,在三年级的学生进行30米加速跑的训练中,开始就带学生做一些诸如"抓尾巴"的游戏,让学生用自己带过来的废纸做成小尾巴粘在裤子上面,然后学生自己选择搭档进行游戏,要想抓住其他人的尾巴就要使劲地跑,同时防止被别人抓住。然后再让学生将废弃的报纸展开贴在胸前跑步,不能让报纸落地,落地就要接受惩罚。这样的做法主要是为了培养学生进行加速跑时的动作。最后预留15分钟的分享时间,让学生积极地发言,交流加速跑的方法和自己的亲身体验。这样的教学方式不仅能达到教学的目的,而且增强了课堂的趣味性,并且使学生愿意在众人面前展示自我,获得成功的满足感。

(二) 玩中练,培养体育实践的能力

现在素质教育的重点就是要培养学生的创新精神和实践能力。要想实现这一目标就必须不断地进行实践,进行不断的强化训练和练习。在体育课程中的强化练习就是要学生自主地进行活动,也就是要激发学生参与的兴趣,而让学生在玩的同时进行练习就是一种很好的参与练习的方式。相对于其他科目来说,体育教学的活动空间更加广阔,教学方式也更加多样。实践证明:将教学与"玩"结合起来,不仅能够实现课程的教学目标,而且能够增强教育的效果,激发学生的兴趣,提高学生进行体育实践的能力。

例如：教师在上四年级投掷垒球课时，放弃了传统的用垒球教学的方法，采用纸飞机和纸飞碟进行教学。在上课之前让学生事先就准备两张纸，一张纸比较软、比较小，另外一张纸比较大、比较硬。在进行课堂教学时，教师首先用"纸可以用来做什么"引出教学的话题，也即是用纸进行投掷练习。然后学生用那张比较小又比较软的纸折一个纸飞机，试一下纸飞机能不能飞起来，能飞多远。如果不行的话再进行改造，同时也要启发学生思考为什么之前折的飞机飞不起来，怎样让自己折的飞机飞得更远。在学生掌握了方法之后就自由选择搭档进行投远比赛，让学生在折飞机的过程中进行投掷练习。最后让学生将另外一张比较硬也比较大的纸，先沿着里面的方向平均撕几道两厘米到三厘米缝隙，再把撕好的圆边向另一边折叠就形成了一个纸飞碟的形状，然后再让学生进行随意的投掷练习，练习方法就从投掷纸飞机时候的单手投掷变成了投掷纸飞碟时候的双手投掷，并且还能够训练各种各样的投掷方法。这样的练习方式不仅能够让学生感受到课堂的趣味性，而且能够达到课堂训练的效果。学生不仅学会了投掷的方法，而且还学会了进行实践和应用，提高学生进行自主实践和进行应用的能力。

（三）玩中创，体验体育创造之乐

快乐教育的原则就是要将学生积极学习的主动性和创造性充分地发挥出来，为学生提供独立思考的可能性和空间。在体育课堂的教学中要为学生创造一个积极探索的空间，将学生的创造性思维充分地发挥出来，提高学生进行自主学习的能力。在设计体育自主活动的时候要突破传统的教学器材的局限性。要注重就地取材，发掘教学器材的多种用途，使教学的内容变得更加丰富。与此同时也要注重废物利用的作用，将一些旧轮胎、废弃的饮料瓶和旧报纸等进行废物利用，培养学生的环保意识。例如，在教学的过程中将旧轮胎展示在学生的面前，但是不告诉学生玩法，让学生自己想办法，自己创造出新的玩法，激发学生的创造性思维。学生利用旧轮胎开发了跳圈和负重以及钻洞等动作，这样的教学过程和教学方式不仅能够极大地激发学生的创造性思维，而且能够提高学生的满足感和获得感，提高他们学习的兴趣，增强体育教育的效果。

三、采取合适恰当的教学方法

（一）游戏教学法

在儿童的天性中有一个重要部分就是进行游戏，在小学体育教学的过程中游戏占据着一个十分重要的位置。游戏方式比较生动和活泼,而且内容也丰富多样,能够将学生的积极性和主动性充分地发挥出来,受到了广大学生的欢迎。即使小学低年级的学生对于学校教育有一定的适应能力,但他们仍然还是刚刚跨进校园的大孩子,他们不仅要学习各种文化知识,还要进行游戏、音乐和幻想等。小学低年级学生的特点就是活泼好动、爱争强好胜,而且喜欢有趣味性的东西。所以,在对小学低年级的学生进行教学的时候要加入各式各样的体育游戏活动。例如在进行沙包投掷练习的时候可以用游戏的方式将整个课程串联起来,进行传球比赛,每个人获得一个球之后,准备部分就是抛球击掌游戏,然后再用多样化的练习方式将学生的兴趣激发出来,最后再模仿大雁南飞的动作进行放松练习。

(二)竞赛教学法

在教学方法中深受学生喜爱的还有就是竞赛,因为这种教学方式不仅能够激发学生学习的自主性和积极性,而且能够贯穿于整个教学的全部过程之中,能够使课堂气氛变得更加活跃,能够增强学生的竞争意识,增强体育教学的效果。例如,在体育教学开始的时候进行列队练习,教学生口诀:教师说"比比哪组走得好",学生说"我们小组走得好,谁也不乱跑";教师说"比比哪组走得齐",学生回答"我们小组走得齐,谁也不乱挤"。在队列训练结束之后就要对那些走得又好又齐的小组进行奖励和表扬,提高学生进行竞争的意识。

(三)唱游教学法

在进行低年级教学的时候,唱游教学法是一种比较有效果的教学方法。这种教学方法通过形象的模仿和简单情节的表现活动来培养学生的节奏感和协调性以及审美能力。例如:一年级学队列的时候可以说:"小眼睛",学生答:"看老师。""小耳朵",学生答:"竖起来。""一二三",学生答:"站站好。"既可以让学生快速思想集中,又可以让学生记住教师的教学要求。

教学过程中要把握好这一方法的使用时机:第一,一年级新生入学前两个星期的学前教育。通常情况来说,一年级新生入学之前都会有两个星期的体育常规教育。如果开始上学就进行队列训练或者立正稍息等常规训练,会让学生产生疲劳情绪,而且学生会认为体育教学十分枯燥乏味。通过唱游教学法能够将学生学习体育的兴趣激发出来,增进学生与老师之间的沟通与交流。第二,准备活动。一般情况下的准备活动都是一种枯燥的徒手操,如果能够结合教学内容变换一些体操形式,例如"垫上操"和"球操"等就能够有效地提高学生的审美情趣和学习的积极性。第三,整理活动。在进行整理活动的过程中要增强趣味性,提高学生学习的兴趣,让学生在活泼健康的环境中进行学习,使体育启蒙教育的效果更加突出。

参考文献
[1] 陈铮.教新课程做美丽老师——谈用新理念指导教育教学的一点收获体会[J].新课程(教育学术版),2009,(03).
[2] 徐晓飒.谈情感教学[J].平顶山学院学报,2005,(01).
[3] 罗国华.关注情感教学[J].思想政治课教学,2006,(06).
[4] 熊春全.浅谈体育课中几种教学方法的应用[J].农村·农业·农民(A版),2009,(04).
[5] 严翠华.体育教学与智力发展[J].科技信息(科学教研),2008,(06).
[6] 王翊.体育中审美教育的内容和表现形态之初探[J].华章,2009,(02).

浅谈如何发展小学劳技学科的技术意识

上海市浦东新区东方小学 王 舜

学科核心素养是学科的灵魂。《上海市中小学劳动技术课程标准》提出，劳技学科的核心素养是：技术意识、工程思维、创新设计、图样表达和物化能力。

本文主要讨论如何发展小学劳技学科的技术意识。

通用学科的技术意识是对技术现象及技术问题的感知与体悟。它包括对技术现象的存在感、技术使用的道德感、技术问题的敏锐性，以及技术的目的性、规范性，对技术严谨的评价、适当的应用和明智的决策。

《上海市中小学劳动技术课程标准》指出：在技术教育过程中，综合"科学"与"社会"（STS）的教育观念，引导学生认识技术本质、作用和价值，使学生在实际体验和实践探究过程中形成初步的技术能力和技术意识，注重培养学生劳动观念和适应社会的生存、合作等现代意识，为适应未来社会和终身发展要求奠定基础。

根据劳动技术学科的技术特点，结合小学学段学生的学情、教材等因素，小学劳动技术学科的技术意识可以主要归纳为：

1. 对小学劳动技术学科的技术现象、技术问题的感悟；
2. 知道相关技术发展的历史，技术使用目的明确，具有敏锐的技术问题思维；
3. 合理设计、操作、合作、评价技术的思维；
4. 安全、规范使用技术的意识；
5. 对技术知识、技能的亲近情感和朴素道德。

一、优化预设，启发技术思考

技术意识体现在劳技课堂的细节之中。丰富的预设，精心的构思，能激发学生的学习兴趣。引导学生做课前调查，学生的认知主要来源于日常生活和校园学习。

教师可以做好充分的学情分析，然后开展课前调查活动。比如小学劳技五年级第一学期第二单元的《杯垫》这课，学生在日常生活中接触杯垫的机会不少。对课前调查，老师可以引导学生，提出调查的要求——比如对杯垫进行归纳分类。分类的项目主要有材料、形状等。学生在搜集完家中的资料后，可能还会去超市等地调查，获得更丰富的资料。以下是一组学生的调查分类表。

杯垫调查表

材料 \ 形状	圆形	方形	不规则图形
木质		无	
毛毡			
布料			
塑胶		无	

对杯垫的材料、形状进行分类后，学生对杯垫有了基本认识，制作的兴趣涌上心头，这时可以耐心引导学生思考。制作杯垫，需要注意什么呢？启发学生从杯垫的功能来思考——杯垫是用来干什么的呢？当然是用来摆放杯子的。那么摆放杯子需要注意什么呢？首先就是稳定性，只有杯垫稳定才能让杯子安全平稳地摆放。第二个学生会考虑到牢固性，课堂操作时我们使用的材料是细木条。细木条截断后粘贴组合，如何保证杯垫的稳定牢固是杯垫制作的重点。有些细心的同学还会想到，杯垫的大小要与杯子大小相适应，杯垫太大浪费材料，杯垫太小会导致不稳定，无法平稳摆放杯子。部分学生还观察到有些杯垫有底座，根据兴趣也会尝试制作带底座的杯垫。

优化预设。学生从生活中汲取灵感,在调查、收集资料、分析、讨论的过程中,自然而然地联想到这些物品的功能、结构。技术现象、技术问题的思考贯穿整个学习过程。事实证明,经过预设、调查的劳技课,学生学习的兴趣更强烈,思辨能力更强,主动提出、使用相关技术,技术意识"润物细无声"。

二、夯实技术素养,深化技术感悟

技术意识是劳技学科五大核心素养之一,也是技术素养的重要组成部分。技术素养主要分为:技术思维、技术意识、技术操作三大要素。对于发展技术意识,我认为教师要以实际操作结合亲身感悟为主。规范实践操作的技术动作,就是磨炼基本功,当需要综合使用劳技技能时,便能展现出学生的技术素养。四年级学习的纸质制品加工、金属丝制品加工;五年级学习的木质制品加工和简易电路制作,最主要的一条就是夯实基础,把每节课的技术要点理清,学生通过实际操作,感悟技术意识。

技术意识的提升与实践操作是无法分别开的。俗话说:"冰冻三尺,非一日之寒。"学生的技术意识通过两年的小学劳技学科课堂学习,从开始的初步接触,到逐渐适应,乃至渐入佳境,最后达到手眼合一的程度。这就像学习本身,是需要一个过程的。如何把握这个过程?如何在这个过程中抓住重点呢?就需要教师在学生的实践操作中,善于发觉学生技术意识、技术能力等方面的缺失。

想找到课堂存在的不足之处,就需要教师、学生保持长期自我审视的态度。今天劳技课我们的同学学到了哪些知识技能?学生提出了哪些问题?哪些问题存在但学生没有意识到?教师可以在课后进行反思,引导学生开动脑筋。在制作前利用技术思维结合技术意识,做出合理的设想与选择,完成设计图。实践制作过程中,技术意识融入于技术操作中。制作过程中教师巡视,对技术操作进行纠正和评价,做到规范,技术意识得到巩固。

手工锯的规范使用方法,学生因在五年级第一学期需要用它作为工具,所以应该熟悉。但熟悉不代表掌握,同学们握持手工锯的姿势规范吗?上课时,老师一边巡视,一边可以纠正学生不规范的操作姿势。这里可以进行一个对比,也就是规范操作姿势与不规范姿势的对比。

学生用规范的锯割方法操作和不规范的动作比较,亲身感受往往比语言教育更有效,学生会领悟到——规范操作姿势是根据力学原理科学制定的,锯割时操作起来安全、得心应手。大拇指向下握住锯柄上方,食指钩住前柄,其余三根手指握住锯

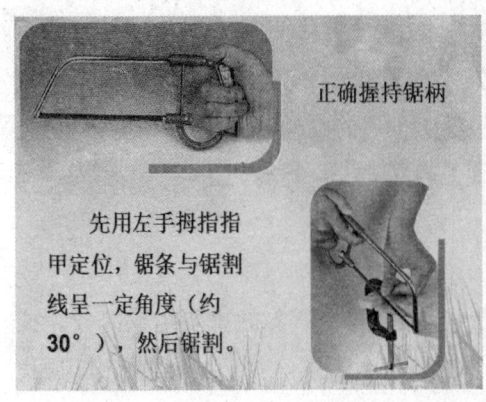

手工锯的锯割方法

柄，锯条与锯割线呈一定角度（约30度）。学生感受发力的舒适，手工锯方向可控，误差减少，并且规范操作能保证安全。

由此可见夯实基础的重要性。在夯实基础的过程中，我们可以让悟性较高、表达能力较强的学生说说规范操作时的亲身体验，规范操作好在哪里？通过个别学生的讲解，其余学生在经历实践的基础上，再深入研讨，感性体验逐渐深化为理性认识，促进技术意识的提高。

三、学科核心素养互相融合，互相促进

劳技学科核心素养有五个，分别是：技术意识、工程思维、创新设计、图样表达和物化能力。

这五种核心素养是互相联系，互相影响的。本文虽然主要讨论技术意识的发展，但是不能忽视其他劳技核心素养的培养。劳技学科五大核心素养在《新课标》里同时提出，我们是不能把它们孤立看待的。要想发展技术意识，同时也要兼顾其他四种核心素养的发展，达到核心素养之间互相促进，互相补充的效果。

这里讨论技术意识和其他四种核心素养的融合。

工程思维在实际操作过程中融汇了技术意识。学生发展工程思维，是站在一个更高的维度俯瞰整个制作过程。四、五年级劳技课每学期都有《设想与选择》这样一节题目相同的课，虽然材料、工具、制作主题不同，但发展工程思维的内核是相通的。学生根据现有条件，选择合适的材料工具，设计绘图，确定制作工序和同学间的分工；然后按图制作，有时独立制作，有时合作完成；完成作品后测试作品的性能是否符合要求，再进行改进和评价。工程思维中的每一步都包含了技术意识，可见这

两者之间是相辅相成的。

创新设计是一个热点话题。我们一直在强调创新，国家也希望培养创新型的人才。创新要从娃娃抓起，我想最重要的就是保留想象的火种，避免思维定式导致的僵化、模式化。技术意识对于创新具有辅助作用，良好的技术基础能有效支持创新设计付诸实践。

图样表达是对于设计而言，技术意识能从图样表达里直接反映出来。在实践操作之前，同学们会交流设计图，阐述自己的构思，除了材料工具之外，还有部件的尺寸、加工用到的方法、连接方法等。比如木质课桌椅模型，哪里需要锯割，用钉接方法还是粘贴连接方法等。好的图样表达能力能简明、完整地展示所要使用的技术。

物化能力是其他核心素养的综合体现，关键在于夯实基础。图样表达的设想能付诸实施，创新设计也要考虑实际情况，以工程思维作纲，以技术意识为线，贯穿整个制作过程。

由此可见，教师可以利用五大核心素养之间的关系，互相促进，互相发展，从而达到发展技术意识的目的。

四、跨学科学习，感悟技术发展历史

我们现在提倡跨学科学习，学科之间互相渗透。劳技学科和其他学科有不少交集。我们正好可以利用这个交集，学生已有的学情，可以加深对技术发展历史的感悟。

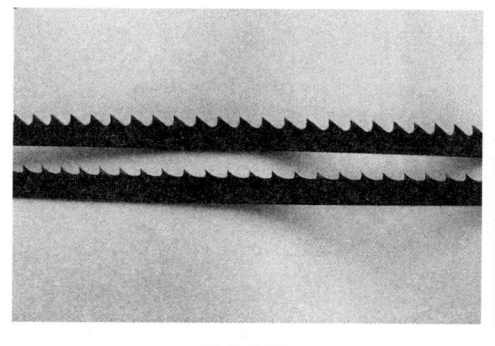

锯的齿口　　　　　　　　　　课文《鲁班造锯》插图

语文课里就有许多和劳技知识相关的内容。只要适当引导，就能渗透技术意识。二年级语文《鲁班造锯》的课文相信大家一定有印象。在我们劳技学科

五年级第一学期，一整个学期都要使用手工锯，学生对锯的发明能娓娓道来，并且说出锯的工作原理。原来手工锯的边缘锯齿形状的灵感来自一种树叶的锯齿形边缘，人们发现锋利的锯齿边缘切割物体更方便，进一步改造还发明了电锯等。

三年级语文《赵州桥》同学们也印象深刻。记得我在上五年级劳技课第一学期《拱桥》时，同学们第一时间就说出了书上的桥是赵州桥，赵州桥就是拱形结构的桥，简称拱桥。制作以拱作为结构主要承重构件的桥梁，学生又学习了一种技术。

赵州桥　　　　　　　　　　木质"拱桥"模型

数学学科与劳技学科的联系密切。劳技制作一般都要测量各个部件的尺寸，离不开直尺，数学学科对直尺的使用频率较高，学生养成较好的使用习惯。在劳技课的设计、制作过程中，规范画图，按图制作，能保证作品美观，符合要求。

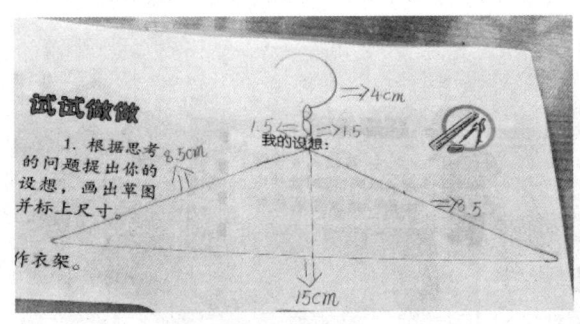

衣架模型设计图　　　　　　衣架模型

自然学科三年级学习简单的电路，对于劳技学科五年级第二学期的电子电路作品设计与制作，正好打下理论基础。学生在此基础上遵循电路图的基本常识，连接导线时，考虑电流的走向，电路的通路。

技术不是凭空发明创造的，它伴随着人类的劳动生产而发展。只要细心去发

简易电路图　　　　劳技学科五年级第二学期《调光小台灯》

现,劳技学科与其他学科有着千丝万缕的联系,即是与日常生活有着千丝万缕的联系。学生通过跨学科学习,知道技术发展的历史,启发技术问题的思考。

五、热爱劳动,热爱生活

车尔尼雪夫斯基说"艺术源于生活,却又高于生活"。我认为劳技学科也来源于生活,是人们劳动生活的一种凝练。学生从平时的生活、劳动中积累经验,汲取灵感,锻炼意志力、陶冶情操。

树立劳动光荣的价值观,杜绝好逸恶劳、贪图享乐的思想。这是我们新时代人民教师对下一代引导最重要的任务。学生活泼好动的天性、强烈的求知欲,只要善加引导,就可以把技术意识渗透在日常劳动之中。做家务、打扫卫生、洗衣服、烹饪,这些生活中的杂事看似平平淡淡,然而热爱生活、热爱劳动的良好品行就是从这不起眼的日常生活中慢慢培养起来的。

很巧,我现在是一位班主任,疫情期间与家长们有所交流。学生日常会做一些家务,我感到很欣慰。学生的家务劳动可能不像大人做得那么完善,可有谁会去责备一个认真做事的小孩子呢?适当的鼓励,激发学生的积极性,相信他们会做得更好!

中华民族是勤劳的民族,中国的崛起离不开劳动,也离不开技术的进步。从新中国建立至今已有70多年。70多年的建设,技术同仁们筚路蓝缕,继往开来,把我国从一个落后的农业国发展为拥有41个工业大类、207个工业中类、666个工业小类,拥有独立完整的现代工业体系,全世界唯一拥有联合国产业分类当中全部工业门类的国家。这全靠党的领导以及中华民族的勤劳智慧。

新冠肺炎疫情期间，中国展现了卓越的组织能力、生产能力、技术素养。这些现象的根源来自中国共产党的领导。我们党历来重视劳动、重视实业、重视技术，将完整的工业产业链保留在了国内。或许我国在某些领域还没有掌握核心技术，高精尖技术还有很大发展的空间。相信假以时日，我们一定能攻克这些难关。这些，都需要我们这代人，把历史的接力棒交给后代们。

大国制造，匠人精神。技术意识会永远传承下去，星火不熄。

小学信息科技线上线下教学衔接实践思考与体会

上海市浦东新区晨阳小学　邰丰纶

导　语

一场大疫改变了我们原先的学习方法，从线下变更到了线上，在几个月的时间里，教师和学生的"教"与"学"都经历了相当大的改变。在信息课线上教学中，有一些学生没有电脑或者移动端的操作设备，软件环境不统一，家长不在没有互动工具……面对重重困难，本校教研组的教师们一起认真研讨，在设计疫情下的学习互动时可谓动足了心思。几个月的线上教学时间虽然短暂却也给我们教师的教育教学带来了新的思路和启迪。现在时间一闪而过，我们又要进行线下学习。如何做好信息科技线上和线下的教学衔接工作，又成了我们教师新的挑战。下面我就小学信息科技学科的线上线下衔接教学工作谈谈自己的体会和想法。

一、信息科技学科线上线下教学衔接的意义

（一）有助于学生在学习状态上的快速过渡

在线上教学时学生往往是通过先看学习视频上的教学演示，再自己实际思考操作解决问题这一比较单一的学习模式，教师对其学习情况、学习状态不能做到很好地掌控。当转换到线下教学时，很多学生在之前的线上学习没掌握好的操作就会暴露无遗，比如一些实际性操作比较强的课程，如"插入表格""演示文稿的设计"等。由于线上学习基础不扎实，在线下学习时往往不能很快地进入一个比较好的学习状态，比如操作生疏、不规范，对于教师的提问反应不热烈，等等，这在信息科技这门注重实践操作的课程中就更加明显了。因此做好线上线下的衔接工作，帮助学生顺利过渡这一特殊时期的学习，对信息科技学科的学习有非常大

的帮助。

（二）有助于学生更好地调整好信息课堂上的心理状态

经过一段漫长的线上学习阶段，一部分的学生因为居家生活产生了懈怠、逃避、烦躁等情绪。一瞬间的突然转变会使其心理适应习惯不了。往往表现在信息课堂上的注意力不集中；对于教师的一些讲解不在意，只顾自己操作；或者是因为长时间不操作电脑而手足无措，无法融入线下教学的大环境，由此产生一系列的心理上恐惧课堂、不敢操作尝试、对于自身感到不自信的问题。同时，也有相当一部分学生可能因为好久没接触电脑而产生异常兴奋的心理情绪，大喊大叫，影响扰乱课堂秩序。因此做好调整他们心理状态的衔接工作就显得十分重要了。在开头几节课上大可以不急于完成追赶教学进度，慢慢进行知识渗透，讲一些轻松容易消化的知识，建立学生的学习自信，同时针对部分问题学生进行心理疏导调节。只有解决好、调整好学生心理状态，帮助他们适应线上线下的身份转变，才能为线下教学活动打下坚实的地基。

（三）有助于平衡线上线下的学习比重，提高复课后学习的效率

截至本文定稿，我校已经经历了数周的线下教学工作。教师们都有了不同的感受体会，有部分同学对线上学习兴趣较为浓厚，基础的知识点都能掌握好，但换到了线下之后学习兴趣可能有所减弱。受制于学习环境或是硬件的限制，有的同学则恰恰相反，需要教师的线下指导才能收获较好的学习效果。这就进一步加大了教师在集中线下教学时的难度。如何有效处理不同学生的学习需求，设置因地制宜、有的放矢的教学目标、教学任务，是每一位教师都要积极考虑的。在我校的线下衔接工作中，进行线下课的同时，依然没有停止线上教学的互动，将线上教学的内容放到了课前的预习或者课后的小测试、小讨论、互动评价中。同时对于不同梯度的学生进行了有针对性的个别教育辅导。比如在"走进编程"这一单元中我就根据线上学生学习的情况，采取了难易适中，有针对性的教学任务。让一部分先前在线上学习得比较好的同学进行自主学习、探究解决问题，其余同学进行集中讲解。同时，通过"晓黑板"平台在课前发送不同要求难度的简易的SCRATCH指令了解记忆任务，在课后同样设置不同难度要求的小作业，小练习，回顾当堂课学习到的指令操作。通过这样线上线下的衔接取得了不错的教学效果，大大提高了学生的学习效率、学习积极性，不至于因为难度太高或者太容易而失去学习兴趣。

二、信息科技学科线上教学经验在线下的应用

（一）教学资源准备的优化

在线上教学时，我们学校的教师对于每次线上学习互动可谓动足了心思，大家花了大量的时间进行研讨准备，形成了"思考与讨论——知识点整理——作业与反馈设计——学习任务布置"的互动教学流程模式。每节课前我们学校的教师都尽可能通过自己制作、网上查找等方式精心准备和补充学习资源，弥补学生学习上"软、硬条件"的不足，同时也能促进学生利用课后时间进行复习。转换为线下教学之后，我们依然在课前进行大量的准备工作。通过借鉴线上教学时的经验，提前了解、知晓下节课中学生需要用到的练习软件、素材。然后将需要用到的软件素材发到"晓黑板"中，方便学生下载、安装。比如制作表格中需要的文字处理软件、文字素材信息等。提前告知学生，让他们大致了解需要在课堂中学习的知识和技能，通过搜集到的学件或者微课发放到学生的班级学习群中进行预习与思考。比如，在学习"电子邮箱"这一单元时，发送的电子邮箱注册步骤视频，等等。这样一来学生进入学习状态相比以往的单纯线下教学快很多，多样化的学习资源选择让学生的学习积极性也有所提高。

（二）学习方式上的转变

传统教学注重的是"课堂中"的学习，对于学生课前和课后往往无法照顾到，尤其在一些副课的学习上，往往学生在下了课之后就不再对学习内容进行复习和关注。现在我们可以依托"晓黑板""钉钉"等网课平台，在实际教学中对学生的学习进行更全面的覆盖，弥补了原本学生注重"课中"，忽略"课前课后"的学习方式的不足。尤其对于信息科技这门在家长学生心中相对不是那么重要的课程而言，大大拓宽了学生的学习空间，延展、丰富了学生的学习环境，使教师真正在课前课中课后都可以做到对学生学习状态了解的全覆盖。学习方式上的巨大转变不管对于老师还是学生而言都有十分重要的意义。比如我在课后，当部分课程结束时就通过"问卷星"制作线上课堂小练习发送到学生的班级群中，通过后台练习反馈统计的数据对学生学习情况进行详细了解。这种学习方式已经跳脱了传统课堂的布局，可以不受时间和地点的限制。

三、信息科技学科线上线下教学衔接的实践

（一）信息课线上线下教学衔接时的学生学习状况排摸

线上教学相比线下教学确实有着自身独特的优势，比如互动更加多元、资源更

加丰富、环境更加自由,等等。但同时也有着学生具体学习情况不容易掌握的缺点,尤其是信息科技学科。一部分学生由于家里没有电脑,家长不在没有互动工具,软件环境不统一等等问题,在实际操作中只能以想象或用笔在纸上打草稿,画流程步骤这样的实践学习方式进行知识的巩固和熟练,学习效果如何只能说是因人而异。这一部分学生对知识的掌握不透,到了线下之后就会特别容易被放大,导致学生之间的差距进一步被拉大,因此做好线下教学前的学生学习情况排摸至关重要。教师应尽量通过多种方式的测试,摸清学生的线上学习知识掌握情况,为接下来的教学活动做好准备。比如我是通过问卷星中的"小测试"功能,将学生每次课后练习的情况进行汇总和整理,以此分析推测学生的学习情况。当然也可以通过"晓黑板"等平台自带的"小作业"功能对学生的学习情况进行反馈收集,或者通过学生上交作品的情况进行学习状况的评估,这里不一一列举。这样的预先收集可以提前找出学生的问题先给予解决,避免了一部分学生到了线下课堂之后暴露问题。比如在小学三年级信息下册"小小邮箱多奇妙"这一课需要学生在课后申请注册一个电子邮箱并进行交流,本学期该课作为线上教学的内容。当时在申请时就有许多同学因为家中没有电脑无法申请注册邮箱,还有一部分同学通过了手机邮箱进行申请注册,而有些手机邮箱电脑端是没有的,学习情况、学习进度的差距十分明显。在开学前就需要教师通过线上课堂或是开学后课外的额外时间,去辅助这部分同学进行注册。

(二)信息课堂线上线下教学衔接时不同教学方式的过渡与整合

上文已经说过,线上线下教学模式是有着很大差异的,学生对于这种巨大的转变一时多数是难以适应的。当在进行线上授课时,我们往往在讨论群内要求学生做好课前准备,比如一些学习工具和软件,等等,然后出示学习目标,让学生进行预习。在课中看完一段视频片段时,教师往往会发布一些问题,让学生安静思考,用心操作。在下课前或者课后则会开放讨论区,让学生提出整堂课的疑问,或者是交流评价其他学生的作品。而在线下时,学生是始终跟着教师走的,往往没有更多的时间去思考或者观察一些课堂中给出的信息,在有限的课堂时间里教学环节相对紧凑。另外在线上课堂由于无法有效开展个性化的操作指导,到了线下之后势必会造成学生学力的差异,课堂接受消化程度的高低区分,这就需要教师多多加强课中重点内容的交流。同时也可以借鉴在线教学时取得的成果优势,提供各类操作演示的视频或者相关资源帮助学生达成学习目标。

以"思考与讨论"这一常规信息课堂环节为例,可能有些同学还沉浸于线上学习"看视频讲解——思考讨论教师提出的问题——教师进行反馈"这样的常规流程模式。到了线下之后,这样固态的课堂模块往往会产生变化,更灵活的流动型的课堂环境会取而代之。这就需要教师做好承接工作,在线下时不忘配合空中课堂的内容,结合线下的实际教学环境,建立一定的激励机制,引领学生去主动思考尝试做出改变,帮助他们更快地进入学习状态。同时在线上时,一部分学生可能因为硬件条件制约,只能拓展使用一些书本上没有教授的功能相似的软件,这在线下教学时可以"将计就计"进行尝试拓展。比如在教授"制作表格"或者是"演示文稿"时,就可以选择OFFICE或者是现在安装率较高的WPS软件,让学生根据实际需要进行选择使用,通过对比说出两者间的异同,然后进行延伸学习。

(三)线上线下相同单元差异教学内容的侧重与取舍

比如在"制作演示文稿"这一单元,线上教学采用了较多的课时介绍如何用"思维导图"软件设计规划自己的数字作品,而在线下的教学时,该知识点只是在"欢乐演播厅"这一课中以"小知识"的形式进行简单的介绍,线上线下对其侧重点差异区别很大。同样在本单元,在线上课程中添加了几课关于搜集素材的学习内容,而在线下的教学中,只是在相关课程中简单地一笔带过,没有进行深入介绍素材的处理方式。这就要求我们教师认清现在的教学趋势,以及现阶段信息科技这门学科对学生具体处理分析信息能力的培育要求,在线下课堂中进行有选择性的整合,如教学时间确实不够,可在线上平台进行有针对性的补充。

结　语

一次疫情给我们带来了许许多多的困难和挑战,线下教学甚至因为它而暂时停摆,对于教师和学生"教与学"上产生的变化之大是难以估量的。即使目前国内的疫情已经得到了控制,但病毒的影响还在持续。我们上下课时只能隔着口罩呼吸对话,从校外进入到校内也要测量体温、刷健康码,很多大型的教学活动、学校活动也举办不了。可以说现阶段的教育教学中困难是客观存在的,形势是依然严峻的。但我们也要看到,疫情不止给我们的教育系统带来了困难挑战,也带来了新的机遇。新的教学模式得到了一次宝贵的大规模实践机会,在短短几个月时间里,在线教学就收获了巨大的经验。有些教学模式可以用在什么地方,好用还是不好用,存在哪些不足,以后怎么去改进,这些问题都通过这次线上教育教学实践有了答案,教师们对线上教育教学有了全新的认识，可以说打开了"教育方法新世界的大门"。通过线上的经验联系衔接线下教学就成了我们每位教师应该去刻苦钻研，勇于探索的责任。

在以后的日子里，疫情的形势情况可能依然不明朗，教师和学生会采取哪种教育教学模式依然不好说，很有可能是在线上线下不断地切换中进行教学，因此时时做好衔接工作，将线上线下的优势有机结合，互相借鉴，取长补短，更是我们应该去思考与探索的方向。

信息科技课堂关键事件引发的小学教师专业判别力探究

上海市浦东新区东方小学　刘智斌

优质老师大都积累了一套卓有成效的教学技能。但教学实际表明，仅靠这些技能其实不能直接培育出同样优质的老师及发生一样成效的教学。因而，在没有"正确答案"的实际教学情景中如何培育老师的专业判别力一时成为教师教育的热点话题。大卫·特里普（David Tripp）对此提出了"关键事件"的概念，即要学会剖析教学中导致成功或失败的关键教学事件，累积起丰硕的实践智慧以更好地指示以后的实际教学，从而实现专业的进一步提高。

一、关键事件的内涵

"关键事件"这个术语与历史有关，是指历史中的某个事件或情形，标志着个体，或者一个组织（如政党）的生命中、或许在某些社会场景产生的进程之中的一个很大转机或改变。

作为一种被关注的事件，上述定义中的关键教学事故在教学中的确存在，因而，大卫·特里普并非完整套用这个历史术语，而是在引进教师教育范畴里融入了独到的见地以及看法：关键教学事故不是其自身有多大，关键是经进一步的深刻剖析发现其对老师的专业发展的意义与影响非同寻常，因此关注这种隐藏的关键教学事故相当有必要，同时这也成为老师专业发展的途径之一。换言之，经剖析被认定是关键事件的多数教学事故，并不是在一个被关注的进程中自身有什么异乎寻常的地方格外凸显。既然作为一种被记载的历史事故，它们常常只是记载者对产生在平常实际活动中的一些普通事件的平铺直叙。这些教学事故初看"常见"而非"关键"，只是通过进一步剖析才变得关键。要变为关键事件就必须具有普及的意义，可以在广泛的场景中凸显一定的主要性。

二、关键事件的产生

几年前的一次信息科技课上,班上绝大部分的小朋友都很认真,但有一个小朋友,课堂上不仅注意力不集中,而且还多次影响了我的教学进展,甚至会时不时地举手打断我的教学。因为当时没有经验,碰到这种情况,下意识地认为是小朋友的学习习性不好形成的。经过两次的善意提醒后,孩子还是继续举手,最后实在没有办法的我,当着全班同学的面批评了他。但是,这样做,没能从根本上解决问题,反而使这个学生后面的信息科技课上越来越提不起兴趣,表现越来越糟糕。

这个教学事件一直困扰着笔者,所以笔者也一直在尝试查阅相关的文献资料。直到有一天,接触到了英国教师教育专家大卫·特里普撰写的《教学中的关键事件——发展专业判断力》。

大卫·特里普认为,教学中的关键事件并不是指课堂上发生的教学事故本身是关键的,而是意味着通过分析、判别、研究那些看似普通的、司空见惯的案例改变教师的意识、观念以及课堂行动,寻觅其中有法则性的广泛意义,从而提高老师专业判别力以及教学技能,在优秀的教学中起关键作用。

三、四种基本的教师专业判别力

英国教师教育专家大卫·特里普在书中指出,专业判断力是一种通过经验和专业理论知识进行的专业推测,与反思、释义、分析和智慧紧密相关。他提出老师应该具备四种最基本的专业判别力:实践性判别力、诊断性判别力、反思性判别力、批判性判别力。[1]

(一)实践性判别力

这是教学行为的基础,需要教师对程序上的信息做出即刻判断。

老师在从事任何一项教育教学活动以前都要筹划活动的进展以及估计过程当中的问题,准备好应对也许会发生情况的应急措施。

(二)诊断性判别力

这是一种用具体的专业知识和学术专长辨别、描述、理解和阐释实践性判别的能力。

教师任何有准备的预设在生动的课堂情景中都会面对预设以外的种种新教学

事故,这时候,教师需要的就是诊断性判别力,以在容许时间范畴内判断教学事故的真相、实质与解决方案。

下面以"哄堂大笑"教学事件为例。

事件:哄堂大笑

在一次课堂上,讲有关恐怖的故事时,老师请同学们说一说他们经历过的令人畏怯的事情,出现了下面的这一幕:

A同学说,有时他睡觉时很胆怯,担心有坏人靠近他。老师继续问他:"如果这样的话,你怎么做?睁开眼睛睡觉吗?"逗得班上捧腹大笑。此时A同学无比惭愧。老师接着说:"大家不要笑,我有个阿姨真的是睁开眼睛睡觉的。"小朋友们笑得更加合不拢嘴了。老师又说:"这的确是真的!第二天去给她送吃的,她静静地躺着,哪里也没看(老师学着瞪大眼睛),大家认为她出大事了!"小朋友们又一阵大笑,A同学也笑了。

透过这个事件,我们可以这样描述:

实践情形:

① A同学按要求说出了自己害怕的事情。

② 老师不经意的继续问直接表示其举动荒唐。

③ 全班哄堂大笑,回答问题的学生无地自容。

诊断补救:

① 认识到回应的差错,老师把讥笑叫停。

② 教师随即讲述阿姨的趣事,转移注意力,笑声变得友好。

(三) 反思性判别力

这是一种涉及教学实践中隐性及显性的价值观的判别,包括就所作的判断的认同、描述、探讨以及证明。

课堂亲历的教学事故据当时的诊断性判别之后,还须要反思性判别力的跟进和培育,重新思考那时的情景以及那时的应急措施,深度反思其可行性和可进一步改善的空间。下面以"吐口水和打闹"为例。

事件:吐口水和打闹

一次课前,笔者让全班在班级门外排队去电脑房上课。站在队伍前排的一个男同学是出了名的调皮鬼,踩了B同学一脚。同学生气地指责道:"你和B同学离开的距离大一点,不就可以避免发生这样的事情了吗?"调皮鬼就这样被大家排挤了起来。随后，调皮的学生整节课都默不做声的，还在书本上不停地记相关内容。下课后，没过多久，就传来这个调皮鬼与上课前讥讽他的C同学开始打闹了。

这件事情对笔者触动很大，并进行了这样的反思：

这些问题的考虑不可或缺：

① 调皮鬼为什么踩了B同学？
② 当时的危机处理妥当吗？
③ 调皮鬼是天生的吗？
④ 以后类似的危机如何面对？

今后这样的判断力需要提升：

① 透过表象看实质，不要让表象影响判别。
② 一次判断的失误要成为今后判断的警钟。

（四）批判性判别力

这是对于反思所做出的判别开展挑战和评价的能力。

对教育教学进展当中发生的任何教学事故及其发生时的解决方法都开展批判性的反省，深信每一个个体对教学事故的想法及解决方法都只会有更好而没有最佳。批判性的判别通常会让行为主体接近本质。

笔者认为，这四种判别力基本包含了体现小学教师专业发展的关键要素，也是衡量教师是否达到专业化的重要标准之一。老师需要在真实的教学事故中分析判别哪里是具有潜在普遍意义的关键教学事故，这就需要专业判别力。

四、关键事件的案例评析

教育本身是一种价值引导的活动，人的发展是教育的永远主旋律。[2]作为教学实际，完全地关注学习者才是健康的。不同的环境、场合和时间出现的教学事故的原因也会各有差别，所以我们不能用一种方式、同一种情况对待所涉及的学生。

下面以笔者课堂教学中关键事件为例进行具体评析。

一次，我给三年级一个班级上第二学期第一节信息课。班上有个叫蕾蕾的小朋友对当天的教学内容和布置的全班学生做的操作练习不专心、不感兴趣。但我一布置完学生的分组活动，她就举手要求我解释与本课学习无关的一个电子邮箱问题。按通常的做法，我应该批评她打乱了教学计划与进度……

这是我们在课堂上经常会遇到的情景，这样的学生确实让老师感到厌烦与困感。但如果教师按常规的做法,当众在课堂上批评她,可能只能阻止她在课堂上的一些不当行为,却难以真正解决她内在的问题。若教师具备专业判断力,则会意识到,他应该做的是尽快弄清蕾蕾为什么会这样,她上学期信息课上的作品虽然不是很出色,但是从未发生过这样的情况。为了正确解释和诊断蕾蕾的不正常行为,我们可以按照大卫·特里普提出的诊断性判断等进行自我询问:

为什么蕾蕾会发生这样的行为?

她这种不正常的举动意味着什么?

其他同学会有什么感觉?

为什么会在本学期的第一节信息课发生这种情形?

我应该怎样做?

这时,我们需要根据自己所积累的隐形实践性知识等进行专业推测,分析这个教学事件的多种可能性:

蕾蕾对信息科技学习有困难,没能理解这篇课文的内容。

她缺乏自信心,她要寻求老师和同学们对她的关注。

她觉得内容太简单了,迫不及待地想表现一下自己。

她家里有什么事使她心事重重无法专心,又想找人倾诉。

这堂课笔者没有上好,不能吸引蕾蕾的注意力。

……

在这些不确定的教学情景中,笔者根据蕾蕾性格有点外向的个性和在本节课的表现进行判断,认为第三种的可能性比较大。所以决定不对蕾蕾进行批评,而是正面进行了引导。笔者先请其他同学分组完成活动,然后再走到蕾蕾身边耐心地轻声解释了她提出的电子邮箱问题。同时,还挑战了常规做法,表扬她爱动脑和勇于提问,满足她的心理需要。

蕾蕾对笔者产生了信任感,当课后找她谈话时,她坦承寒假期间已经学会了本学期前面两章的内容,所以感到很无聊,想"找找事"。

事后,笔者反思评价自己的教学行为:"我这样处理对蕾蕾应该是有帮助的,但对其他同学公平吗?他们会理解我处理这件事的方式吗?"于是,笔者询问了一些同学,果然他们觉得蕾蕾上课不遵守纪律不应该受到表扬,认为这样不仅纵容了她,而且以后会有其他同学效仿。

听取并反省了自己当时没顾及其他同学的感受的做法,笔者认真思考应该如何挽回这个事件的负面影响,寻找到了一种平衡方法,平衡同学们和蕾蕾的心理需要。

我专门找了个时间和全班同学开展谈心会，语重心长地谈了自己对同学们上课的要求，既要遵守纪律专心听课、又要积极参与小组活动，提高知识运用能力，还要踊跃思考提问。笔者分析了提前学习的利弊，还要求同学之间应该想到宽容理解、互帮互助。这些话不仅教育了同学们，而且使蕾蕾认识到自己第一节信息课的不当表现，主动站起来向全班同学认错，大家以热烈的掌声向她表示鼓励。从实践中深深感到，教师既要管理课堂纪律，又要关注学生丰富的精神生活、自主交往、个性展示和身心发展，否则就无法达到教育的目的。通过分析判断、反思调整和评价自我，从而妥善把事情处理好。

五、结语

教师专业化成长是当代教育的重要标志及显著特征，是一种自我反思的过程，是教师专业成长的过程[3]，也是一种"动态"发展过程。由于教师专业判别力更多地与实际、诊断、反思和批判有关，而不仅仅是获得结果或规定的"正确答案"，老师必须对课堂实践中的关键事件进行剖析及论证，从中得到启示，去建构教育的各种可能性，做出正确的判断用于指导教学行动。老师通过关注自己的日常课堂教学过程中的关键事件，是加快自我专业成长、提升自我专业判别力及教学决策能力的有效举措和途径。

参考文献

[1] Tipp, D. Critical Incidents in Teaching: Developing professional Judgement [M]. New York: Routledge Falmer Press, 2001.
[2] 邓妍妍, 程可拉. 改进教学方法：创造教学中的关键事件 [J]. 中国教育学刊, 2008, (9): 69.
[3] 肖川. 教师：与新课程共成长 [M]. 上海：上海教育出版社, 2005.

教育信息环境下小学语文教学探索

上海市浦东新区东方小学　徐石颖

导　语

　　教育信息化环境之下，对小学语文教学新模式的探索与创新从未停下。教师们正在运用最先进的技术，改变小学语文教学的现状，打造高质量的语文课堂，为学生的未来成长和进步做出贡献。随着我国社会经济的逐步提升，科学技术迅速的发展，信息技术也逐渐运用于课堂教学之中。迈入新时代，开启了现代化教育的新征程。为了培养德、智、体、美、劳全面发展的社会主义建设者和接班人，小学语文作为落实"立德树人"萌芽阶段的基础课程，要打破传统模式，提升信息技术在教育教学过程中的应用，通过录播、网络直播等新型模式探索小学语文教学多元化发展，在教育资源共享、个性化学习等多个方面把教育推到一个新的高度。从中可以看出，在小学语文课堂中运用信息技术能让小学语文课堂教学效率更高、教学形式更多样，学生学习的兴趣更浓厚。

一、小学语文教学的现状

　　语文在一定程度上来说就是一门语言学科，涉及学生多方面的读写基本功，既要求学生在学习中掌握语言功能，又可以表达出自身的情感，表达出自己的观点。虽然信息技术现在广泛地运用于社会生活各个角落，但是我国很多地区的教师在教学时，仍然采取传统的教学模式，老师在讲台上占主导的角色，将知识灌输给学生。学生就像一台机器单一地输入知识，输出一样的答案，这样的教学方式无疑是机械、落后的，这样会很大程度上影响学生思维上的创新能力，无法做到全面掌握内容知识。语文作为其他学科的载体，它的重要性就更加不言而喻了。小学阶段的学生智力和思维还处于形成阶段,通常有自觉性较差、自主学习能力薄弱等问题。在学习过程中,如果小学生遇到较难的知识点会有畏难的情绪,很难激发学生的学习兴趣,从而对后续的知识学习产生不利的影响,造成恶性循环。

二、教育信息化在小学语文教学中的作用

《语文课程标准》指出,"语文课程应拓宽语文学习和运用的领域,注重跨学科的学习和现代科技手段的运用,使学生在不同内容和方法的相互交叉、渗透和整合中开阔视野,提高学习效率,初步获得现代社会所需要的语文实践能力"。我们要充分利用现有信息技术与小学语文教学进行整合,将信息技术融合于教学之中。

(一)辅助线下教学——多媒体课件制作

目前,课堂教学中的信息化主要以制作精美的多媒体课件辅助呈现,从图像、音乐、视频等多角度营造出逼真的教学环境,生动形象地将知识展示在学生面前。以小学语文课本中《西门豹治邺》为例,首先,以动画形式对课本中的内容进行展现,有助于学生对课文内容的了解,激发起学生学习的兴趣。为落实本册教材此单元的教学目标中"简要复述课文"的能力学习,由教师在课堂上展示相关的信息作为提示,以"摸清底细""惩治巫婆和官绅""兴修水利"等一系列关键词为线索,学生可以通过看、听、说、想等多感官对故事情节了如指掌。

假如仅仅是靠课本中的少量插图和大量文字是不足以让学生了解西门豹治邺这个故事,课本上大量的文字会使学生对语文产生厌烦的情绪。与之相反,用上精美的多媒体课件能够吸引注意力、加深印象,将学习效率放到最大,真正做到教育信息化环境下教学。

(二)助力线上教学——电视、网络直播

当今时代,教育形态也随着互联网的发展而不断变化着。起初,在线教育广泛运用于现在兴起的网课机构,学生可以自主地选择和学习,获得了更多的学习机会。2020年初,一场特殊的全民战"疫"悄然而至,广大学子因疫情影响无法到校学习。出于对学生健康安全的考虑,也为了不耽误学生们的学业,使原本起辅助性作用的线上教育出现在了大众的眼前,各省市响应教育部"停课不停学"的要求,采取了一系列的措施。

例如,上海市教委组织1 000多名特级教师、正高级教师和骨干教师开发教学资

源,为"空中课堂"进行录课,并采用电视直播为主,网络直播为辅的方式,让学生在不同地点、不同时间都能享受到同样优质的教学课程。比起传统的课堂,网络直播课能够通过线上存储的方式方便学生进行回看,学生如果对某些知识点一知半解,也可以找到相对应的内容进行反复的学习。

三、教育信息化环境下,实现小学语文教育共享的探索

《教育信息化2.0行动计划》中提到了"实施教育大资源共享计划,打破教育资源开发利用的传统壁垒,利用大数据技术采集、汇聚互联网上丰富的教学、科研、文化资源,为各级各类学校和全体学习者提供海量、适切的学习资源服务"。目前,小学校园中的语文教学工作逐渐开始关注和重视学生自主学习能力、实践能力的提高,并且逐渐培养学生的创新能力,实现素质教育。

(一)利用信息技术,提高教育质量

在新时代里,作为"人类灵魂工程师"的教师该如何去适应新形势下的教育教学工作呢?教师要熟练掌握信息技术,提高相关专业知识是必不可少的,有终身学习的意识。网络上优质的教学资源数不胜数,教师学习的选择性非常丰富,拓展了视野,从知识体系的封闭走向开放,这大大提高了教学质量。比如,以《清平乐·村居》教学为例,大部分教师教学都按照先解决字词,集中识字,再以各种形式朗读,内容整体感知,枯燥的记忆过程大大扼杀了小学生对古诗词的学习兴趣,不利于学生提升语文素养。因此,要提高小学诗词教学质量首先要转变教学理念。

在教学准备前,教师一定会参考大量网上名师的课程资源。2019"浦东之秋"语文教学高峰论坛上的两节《清平乐·村居》的同课异构能引起思考,提供了不同且新颖的教学思路。魏星老师在课堂上关注细节,让学生讨论出词眼,让学生围绕着"醉",来理解这首词。陈飞老师较注重宋词的基础知识,讲解了词的上、下片,停顿点以及浅语的阅读方式,从自然风景和人物风景入手,更好理解词的内容。同时,两位老师在课堂上都比较注重学生的阅读,让学生在反复的阅读中理解这首词的意思。

利用信息技术,各地的名师论坛资源不需费时、费事地亲临当地,随时搜索到各类教师对同一篇课文的处理,在学习优秀教师教学方法的基础上提高教学水平,取其精华,结合自己的教学思路,大大地提高了教师备课的效率和质量。优秀的教师还能够起到榜样的作用,激励教师不断提高自身的语文素养。

（二）善用信息技术，促进教育公平

随着互联网的发展，"互联网+教育"概念的提出，教育形态不断受到新的挑战。互联网教育不受时间、空间的限制，既提高学习的效率，又促进教育公平。2018年年末发生了一件事：网易CEO丁磊捐出1亿元投入在线教育，支持贫困地区的学校进行线上教育。他们能靠一根网线感受到丰富多彩的世界，活跃了思维，开阔了视野，学到丰富的知识。

由于各地区之间社会经济水平不尽相同，同时期内，学生所获得的教育资源也截然不同。利用信息技术，在小学语文的教学过程中，边远地区努力缩小与发达地区教学水平的差距，通过这个途径实现教育公平。

如教学《富饶的西沙群岛》，为了使学生对西沙群岛有更感性的认识，教师可以播放多媒体资源中关于西沙群岛的图片和视频。学生只阅读文字，不能深刻体会西沙群岛的风景优美和物产丰富；通过图片和视频，仿佛置身其间，不禁感慨西沙群岛的美丽，赞叹祖国自然风光的壮丽，内心油然而生对祖国的热爱之情。

通过科技创新，突破传统教育的局限性，随时感受语文教学的魅力，实现优质教育资源在全国甚至全球范围内共享，让所有人都能够接受最好的教育。

（三）巧用信息技术，培养自主学习

信息技术为知识的获取提供了多种渠道，教师传授不再是获得知识的单一途径了。萧伯纳说："你有一个苹果，我有一个苹果，我们交换一下，一人还是一个苹果；你有一个思想，我有一个思想，我们交换一下，一人就有两个思想。"在学习语文的过程中，学生能够利用信息技术尝试自己发现问题、思考问题、研究问题，实现不断反思，自主学习。学生形成"提出问题——解决问题——提出新问题"这样的循环，培养学生的质疑能力和语文能力，使每一位思想共享的学生取得进步。

阅读能力是一种个性化的能力，课外存在着大量可供学习或阅读的材料，我们要用课外阅读服务课内阅读，引导学生利用网络资源开阔视野，提升语文综合素养。如在学习了《苏武牧羊》后，学生对苏武出使匈奴被扣，历尽艰辛，持节不屈感受颇深。为了进一步了解苏武坚贞的气节，指导学生课外了解牧羊图、民歌《苏武牧羊》、古文《苏武传》等相关资料。通过课外学习，拓展了学生的知识面，也进一步巩固了课堂教学的效果。

古今中外的资料在网络上应有尽有，学生可以从网络上群览中外名人的思想和故事，为学生提供了丰富的写作素材。学生足不出户也能够搜索到包罗万象的资讯,学生的思考能力和自主学习能力得到培养。

(四) 妙用信息技术,优化教学评价

从前的教学评价很简单且有限,较多是用于选拔、比较,以"分数"论英雄。难道"分数"越高,语文能力就越强吗?显然不是的。现在的教学评价更多关注它的功能性,去改进、促进学生语文能力的发展,进行精准的改进指导,并提供改进的方法和内容。

根据现在的语文单元练习评价指标,从多维度的教与学评价对学生各个方面的语文能力进行检测,如:学习兴趣、学习习惯、学业成果。但是,一次的样本会有单一性、不准确性。现在,我们妙用信息技术,将过去的测试评价一次不漏地输入进系统,能够得到一位学生的语文综合评价,分析出他的强弱部分,进行有针对性的指导。甚至,得到所面对的所有学生的数据比对,用整体取样的方法给每一位学生进行个性化评价、指导。现在智能化的评价可以潜入你的日常行为、日常学习中,带有伴随性、隐形性特点,使评价结果的真实性更高。

5G技术、物联网的到来,以及智能终端,都为开展智能小学语文教育评价提供了支撑的条件;AR、VR技术,各种的智能识别技术使得我们能够创设更加真实的情境来评价学生;一系列计算建模技术的发展、分析技术的发展,使得我们能够将评价的结果更加准确、高效、及时地反馈给个体。信息技术存储着每个学生的各项数据评价,网络将跟踪学生的整个学习过程,了解学生的学习兴趣、学习方法和学习习惯,帮助学生了解自己的学习成果,更好地进行自主学习。

四、教育信息化在小学语文教学中的问题及解决方法

尽管我们前面说了信息技术的那么多作用及优势,无法回避的是它必然也有缺点。在教育教学中,我们倡导"以生为本",信息技术的过度使用会降低学生的参与度,降低师生之间的亲密感。小学生处于启蒙阶段,老师的每一个表情、一个眼神都会对学生产生积极的情感影响,对孩子的未来起着重大影响。所有的教育共享都为我们的教与学提供了便捷的渠道和方法,资源的易得性是容易让人产生惰性的。小学语文课本中有那么多优美的文章,学生通过作者的描述,凭借自己的想象感受大自然和生活的美好,但信息技术一定程度上影响了他们的想象力。

小学语文教学中,切忌被信息技术"喧宾夺主",教师要创设出更多元的课堂环境,关注到每个学生的独特和个性,加强学生自悟创新的能力,为后续众多学科的学

习打下基础。

五、结语

综上所述,小学语文在学生学习生涯中起到关键性的作用。利用好信息技术,利用好教育共享,能够提高教师的教学水平,激发学生的学习兴趣,大大地提高课堂的教学效率。为了培养学生的语文综合素养,实现真正的素质教育,学校与社会都在努力探索新的可能性。在教育信息环境下,未来小学语文教学的创新探索更值得我们期待!

创新视角下师生间互动

上海市浦东新区海桐小学　顾敏艺

教育是人类培养专业性人才的主要手段，小学教育在学生的习惯和性格形成等方面起了重要的启蒙作用。伴随我国素质教育的发展，教师不仅要拥有先进的教育理念，更要使其转化为有效的教育教学行为和实践，才能为少年成长提供有力支持。创新小学教育方式，在实践中更新教育手段，将更好健全学生的素质养成。犹记一次课堂体验，在新的视角下改变了我们的师生互动，其效果至今得以延续。

学生初步入二年级，熟悉的老师，崭新的知识，学习生活就这样平铺之水般展开。今天同平日一样，在讲授完新课后我准备布置几道简单的课后习题，以检测他们的学习状况。唯一不同的是，今天开了一本新本子，他们将第一次自己抄写课后题目再进行自我检测。随着新本子的下发，我在黑板上将作业的格式大致画了框架并举了例子写下来，口头也说了要求。"同学们，来看，将题目写在这一行，适当留出一定间隔画横线写你的答案，内容按照这课课后的习题来写，同时注意标点符号的运用。大家开始吧！"原以为在我的"精心"指导下，大家定会齐刷刷地动笔开始写题，教室一定立马沉浸于安静的氛围。然而话音刚落，一只小手就举了起来："老师，这个题目抄在一行的最前面吗？"我不以为然地点点头，想着格式都在黑板上，当然是这样啦。"那老师，写完一个句子做下一题的时候要换行吗？"我又如是做了回答。然而情况并没有改变，零零散散的问题一个接一个，小手也一只接一只举起。此时，我的心情已经有些烦躁，他们的提问我自认为已经在刚才的要求中体现清楚，况且有些提问还是重复的。明明刚回答过，下一个问题如出一辙。仿佛大家都自己管着自己，没有听我到底解释了些什么。看着这一只只举起的小手，我突然意识到这样的画面似乎不是第一次了，是在我讲评试卷后的订正？是在我打开练习册时的答疑？是在我布置校园日常任务后的提问？对此我不禁陷入了困惑。

在一一解决掉这些举起的小手提问后,回到办公室,我与老师们分享刚才的事例。"现在的小朋友怎么都听不懂我的要求呢?""是呀,我们班也常常会这样,一直有人问,还一直有人错。反反复复,一件再简单不过的事情也要说个好几遍。真是浪费时间和精力呀!""是呀是呀,感觉明明讲得够清楚了,怎么就理解不了呢?"大家你一言我一语地讲着自己班级的问题。看来这并不是我们班特有的情况,其他班级也普遍存在这样不停提问的群体。而且通过对话的深入,我们发现,经常提问的同学大多都是这几位。

那么怎么会这样呢?回顾这些场景我陷入了思考。这些孩子为什么要反复提问呢?我拿起笔写下了这些孩子的名字,回顾他们平时的整体表现。通过对个案到整体的分析,我整理出几点原因。

首先,可能是我高估了他们的理解能力。面对这群刚步入二年级的孩子,我们总是以成人的视角去看待问题,孩子们的水平并没有达到一点就通的地步,我的要求仅仅停留在我自身的理解上,而不符合他们的理解能力和逻辑思维。由此,我的要求对他们来说可能不够明确。在他们只能一点一点撷取信息的时候,我已经认为他们可以自主分析了。很明显,这样的要求过高。我的语言指令过于成人化了。

其次,部分学生的注意力没有集中。这是一个普遍而又难以迅速解决的问题。同时随着社会信息的复杂化,小学生接受了各类信息和暗示,导致群体整体情况有所改变,他们中的部分孩子行为习惯或多或少存在一些小的偏差,常常会做自己的事情,导致他们其实没有认真听我的要求,更不会去在意我解释给其他孩子的内容了。

然后,他们对自身缺乏信心,有些过度依赖老师,也就是说在家存在一定过度依赖家长的情况。在班级这样一个大的群体里,他们有了被比较的对象,导致大多数小朋友的自信心其实是缺乏的,当然面对繁重的学业,平时也缺乏对于自信心方面的培养。对于他们的提问,不管是老师还是家长在一定程度上都会一一予以回应,这也就加重了他们的依赖心理。

最后,个别小朋友也就是那些能力相对弱一些的,平时比较畏惧老师的权威,怕写错格式被批评,所以会一再提问以确保格式的正确,目的就是出于害怕,为了不被老师批评。

认真分析了问题,又借鉴了办公室其他几位老师的想法,基本把情况整理为以上几点。针对这些问题,我想逐个击破,尽量改善现有的提问情况,缩减提问小群体。那么具体该怎么做呢?如果只是一味地口头教育,甚至带着些许批评,是不可取的。于是,我采取了一些创新的方式与方法,让他们感受到老师与他们的平等沟通,通过好的方法,逐渐改善他们的问题。

首先,自身方面,提高自己每次下达要求的指向性和明确性。特别是针对第一次类型的作业布置。能够将例子的格式在黑板上做完整地呈现,例如在讲完《曹冲称象》这一课,让小朋友根据填空提示简要说一说今天学习的内容。在投影仪上,将格式边说边写,特别明确难点和容易混淆的地方,和他们一起写,从而明确格式。并以此类推,告知此类题型就是这样写的。针对比较胆小的孩子,还会走过去看看他们写的内容,做一个中间小检查,并给出适当的评价,让他们不再惧怕老师,明白老师会悉心指导。

其次,面对注意力不集中的孩子。心理学上表明,要适当减轻他们的走神情况,可以采取放松呼吸法,整理物品法等方式。在研究了一定的书籍,整理了一定的内容后,我采取了在每节课的课前准备时间里,播放一段舒缓的音乐,慢慢引导他们进行深呼吸,在这样放松而又安静的氛围里,他们能够更快地集中精神,进入学习状态。同时,班级设立了"小小整理家"的评选活动,看看谁的课桌椅整理得最为干净整洁有条理。同学们对这一活动的兴趣很高,这是一件"随手小事",但是却影响着每一刻的学习小环境。连那些平时桌面上各类书籍摆摊式摆放的学生都开始有了改变。被评选上的学生,我会为他们和自己干净的成果拍张合影,然后张贴在教室后面的展示墙上。每个孩子的学习环境变得整洁了,他们自然也不会那么容易被各类物品吸引住。走神的情况真实地发生了改变。而且这一好习惯,延续至今,影响他们很远很久。

然后,为了提高他们的自信心,我绞尽脑汁,开拓思想,开发了近一个月的自信心提高班会课程。利用班会课的时间,我开展了一系列树立自信心的活动。因为只有一节简单的课我觉得是远远不够的,本身树立信心就是一个循序渐进的过程。首先我做了一张自我检测表。让学生们在符合自己行为特征的条后打钩。

检测表如下:

(1)上课时我常常不敢回答问题,或回答的时候声音很轻,生怕自己回答错误。
(2)在和老师有眼神接触的时候,我常常选择回避或者不能正视老师。
(3)做作业时,遇到不会的题目我总觉得自己不可能解出答案,会马上去问同学。
(4)当家长或同学说你的缺点时,你会默默地接受,不去反驳,不去解释。
(5)学习或者生活上遇到困难不愿开口或很难开口去求助于他人。
(6)自己很少主动关心别人,与他人关系疏远。

（7）很少主动承担班级事务，不愿意接受老师布置的任务。

（8）对于成绩好的同学有明显的嫉妒心理。

（9）对于成绩好的同学，觉得自己不可能追得上他们，有明显的自卑心理。

（10）在获得好成绩时，对下一次测验充满担忧，无法充分享受喜悦。

通过这样一个非常简单的测试，让学生对自我有一个更为理性和从第三方视角审视自己的机会，简单定义自己是否一个特别缺乏信心、适度缺乏信心，或者充满自信的人。

然后，利用多媒体设施，播放毛遂自荐、胸有成竹等故事，并找同学上台讲述因为拥有自信心而成功的案例，激发他们对于自信心的渴望。在后续的课程中，我还设置了角色扮演的环节。出示几道简单的情景题，将班级分为几个小组，以合作讨论自主表演的形式进行展开。

出示事先准备的角色扮演题目，让他们对情境中的情况进行讨论（基于他们的理解能力，做到简单讨论即可）：情境中的人物自信心是强是弱？自信心强弱对学习有何影响？自己有没有过类似的情况？然后通过表演，让其他同学说说这样处理问题好不好？行不行？从而增强学生的自信心，正确认识自信心在学习活动中的重要性。

情境一：小明正在做数学题，做着做着遇到一道自己不会的题目，他立马转身去询问身后的数学课代表，让他教自己怎么做。

情境二：上课时老师提问小红，小红慢慢地站起来，面露难色，默默低下了头，然后回答老师："我不知道。"

情境三：考试在即，老师帮助同学们复习。小丁认为自己已经复习得很全面了，于是不听课。结果，考试不及格。

情境四：小丽是班级里的学习委员，她听课认真，勤学好问，积极回答问题，并能够主动帮助同学，她主动承担了老师布置的管理图书角的任务。

每给出一个情境题，给一定的时间让学生自由发言、讨论。然后，分小组开始进行一个简单的表演。表演结束，继续让学生讨论这样的情况该如何去改善，怎么做才是正确的。结合表演和讨论，最后由我做一个总结，说明在学习中，自信心非常重要，它作为稳定的心理品质，可以成为人生的重要精神支柱，变为人们行为的内在动力，使人自强不息，积极进取。但同时有些人对自信缺乏正确的认识，对自己的能力没有一个正确的认识和客观的评价，认为自己已经非常优秀，不虚心接受别人的意见，最终遭受失败。这样的学生表现出的是过激行为，即有的学生自信心过强容易产生自负行为。而缺乏自信心，使人和身心活动以及交往活动都会受到严重束缚，在学习中容易遭受挫折。

历时一个月的自信心提升课程结束后,我联系利用了家委会的一定资源,组织班级同学开展社区志愿者服务的活动,大力宣传"垃圾分类",实践上岗。每一位孩子都在自己的小区里,站在垃圾箱旁边,一边宣传垃圾分类的重要性,一边检查居民的垃圾分类是否正确。这期间当然每个孩子都利用了自己的休息时间去自我学习。他们迈出了家门,迈出了课堂,尝试着和陌生人说出第一句话,尝试着将自己的所学告诉别人,尝试着指出他人垃圾分类不正确的地方。这点滴的进步,这一张张的笑脸,以照片的形式留在了教室的展示墙上。他们的改变也呈现在了他们的心里,他们的行为,他们的课堂表现上。

经过了这一系列的努力和实践,重新分发测验题并让大家谈谈自己的收获和体会。大部分学生自信心上升,并对自信心有了自己的理解和看法,新的教育方式取得了一定的成效。

创新的想法付诸实践,师生间的互动不再是单一的权威,不再是单一的听从。同时班级对于要求的执行能力明显增强,提问的小手也逐渐减少。在这背后,我想老师和学生其实就是一场双向的沟通和对话。即便是我的要求,也不是单向的。他们需要明确我的要求并执行,而我也需要得到反馈和效果。在这样系统的解决方案下,我们之间的互动性增强,完成任务的效率也提高了。

图书在版编目(CIP)数据

素心匠艺：上海市浦东新区进才实验小学教育集团教师文集 / 赵国弟主编. —上海：文汇出版社，2021.3
 ISBN 978-7-5496-3427-9

Ⅰ.①素… Ⅱ.①赵… Ⅲ.①小学-教学研究-文集 Ⅳ.①G622.0-53

中国版本图书馆CIP数据核字(2021)第028106号

素心匠艺
——上海市浦东新区进才实验小学教育集团教师文集

主　　编 / 赵国弟
责任编辑 / 张　涛
封面装帧 / 梁业礼

出 版 人 / 周伯军

出版发行 / 文匯出版社
　　　　　上海市威海路755号　(邮政编码200041)
经　　销 / 全国新华书店
排　　版 / 南京展望文化发展有限公司
印刷装订 / 上海新文印刷厂有限公司

版　　次 / 2021年3月第1版
印　　次 / 2021年3月第1次印刷
开　　本 / 787×1092　1/16
字　　数 / 300千字
印　　张 / 17

ISBN 978-7-5496-3427-9
定　　价 / 56.00元

·版权所有　侵权必究·